바울의 행전

바울의 행전

다소에서 로마까지

초판인쇄 2006년 10월 30일
지은이 조지연
펴낸이 김명철
펴낸곳 도서출판 바울

주 소 인천시 부평구 십정동 409-27호
영업부 032-431-7792 032-428-1928(팩스)
총무부 032-427-1719
편집부 032-423-9796
Home www.ubook.co.kr
E-mail cpc-ubook@hotmail.com
ISBN 89-7286-910-4 03230

책 가격은 뒷표지에 있습니다.

바울의 행전

ACTS of PAUL

- From TARSUS to ROME -

| 다소에서 로마까지 |

조지연 지음

바울 도서출판

머리말 †

바울은 매우 드라마틱한 생애를 살았습니다. 그는 교회를 핍박했던 청년이었음에도, 다메섹 도상의 회심을 통해서 '오직 예수께 잡힌바 된' (빌 3:12) 그리스도의 위대한 사도로서 극적인 대반전의 생애를 살았습니다.

예수 그리스도의 복음이 유대인 세계를 넘어서 이방세계의 온 인류를 구원하는 보편적 기독교로 확립되어 가는 과정에서, 바울은 계시 해석자, 성경 기록자, 선교사, 목회자, 교사, 그리고 순교자로서 주 예수 그리스도 다음으로 중요한 역할을 감당한 이방인의 사도였습니다.

이 책은 바울의 생애와 그 사역을 주제로 다루고 있습니다.바울은 '심령에 매임을 받아서' (행 20:22) '주 예수께 받은 사명' (행 20:24)을 좇은 자신의 생에 대하여 '나의 나된 것은 하나님의 은혜' (고전 15:10)라고 고백했습니다. 그러므로 이 책 「바울의 행전」은 인간 바울의 차원을 넘어서 성령 하나님께서 주관하신 은혜의 역사를 다루고 있습니다.

저자가 고려한 이 책의 독자층은 일반 그리스도인들입니다. 그리스도인들이라면 누구든 사도 바울에 관해서 흥미와 관심을 가진 줄로 압니다. 그러한 관심과 흥미에 부응하기 위해서, 이 책은 바울 사도의 생애를 시간과 장소와 사건의 연대기적인 순서를 좇아서 차례대로 이야기해 나가는 방식을 취했습니다.

아무쪼록 독자 여러분께서 불멸의 사도 바울의 위대한 행전(acts)을 통해서 성령님의 인도하심을 체험하는 영적인 은혜가 함께하기를 소망합니다. 그리고 신약성경의 사도행전과 13권의 바울서신을 깊이 있게 읽을 수 있는 참된 유익이 있기를 기원합니다.

이 책을 완성할 수 있도록 주밀하게 인도해 주신 하나님께 모든 영광을 돌립니다. 권능교회의 윤영태 목사님과 조연숙 사모 그리고 성도 여러분들께 감사를 표합니다. 또한 출판을 맡아준 도서출판 바울에 사의를 표합니다. 끝으로 아내와 가족을 생각합니다.

2006. 10.
목사 조지연.

목차 †

■ 머리말 4

제1장 바울의 연대기적인 생애 15

1절 다소에서 다메섹까지 18

1. 바울의 출생 및 성장(1~30년)
2. 바울의 교회 박해(30~32년)
3. 바울의 다메섹 회심(32년)

2절 다메섹에서 로마까지 23

1. 회심직후, 바울의 무명시절(32~45년)
2. 바울의 안디옥 교회 사역(45~49년)
3. 바울의 소아시아 및 헬라 지역 선교(50~57년)
4. 바울의 체포와 옥중사역(58~62년)
5. 석방직후, 바울의 목회순방(62~64년)
6. 바울의 재수감과 순교(64~65년)

제2장 바울의 출생 및 성장(1~30년) 35

1절 바울의 출생 배경 39

1. 길리기아의 다소 출신
2. 로마제국의 시민권자
3. 헬라 문화에 익숙한 유대인

2절 바울의 성장 배경 44

1. 정통파 히브리인
2. 바리새파 유대인
3. 가말리엘 문하생, 랍비

3절 두 세계의 교량적 인물 51

제3장 교회의 핍박자 청년 사울(31~32년) 55

1절 예수 운동과 사울의 입장 58
1. 역사적 예수 운동
2. 바리새인 사울의 입장
   1) 유대교와 율법을 맹신
   2) 메시야 인식의 실패
   3) 자신의 직무에 열성

2절 스데반 사건과 사울의 역할 67
1. 스데반의 설교와 반응
2. 옷 맡은 자 사울의 역할

3절 사울의 교회 잔멸과 원정 72
1. 사울의 교회 잔멸
2. 사울의 다메섹 원정

제4장 바울의 다메섹 회심 사건(32년) 77

1절 다메섹 회심 사건의 진상 80
1. 바울에게 나타난 예수
   1) 신적현현과 만남의 순간
   2) 바울과 그리스도의 대화 내용
   3) 바울의 후속 행동
2. 바울이 전해들은 소명
   1) 주님의 메신저 아나니아
   2) 아나니아가 전한 소명
   3) 소명 받은 바울의 회복

2절 다메섹의 계시와 소명 86
1. 다메섹의 계시 : '이신칭의' 복음
1) 예수에 대한 관점 전환
2) 교회에 대한 관점 전환
3) 천국에 대한 관점 전환
4) 율법에 대한 관점 전환
5) 바울의 '이신칭의' 복음
2. 다메섹의 소명 : '이방인의 사도'

제5장 회심직후, 바울의 광야시절(32~45년) 101

1절 아라비아에서 3년(32~34년) 105

2절 예루살렘 방문(34년, 1차) 108
1. 사도들을 방문
2. 예루살렘 탈출

3절 고향 다소에서 10여 년(35년~45년) 112
1. 다소에서의 복음 전도
2. 핍박 받는 복음 전도자
3. 셋째하늘 낙원 체험

제6장 바울의 안디옥 교회 사역(45~49년) 121

1절 안디옥 교회에서의 초기 사역(45~46년) 124
1. 안디옥 교회를 세운 사람들
2. 바나바 : 안디옥 교회의 새 지도자
3. 안디옥 교회에 청빙된 교사, 바울
가. 바울을 청빙한 바나바
나. 교사 바울과 그리스도인

2절 바울의 예루살렘 방문(46년, 2차) 132
1. 예루살렘 교회에 부조금 전달
2. 바울의 계시와 사도직 문제
1) 바울이 제출한 계시
2) 바울의 이방인 사도직

3절 바나바와 바울의 선교 여행(47~48년) 139
1. 구브로 섬의 선교 활동
1) 살라미
2) 바보
2. 남 갈라디아 지역의 선교 활동
1) 비시디아 안디옥
2) 이고니온
3) 루스드라
4) 더베

4절 바울의 복음과 율법 논쟁(48~49년) 149
1. 바울의 베드로 책망 사건
2. 갈라디아서 : 전투적 변증서신
1) 배경과 목적
2) 구조와 내용
3. 예루살렘 공회의 참석(49년, 3차)
1) 공회의의 진행 경과
2) 공회의의 결정 내용
3) 교회 역사의 대전환

제7장 바울의 헬라 및 소아시아 선교(50~57년) 165

1절 헬라 지역 선교(50~52년) 168
1. 마케도니아 지역 선교 활동(50~51년)
1) 빌립보
2) 데살로니가
3) 베뢰아
2. 아가야 지역 선교 활동(51~52년)

1) 아덴
2) 고린도
3. 데살로니가전후서
1) 배경과 목적
2) 구조와 내용
4. 예루살렘 귀환 여행(52년, 4차)

2절 소아시아 지역 선교(53~55년) 187
1. 소아시아 내륙 여행
2. 에베소에 도착한 바울
1) 에베소교회 개척
2) 두란노서원에서의 강론 사역
3) 성령에 의한 능력전도
3. 바울의 소아시아 광역 선교
4. 에베소에서의 아데미 소동

3절 헬라 지역 순회 선교(56~57년) 199
1. 고린도전서 : 두 번째 편지
1) 배경과 목적
2) 구조와 내용
2. 헬라 지역 순방 여정
3. 고린도후서 : 네 번째 편지
1) 배경과 목적
2) 구조와 내용
4. 일루리곤 방문과 고린도 도착
5. 로마서 : 완성된 '이신칭의' 복음
1) 배경과 목적
2) 구조와 내용

4절 마지막 예루살렘 방문(57년, 5차) 219
1. 바울이 직면한 위협과 도전
1) 신변적인 위협
2) 거짓 사도들의 훼방
2. 바울의 예루살렘 방문 목적
1) 부조금 전달
2) 이방인 구원 문제

3. 마지막 예루살렘 복귀 여정
1) 바울의 예루살렘 방문단
2) 드로아의 철야 예배
3) 밀레도에서의 고별 설교
4) 밀레도에서 예루살렘까지

제8장 바울의 체포와 옥중사역(57~62년) 237

1절 예루살렘에서 체포(57년 말) 240
1. 성전에서 체포된 바울
2. 산헤드린 공회 앞에 선 바울
3. 가이사랴로 이송된 바울

2절 바울의 가이사랴 옥중 변론(58~59년) 246
1. 벨릭스 총독과 바울의 변론
2. 베스도 총독과 바울의 변론
3. 아그립바 왕과 바울의 변론
4. 바울이 떠난 후의 팔레스타인

3절 바울의 로마 압송(59년 말) 253
1. 로마를 향한 항해
1) 백부장 율리오
2) 광풍 속의 표류
2. 멜리데 섬에 상륙
3. 로마에 도착한 바울

4절 바울의 로마 옥중 사역(60~62년) 259
1. 바울의 로마 옥중 생활
1) 셋집에서의 가택 연금
2) 옥중생활 환경
2. 바울의 옥중 전도 사역
1) 유대인들에 대한 전도
2) 이방인들에 대한 전도
3. 바울의 옥중 강론 사역

1) 옥중 강좌 내용
2) 옥중 강좌 수강생들

5절 바울의 옥중 서신 273

1. 골로새서
 1) 배경과 목적
 2) 구조와 배용
2. 에베소서
 1) 배경과 목적
 2) 구조와 내용
3. 빌레몬서
 1) 배경과 목적
 2) 구조와 내용
4. 빌립보서
 1) 배경과 목적
 2) 구조와 내용

제9장 바울의 석방과 순방 목회(62~64년) 289

1절 헬라 및 소아시아 순방 목회 294

1. 석방직후, 당면한 관심사
2. 목회 순방 중의 메시지

2절 바울의 목회 순방 여정 299

1. 로마에서 그레데 섬으로
2. 에베소와 소아시아 지역 순방
3. 마케도니아와 아가야 지역 순방
4. 니고볼리에서 드로아까지

3절 바울의 목회 서신 308

1. 디모데전서
 1) 수신자 : 디모데
 2) 구조와 내용
2. 디도서

가. 수신자 : 디도
나. 구조와 내용

제10장 바울의 재수감과 순교(64~65년) 315

1절 로마제국의 기독교 박해 318

1. 네로의 기독교 박해
2. 로마의 대화재 사건(64년)

2절 최후의 서신 : 디모데후서 324

1. 배경과 목적
2. 구조와 내용

3절 최후의 수형생활과 순교 327

1. 바울의 수형생활
2. 바울의 순교
   1) 바울의 형 집행
   2) 의의 면류관

■ 부록 : 기독교의 창설과 바울의 역할 335
■ 참고문헌 342

제1장

바울의 연대기적인 생애

1절 다소에서 다메섹까지
2절 다메섹에서 로마까지

"나의 나된 것은 하나님의 은혜로 된 것이니
내게 주신 그의 은혜가 헛되지 아니하여
내가 모든 사도보다 더 많이 수고하였으나
내가 아니요 오직 나와 함께 하신 하나님의 은혜로라"(고전 15:10).

바울은 매우 극적인 생애를 살았다. 다메섹 도상의 회심 사건을 계기로 그의 생애는 극적인 대반전을 겪는다. 다메섹 이전의 바울은 유대교에 대한 열심 때문에 그리스도의 교회를 핍박하던 "죄인 중의 괴수"(딤 1:15)로 활동하고 있었다.

그러나 다메섹 도상에서 부활하신 예수 그리스도를 만남으로 바울은 "새로운 피조물"(고전 5:17)로 재창조되는 대변화를 겪는다. 그 순간, 옛 사람에 속한 "모든 것을 배설물로 버리고"(빌 3:8), 오직 "그리스도 예수께 잡힌바 된 그것을 잡으려고 좇아가는"(빌 3:12) 새사람으로 변화되었다.

다메섹 회심 이후의 바울은 "나의 달려갈 길과 주 예수께 받은 사명 곧 하나님의 은혜의 복을 증거 하는 일을 마치려 함에는 나의 생명을 조금도 귀한 것으로 여기지 아니하는"(행 20:24) 사도로서의 삶을 살았다.

하나님은 유대인의 세계에서 시작된 복음을 이방인의 세계에 전파하기 위해서 바울을 이방인의 사도로 특별하게 소명되었다. 바울은 계시의 해석자, 기록자, 선교사, 설교자, 목회자, 순교자로 살았다. 그리스도의 사도로서 오직 한 가지 "뒤에 있는 것은 잊어버리고 앞에 있는 것을 잡으려고 푯대를 향하여" (빌 3:13~14) 좇아가는 치열한 삶을 살았다.

이 책은 바울 사도의 생애에 관하여, 다소에서 출생하여 로마 감옥에서 순교하기까지 그의 생애를 연대기적인 순서[1]를 따라서 차례대로 이야기하고 있다.

바울의 생애는 그 중심에 다메섹 회심 사건이 자리 잡고 있다. 다메섹 회심을 분기점으로 바울의 생애는 다소의 출생으로부터 다메섹의 회심까지를 망라하는 준비기간(1~32년)과 다메섹의 소명에서부터 로마 감옥에서 순교하기까지를 망라한 사역기간(32~65년)으로 구분할 수 있다.

---

1. 바울의 연대기적인 생애에 관한 여러 견해가 있을 수 있다. 이 책은 "Robert Reymond, 「바울의 생애와 신학」(Paul Missionari Theologian), 원광연 옮김(서울: 크리스찬 다이제스트, 2003), PP. 7~8." 에 제시된 연대표를 참고로 하되, 저자의 관점에 입각하여 가감 수정된 연대표를 적용하고 있음을 밝힌다.

1절 다소에서 다메섹까지

바울은 예수님과 동시대를 살았다. 예수님과 바울은 출생 및 성장의 배경에 있어서 서로가 매우 달랐다. 예수님과 그의 제자들은 팔레스타인 갈릴리 지방의 평범한 서민 계층 출신들이었지만, 바울은 디아스포라(헬라파) 유대인으로 길리기아의 다소에서 출생해서 예루살렘으로 유학하여 교육을 받은 엘리트 계층에 속하는 바리새파 유대인이었다. 이처럼 나사렛의 예수님과 바리새인 바울은 동시대에 서로 다른 자리에 속해 있었기 때문에, 회심 전까지 바리새파 청년 사울은 같은 시대에 살았던 나사렛의 예수와 그의 교회에 대하여 결코 호의적인 입장을 취할 수 없었다.

다메섹 회심 이전까지 바울은 역사적인 예수 운동에 대하여 열심 있는 핍박자로 맹렬히 활약하고 있었다. 그는 스스로 "내가 전에는 훼방자요 핍박자요 포행자"(딤전 :13)였고, "죄인 중에 내가 괴수"(딤전 :15)였다고 자신을 소개하고 있다.

자신이 "믿지 아니할 때에 알지 못하고"(딤전 1:13) 교회를 핍박했지만, 하나님은 바울이 전혀 알지 못하는 가운데 "모태로부터 택정"(갈 1:15)하여 다메섹 도상에서 특별한 방법으로 그를 이방인의 사도로 소명하셨다.

그러므로 출생에서부터 회심에 이르는 바울의 생애도 하나님의 손 안에서 그리스도의 사도로 섭리되는 준비과정이었다. 길리기아 다소에서의 출생으로부터 다메섹 도상에서의 회심까지 바울의 생애를 다음과 같은 세 단계로 구분할 수 있다.

첫째는 바울의 출생 및 성장의 기간(1~30년)이다. 바울은 다소에서 디아스포라 유대인으로 출생하여 예루살렘으로 유학하여 유대교의 랍비로 교육을 받았다.

둘째는 바울이 교회를 핍박하던 기간(30~32년)이다. 스데반 순교 현장에 처음으로 등장하는 "사울이라 하는 청년" (행 7:58)은 그후 다메섹에서 극적으로 회심하기까지 "교회를 잔멸하는 자로" (행 8:3) 맹활약을 했다.

셋째는 다메섹 도상의 회심 사건(32년)이다. 바울은 다메섹 도상에서 예수 그리스도의 신적인 개입을 통해서 극적으로 회심하여 이방인의 사도로 소명되는 운명의 대전환을 겪는다.

1. 바울의 출생 및 성장(1~30년)

바울은 소아시아지역의 헬라 도시 길리기아의 다소에서 태어났다. 바울이 출생한 시기에 대하여 정확히 알 수 있는 정보는 없다. 다만 예수님보다 조금 늦게 태어났을 것이라고 추정이 가능하다.[2]

바울의 부모들은 로마 시민권을 가진 유력한 디아스포라 유대인이었다. 로마 시민권을 물려받을 정도로 유력하고 부유한 디아스포라 유대인의 가정에서 태어났다. 헬라의 도시인 길리기아의 다소에서 자란 바울은 당시에 국제적으로 통용되고 있던 헬라어에 능통했고, 또한 헬라 문화에도 익숙한 사람이었다.

그는 또한 로마 시민권을 가진 헬라 도시 출신이면서도, 근본이 아브라함의 자손이요 이스라엘인이며 베냐민 지파로서 율법을 철저히 지키는 바리새파 유대인이었다. 그는 유대교와 율법에 철저한 바리새인으로서 유대인적 삶의 양식을 결코 흐트러 트리지 않았다. 히브리어에 능했음은 물론 유대인으로서 모든 특성을 전수받은 히브리인 중의 히브리인으로 성장했다.

---

2. 바울의 출생년도을 정확히 알 수 없지만, 이 책에서는 예수님보다 1년 정도 늦은 것으로 추정한 출생년도를 적용하고자 한다.

이처럼 바울은 유대인이며 로마시민일 뿐만 아니라 유대관습과 헬라 문화에 다 같이 익숙한 두 세계의 교량적인 인물로 성장했다. 그는 고향 다소에서 어린 시절의 성장기를 보낸 후에는 예루살렘으로 유학하여 공부했다.

바울은 거룩한 도성 예루살렘에서 당대의 명망 높은 교법사 가말리엘의 문하에서 유대교와 율법을 전문적으로 공부했고(행 22:3), 학업을 마친 후에는 유대교의 랍비 혹은 예비 선교사로 활동하고 있었다.

예수님이 천국 복음을 전하던 공생애 기간 중에 바울은 그가 속한 바리새파의 랍비 신분으로 하나님의 아들 예수 그리스도를 십자가에 못 박은 도시 예루살렘에서 동시대를 함께 살고 있었다.

2. 바울의 교회 박해(30~32년)

바리새파 청년 바울은 팔레스타인의 갈릴리와 예루살렘에서 전개된 역사적 예수 운동에 대해서 명백하게 적대적인 태도를 취하고 있었다. 그는 유대교의 바리새파에 속한 랍비였다. 그의 행동은 철저하게 바리새인적인 관점을 그대로 반영한 것이었다.

예수님의 공생애 기간 중에 바리새파 유대인들은 주님의 가르침에 도전적인 태도를 취하고 있었다. 바리새인 바울은 초대교회의 헬라파 유대인 기독교도들을 대표했던 스데반 집사의 순교(31년) 현장에서 "옷을 맡은 사울이라는 이름의 청년" (행 7:58)으로 처음 신약성경에 등장한다. 바리새인 랍비였던 그는 예수의 십자가 처형을 율법의 관점에서 매우 정당한 조치로 간주하고 있었다. 오순절 날의 성령 강림을 통해서 십자가에 처형된 나사렛의 예수를 따르는 무리들에 의해서 시작된 신약교회의 초기단계에서, 그는 기독교 교회를 핍박하는데 앞장을 선 핍박자였다.

다메섹 회심 이전의 바울은 유대교와 율법에 대한 과도한 신앙적 열정을 품고 교회를 대적하고 있었다. 사도행전은 바울이 스데반 집사 순교 사건에 직접 관여했음을 증거 한다. 스데반 사건으로 인한 박해기간에도 바울은 교회를 잔멸하며 예수를 믿고 따르는 자들의 집에 들어가서 남녀를 끌고가서 옥에 넘기는 일에 앞장서서 맹활약을 하고 있었다(행 8:3). '사울이라는 청년' 은 나사렛의 예수와 그를 따르는 제자들을 핍박함에 있어서 분명히 과도한 열정에 사로잡혀 있었다. 그는 마침내 이방지역에 디아스포라된 헬라파 유대인들 중에서 예수를 따르는 제자들을 체포하여 처벌하려는 목적을 가지고 다메섹으로 향하고 있었다. 교회를 핍박하던 바울은 마침내 다메섹 도상에서 부활하신 예수 그리스도를 만나게 되었고, 그 만남을 통해서 운명의 대반전을 겪는다. 다메섹 도상에서 하나님의 손에 의한 초자연적인 개입이 없었다면, 그 당시 '사울이라는 청년' 의 교회 핍박 활동을 저지할 수 있는 사람은 아무도 없는 형편이었다.

3. 바울의 다메섹 회심(32년)

다메섹을 향하던 도상에서 바울은 극적으로 회심한다. 헬라파 유대인 기독교도들을 체포하여 처벌할 목적으로 다메섹을 향하여 가고 있던 바울은 초자연적인 신적 개입을 통해서 부활하신 예수 그리스도를 만남으로 극적인 대반전을 겪게 된다. 그는 '유대교와 율법의 자리에서 기독교와 복음의 자리로' 전향하는 극적인 대변혁을 겪는다.

바울의 생애에 있어서 다메섹의 회심은 부활하신 예수 그리스도로부터 직접 복음을 받은 계시 사건인 동시에 이방인의 사도로 부름을 받은 소명 사건이었다. 그는 부활하신 예수 그리스도의 계시를 직접 받았고, 동시에 이방인의 사도로 소명되었다.

바울이 부활하신 예수 그리스도를 만난 다메섹의 체험은 기독교 역사에 있어서 다른 제자들이 체험했던 예수님의 빈 무덤 사건과 부활하신 예수님과의 교제 및 승천 사건, 그리고 오순절 성령 강림 체험과 함께 역사적인 예수 그리스도의 부활을 확증해 주는 사건이었다.

바울은 다메섹 체험을 자신이 예수 그리스도의 부활에 동참한 결정적 계시 사건으로 받아들였다. "게바에게 보이시고 후에 열 두 제자에게와 그후에 오백여 형제에게 일시에 보이셨나니 그 중에 지금까지 태반이나 살아 있고 어떤 이는 잠들었으며 그후에 야고보에게 보이셨으며 그후에 모든 사도에게와 맨 나중에 만삭되지 못하여 난 자 같은 내게도 보이셨느니라" (고전 15:5~8).

교회를 핍박하던 바울은 다메섹에서 부활하신 예수 그리스도를 직접 만남으로 십자가에 달려 죽으신 나사렛의 예수가 이스라엘이 그토록 대망하고 있던 메시아 곧 하나님의 아들이라는 새로운 인식에 도달했다. 다메섹의 체험은 나사렛의 예수가 다름 아닌 하나님의 아들 곧 그리스도라는 결정적인 계시 사건이었다. 이후, 바울의 복음은 다메섹 계시에 그 기원을 두고, 다메섹 계시에서 출발하게 되었다.[3]

다메섹 계시 사건을 통해서 바울은 예수 그리스도와 그의 복음을 위한 이방인의 사도로 소명되었다. 다메섹 회심을 계기로 대변혁을 겪은 바울은 그후 오직 그리스도의 복음을 이방세계에 전하여 하나님의 구속 사역을 완성하는 일에 전력하는 삶을 살았다.

다메섹 이후 바울의 생애는 이방인의 사도로서 "오직 한 일 즉 뒤에 있는 것은 잊어버리고 앞에 있는 것을 잡으려고 푯대를 향하여 그리스도 예수 안에서 하나님이 위에서 부르신 부름의 상을 위하여" (빌 3:13~14) 좇아가는 사명 지향적인 치열한 삶이었다.

---

3. 김세윤, The Origin of Gospel, "바울 복음의 기원" , 홍성희 옮김, (서울: 도서출판 엠마오, 1994). 참조.

2절 다메섹에서 로마까지

다메섹 회심 이후 바울은 분명하게 예수 그리스도의 사도로 자신의 정체성을 자리 매김하고 이방인의 사도로서 오직 그 사명을 완수하기 위한 삶을 살았다. 바울은 자신의 사도됨을 "사람에게서 난 것도 아니요 사람으로 말미암은 것도 아니요 오직 예수 그리스도와 및 죽은 자 가운데서 그리스도를 살리신 하나님 아버지로 말미암아"(갈 1:1) 되었다고 말한다.

회심(32년) 이후, 바울의 생애는 로마 감옥에서 순교(65년)하는 순간까지 예수님의 열두 제자들과는 다른 차원에서 예수 그리스도의 사도로 특별하게 소명된 사도적인 삶을 살았다. 예수 그리스도의 사도로서 바울의 생애는 다메섹에서 시작하여 로마 감옥에서 순교하기까지 다음 여섯 단계로 그 시기를 구분할 수 있다.

첫째(32~45년)는 다메섹에서 아라비아를 거쳐 예루살렘을 잠시 방문한 후 고향 다소에서 무명으로 보낸 약 13년 동안의 준비 기간이다.

둘째(46~49년)는 안디옥교회에 청빙되어 이방인의 사도로서 본격적으로 사역하게 된 약 5년 동안의 신학적 변증 기간이다.

셋째(50~57년)는 헬라와 소아시아 지역에서 약 8년 동안 실시한 본격적인 선교 활동의 기간이다.

넷째(58~62년)는 예루살렘에서 체포되어 가이사랴와 로마의 감옥에서 행한 약 4년 동안의 옥중 사역의 기간이다.

다섯째(62~64년)는 로마 감옥에서 석방되어 소아시아 및 헬라지역의 교회들을 순방한 약 2년 동안 순방 목회 사역의 기간이다.

여섯째(64~65년)는 다시 체포되어 로마 감옥에서 순교하기까지의 약

1년 동안의 마지막 기간이다.

바울의 생애는 한마디로 그리스도의 사도로서 하나님의 손에 붙잡혀 인도받는 삶이었다. 그의 사역은 "사람이 마음으로 자기의 길을 계획할지라도 그 걸음을 인도하는 자는 여호와"(잠 16:9)시라는 잠언의 말씀과 같이, 바울 자신의 생각에 의해서가 아니라 바울을 통해서 역사하시는 하나님의 주권적인 섭리에 의해서 인도되었다.

바울이 "나의 나된 것은 하나님의 은혜로 된 것이니 내게 주신 그의 은혜가 헛되지 아니하여 내가 모든 사도보다 많이 수고하였으나 내가 아니요 오직 나와 함께 하신 하나님의 은혜"(고전 15:10)라고 한 그의 고백은 결코 과장되거나 꾸며진 말이 아니었다.

1. 회심직후, 바울의 무명시절(32~45년)

다메섹 회심 직후, 바울은 아라비아로 가서 3년을 보냈고, 예루살렘에 잠시 들렀으나 곧 자신의 고향인 길리기아의 다소로 피신하여, 거기서 10여 년 동안 복음을 전하며 무명의 시기를 보냈다.

이 기간은 바울이 본격적으로 사도적인 사명을 감당하기 위해서 이름없이 광야에서 보낸 준비의 기간이라고 말할 수 있다.

32~35(3) : 나바태나 아라비아에서 사역

35(1) : 예루살램 방문(1차), 베드로 사도 방문

35~45(10) : 수리아, 길리기아의 다소에서 사역

다메섹 회심 직후, 바울은 곧바로 예수 그리스도의 복음을 전하기 시작했다. 그는 예루살렘으로 돌아가지 않고, 곧바로 아라비아로 가서 거기서 3년(32~35년)을 보냈다. 3년이 지난 후에 바울은 아라비아 나바태나 왕국의 아레다 왕의 관원들의 체포 위협을 피하여 다메섹을 탈출, 예

루살렘으로 돌아왔다(35년).

예루살렘에 복귀한 바울은 유대인으로 인한 신변상의 위험 때문에 그곳에서도 활동할 수가 없었다. 바울은 곧 자신의 고향 길리기아의 다소로 피신하였다. 고향 다소에서 바울은 길리기아와 수리아 지방을 대상으로 약 10여 년(35~45년) 동안 무명의 전도자로 활동했다.

다메섹 회심 이후에도 무려 13년(32~45년) 동안, 하나님은 바울이 이방인의 사도로서 그의 사명을 감당할 수 있도록 준비시키는 무명의 광야 생활을 통과하도록 인도하셨던 것이다.

바울의 무명의 준비기간은 결코 짧은 기간이 아니었다. 모세가 광야에서 40년을 준비한 것처럼 바울도 회심 후에 무려 13년이라는 무명의 광야시기를 통과하고 있었다.

바울은 이 무명시절이 끝나가는 마지막 시점(42년경)에 셋째 하늘에 이끌려갔다가 다시 돌아오는 신비한 체험을 했다(고후 12장).

2. 바울의 안디옥교회 사역(45~49년)

바울이 무명의 시기를 통과하고 있는 기간 동안, 길리기아의 다소에 인접한 수리아의 수도 안디옥에서는 이방인 중심의 교회가 급성장하고 있었다. 예루살렘 교회는 바나바를 안디옥교회의 새 지도자로 파송했다. 안디옥교회의 새 지도자로 부임한 바나바는 곧 길리기아의 다소로 바울을 찾아가서 자신의 동역자로 청빙해 왔다.

안디옥교회에 청빙된 바울은 다메섹 회심 이후 13년이라는 무명의 광야시기를 끝내고, 안디옥교회에서 비로소 이방인의 사도로서 본격적인 사역을 감당하게 되었다.

45 : 안디옥교회의 바울 청빙

46 : 예루살램 방문(2차)

47~48(1) : 구브로 섬과 남 갈라디아 지역 선교 여행

48~49 : 갈라디아서

49 : 예루살램 공의회 참석(3차)

바나바에 의해서 안디옥교회에 청빙된 바울은 처음 일년 동안 제자들을 가르치는데 집중했다. 그리고 이듬해(46년)에 예루살렘을 방문하여 구제금을 전달하면서, 교회지도자들에게 자신의 계시를 제출하고 또한 이방인의 사도로서 역할의 분담을 공인받게 된다. 이로서 바울은 다메섹에서 자신이 받은 계시와 이방인의 사도로 소명된 자신의 역할을 공인받게 된다.

예루살렘에서 일을 마치고 안디옥으로 복귀한 바울은 바나바와 함께 구브로 섬과 남 갈라디아 지역에 대한 선교 여행(47~48년)을 했다. 우리는 이 기간을 통상 바울의 1차 선교 여행이라고 말한다.

선교여행으로부터 돌아온 바울은 안디옥교회에서 당시 초대교회 내에 잠복하고 있던 유대 율법주의자들과의 신학적인 논쟁에 적극 가담하여 맹활약을 했다. 복음과 율법 논쟁과 관련하여, 기간 중에 안디옥교회에서 바울이 베드로를 책망한 사건이 발생했고(갈 2:11~14), 갈라디아교회에 자신의 복음을 전투적으로 변증하기 위한 갈라디아서를 써 보냈다.

그리고 할례와 율법 문제를 토론하기 위해서 예루살렘 공회의에 참석했으며(49년), 마침내 공교회가 오직 믿음으로 구원에 이른다는 바울의 '이신칭의' 복음을 기독교의 근본교리로 확정하도록 하는데, 결정적인 역할을 감당했다.

이방인들이 할례와 율법에 관계없이 오직 예수 그리스도를 믿는 것만으로 구원에 이른다는 '이신칭의' 복음을 교회의 근본교리로 확정한 일이야말로, 이방인의 사도 바울이 이룩한 가장 결정적인 역할이었다.

교회사적으로 바울의 '이신칭의' 복음을 교회의 근본교리로 확정함

으로서 이방세계의 모든 인류를 구원할 수 있는 보편적 기독교 교회 설립의 토대를 마련했던 예루살렘 공회의(행 15장)보다 더 중요한 신학적 결정은 없었다. 바울은 바로 그 중심에 서서 결정적인 역할을 감당했다.

3. 바울의 소아시아 및 헬라지역 선교(50~57년)

예루살렘 공회의(행 15장) 후에 이방인의 사도 바울은 안디옥교회에서 바나바와의 동역을 마치고, 독자적으로 본격적인 선교 활동에 들어갔다. 기간 중의 선교 활동은 다음과 같은 3단계로 구분할 수 있다.

첫째 바울은 안디옥교회를 떠나서 50년부터 52년까지 유럽지역인 마케도니아와 아가야(그리스) 지역에 대한 선교 활동을 했다.

둘째 바울은 예루살렘과 안디옥을 잠시 방문한 다음, 에베소로 복귀하여 52년부터 55년까지 소아시아 지역을 대상으로 선교 활동을 했다.

셋째 바울은 에베소를 떠나서 56년부터 57년까지 마케도니아와 일루리곤과 아가야 지역에 대한 순회 선교 여행을 했다.

이방인의 사도 바울은 50년부터 57년까지 불과 8년이라는 아주 짧은 기간 동안에 소아시아와 헬라지역을 복음화 하는 눈부신 선교 성과를 거둘 수 있었다.

50 : 마케도니아 지역 전도(빌립보, 데살로니가, 뵈뢰아)

51~52(2) : 아가야 지역 전도(아덴, 고린도)

51 : 데살로니가전서와 데살로니가후서(고린도에서 작성 발송)

52 : 복귀 여행, 짧은 예루살램 방문(4차)

52~55(3) : 소아시아의 에배소에서 사역

55~56 : 고린도전서(에베소에서 발송), 고린도후서(마케도니아에서 발송)

56~57(2) : 마케도니아, 일루리곤, 아가야 여행

57 봄 : 로마서(고린도에서 발송)

57 : 복귀 여행, 예루살렘 방문(5차)

예루살렘 공회의를 통해서 당시 유대인과 이방인의 사이에 가로놓인 막힌 담의 역할을 하고 있던 할례와 율법의 문제를 해결 짓게 된 이방인의 사도 바울은 곧바로 본격적인 이방인 선교 활동에 들어갔다.

성령의 인도하심을 따라 소아시아를 뛰어 넘어 곧바로 마케도니아 지역의 빌립보, 데살로니가, 뵈뢰아에 들어가 전도하다가(50년), 유대인의 박해를 피하여 아가야 지역의 아덴을 거쳐서 고린도로 건너가서, 거기서 일년 반 동안(51~52년) 복음을 전했다.

고린도에 있는 동안, 바울은 마케도니아 지역의 데살로니가교회에 데살로니가전후서를 써 보냈다(51년). 그리스 지역 선교를 끝내고 예루살렘과 안디옥으로 잠시 복귀하는 여행을 했다(52년). 우리는 이 기간을 통상 바울의 2차 선교 여행이라고 말한다.

바울은 예루살렘과 안디옥 방문을 마치고, 곧바로 소아시아의 에베소로 복귀하였다. 에베소에 도착한 바울은 그곳을 선교 중심지로 삼아 약 3년 동안(52~55년) 인근 소아시아 지역을 대상으로 전도 활동을 전개했다.

기간 중에 고린도교회에 고린도전후서를 써 보냈다. 소아시아 지역 전도를 마치고 마케도니아와 일루리곤(지금의 알바니아 지역)과 그리스 지역을 대상으로 약 1년 반 동안(56~57년)의 순회 전도 여행을 했다.

선교 여행에서 귀환하여 고린도교회에 머무는 기간 동안, 로마서를 작성하여 로마교회로 보냈다(57년). 이 기간을 통상 바울의 3차 선교 여행이라고 말한다.

약 8년 동안(50~57년)이라는 짧은 기간에 바울은 헬라와 소아시아 지역에 대한 자신의 선교를 마무리 지을 수 있었던 바울은 이제 그 지역을 떠나서 로마를 경유하여 서바나(스페인)로 가려는 새로운 원대한 선교 비전을 실천에 옮기고자 했다.

이를 위해서 예루살렘 교회로 복귀하여 바울이 그 동안 이방인의 교회를 통해서 모금한 부조금을 전달하고, 또한 자신의 계획을 예루살렘 교회 지도자들에게 설명한 다음, 거기서 로마로 떠나기 위해서 예루살렘으로 향했다.

4. 바울의 체포와 옥중 사역(58~62년)

예루살렘에 들어간 바울은 곧 유대인들에 의해서 체포된다. 그의 계획은 예루살렘에 복귀하여 일을 마친 다음, 로마로 건너가고, 로마에서 다시 서바나(스페인)로 가려는 것이었다. 그러나 바울의 생각과는 달리, 하나님은 그를 옥중 복음 사역으로 인도하셨다.

체포(57년 말)된 바울은 예루살렘에서 산헤드린 유대지도자들과 가이사랴에서 팔레스타인 지배 계층을 상대로 복음을 증거 했고(58~59년), 폭풍 속의 항해로 로마에 건너가서 제국의 수도 로마의 감옥(60~61년)에서 그를 찾아온 방문객들을 상대로 2년 동안 가택연금 상태에서 예수 그리스도의 복음을 증거 했다.

57 말 : 예루살렘에서 체포 및 가이사랴 이송

58~59(2) : 가이사랴에서 수감생활

59 : 로마로 항해

60 : 로마에 도착, 가택연금 상태의 수감생활

60~61(2) : 로마 감옥에서 옥중서신 발송(골로새서, 빌레몬서, 에베소서, 빌립보서)

62 초 : 가택연금 해제

유대인들에게 체포된 바울은 예루살렘의 로마군 치안 책임자인 천부장 루시아에 의해서 구출되어 팔레스타인 지역의 로마 총독부가 위치하고 있던 가이사랴로 호송된다. 거기서 2년 동안(58~59년) 감옥 생활을 하면서, 왕과 총독과 권력자들 앞에서 자신의 무죄함과 예수 그리스도의 복음을 변증하였다.

신임 로마 총독 베스도가 유대인들에게 바울의 재판을 넘기려하자, 자신의 로마 시민권을 사용하여 직접 로마 황제에게 재판을 호소했다. 그렇게 해서 로마 황제의 재판을 받기 위해 이방인의 사도 바울은 당시 세계의 심장부인 제국의 수도 로마로 들어가게 되었다.

로마로 항해하던 도중에 풍랑을 만났으나, 기적적으로 구출되어 도리어 복음을 전할 수 있는 기회를 얻었다. 이방인의 사도 바울은 죄수의 신분으로 마침내 당시 온 세계을 지배하고 있던 로마제국의 수도 로마에 도착했다.

로마 감옥에서 바울은 가택연금 상태로 2년여 동안(60~61년) 수감생활을 하고 있었다. 로마 감옥으로 자신을 찾아오는 수많은 방문객들을 상대로 바울은 자신의 '이신칭의' 복음을 증거 했다.

또한 자신을 방문한 교회지도자을 통해서 헬라 및 소아시아 지역의 교회들의 사정을 전해 듣고, 이들 교회를 지도하기 위한 옥중서신(에베소서, 골로새서, 빌레몬서, 빌립보서)을 써 보냈다.

로마 감옥에서 2년 동안의 가택연금 생활을 끝낸 바울은 62년 초에 석방되어 잠시 자유의 몸이 되었다. 사람의 눈으로 보면 바울은 그 동안 감옥에서 죄수로서 비참한 생활을 하고 있었다.

그러나 하나님은 당시 온 세계의 중심이었던 로마에 바울의 '이신칭의' 복음의 뿌리를 바르게 굳건히 심으시고자, 바울로 하여금 옥중 사역을 하도록 인도하셨다. 로마에 심어놓은 바울의 '이신칭의' 복음은 그로부터 약 250여 년이 지난 주후 313년 콘스탄틴 황제에 이르러 마침내 로마제국을 정복하는 결과를 낳았다.

바울이 체포되어 옥중 사역을 했던 주후 58~62년의 시점에 이르러서, 복음은 전파 그 자체보다 참된 복음 즉 '다른 복음' 이 아니라 바울이 바르게 해석한 '이신칭의' 복음을 전하는 것이 더 중요한 문제로 대두되고 있었다. 하나님은 바른 복음을 뿌리내리게 하실 목적으로 바울을 4년 동안 감옥에 붙잡아 두셨던 것이다.

5. 석방직후, 바울의 목회 순방(62~64년)

로마 감옥에서 석방된 바울은 곧 자신이 감옥에 있는 동안 직접 돌볼 수 없었던 소아시아 및 헬라지역의 이방인 교회들을 순방하며 목회 지도하는 여행을 떠났다.

목회 순방 중 이방인의 사도 바울의 당면한 주관심사는 선교를 통해서 새로운 교회를 세우는 문제보다 자신이 감옥에 갇혀 있던 공백기를 틈타서 기존의 교회에 침투해 들어 온 이단사상에 대처하고, 그가 없는 동안에 흐트러진 교회의 질서를 바르게 세우려는 목회사역이었다.

62 봄 : 석방

62~64 : 목회 순방 여행

63 : 디모데전서(여행 중에 에베소로 발송)

63 : 디도서(여행 중에 그레데로 발송)

로마감옥에서 석방되어, 여행의 자유를 갖게 된 바울은 곧 자신이 선교하여 세웠던 소아시아 및 헬라지역의 교회들에 대한 순회 목회 여행을 떠났다. 이 지역교회들은 바울이 떠나온 이후 약 5년 동안의 공백 기간(58~62년)이 있었다.

바울 사도는 자신이 떠난 후에 이 지역교회들에 침투한 이단세력에 대항하고, 흐트러진 교회의 조직을 바로 세우려는 목적을 가지고, 그의 동역자들과 함께 순방 목회 여행을 하게 되었다.

로마에서 출발하여 지중해 상의 그레데 섬을 경유하며 바울은 그 섬에 디도를 남겨 놓았고(62년), 다시 항해하여 소아시아의 에베소에 도착하여 그 곳에 디모데를 남겨 놓았다. 바울은 디도와 디모데를 현지 목회자로 세워서 그들이 자신을 대신하여 교회를 바로잡도록 했다.

성경은 바울 사도의 순방 목회 여행에 대하여 극히 제한된 정보만을 제공하고 있다. 헬라지역에서 아가야 지역으로 이동하는 도중(63년)에, 바울은 디모데전서와 디도서를 각각 써 보냈다. 아가야 지역의 교회들을 순방하고, 63년 겨울을 소아시아의 연안에 위치하고 있던 성읍 니고볼리에서 디도와 함께 보냈다.

우리는 목회서신 디모데전서와 디도서를 통해서, 바울 사도가 소아시아와 헬라의 교회에 침투해 들어온 이단에 적극 대처하며, 교회의 조직과 질서를 바로 잡기 위해서 열심을 다하고 있는 그의 모습을 추정해 볼 수 있을 뿐이다.

6. 바울의 재수감 및 순교(64~65년)

목회 순방 여행을 하던 도중(64년 말), 바울 사도는 로마 당국에 의해서 갑작스럽게 긴급 체포되어 다시 로마로 압송되었다.

64년 로마의 대화재 사건을 계기로 황제 네로의 광기어린 기독교 박해가 시작되었다. 바울 사도는 제국의 국사범으로 다시 체포되었고, 이번에는 가혹한 수형생활과 매우 불리한 일방적인 재판을 받게 되어, 결국 참수형을 선고받고, 로마 감옥에서 순교했다.

이방인의 사도 바울은 마침내 이 땅에서의 모든 수고를 접고 그리스도께서 예비하신 의의 면류관과 찬란한 부활의 영광을 바라보며 영원한 하늘나라에 들어갔다.

64말 : 두 번째 체포

65 : 디모데후서(로마감옥에서 에베소로 발송)

65말 : 로마 감옥에서 순교

역사적으로 로마 당국의 대대적인 기독교 박해는 64년 황제 네로의 광기가 표출되면서 시작되었다. 소아시아와 헬라지역의 교회들을 순회하며 목회 여행을 계속하고 있던 바울은 네로 황제의 기독교 박해정책에 의해서 64년 말경 소아시아의 드로아에서 로마 당국에 의해서 긴급 체포되어 다시 로마로 압송되었다.

이번에는 로마 당국에 의한 체포였기 때문에 유대인들에 의해서 고발되었던 지난번과는 모든 사정이 완전히 달랐다. 로마제국의 국사범으로 가혹한 수형생활을 하게 되었고, 65년 말경 마침내 로마 감옥에서 참수되어 순교했다.

로마 감옥에서 바울은 에베소에 남겨두었던 디모데에게 마지막으로 디모데 후서를 써 보냈다.

길리기아의 다소에서 태어나서 예루살렘에서 성장하여 교회를 핍박하다가 다메섹에서 부활하신 예수 그리스도를 만남으로 극적으로 회심하여 이방인의 사도로 소명된 바울은, 이 땅에서의 모든 수고와 생을 접고, 로마 감옥에서 마침내 순교하여 하늘나라에 입성했다.

그는 하늘나라의 시민권을 가진 사도였다. 이방인의 사도 바울은 하늘나라에서 받게 될 "의의 면류관"을 바라보며 이 땅에서의 선한 싸움을 마치고 마침내 당당하게 천국에 입성했다.

순교를 앞두고서 바울은 담대히 "주께서 나를 모든 악한 일에서 건져내시고 또 그의 천국에 들어가도록 구원하시리니 그에게 영광이 세세 무궁토록 있을 지어다 아멘"(딤후 4:18)으로, 하나님께 영광의 찬송을 드렸다.

제 2 장

바울의 출생 및 성장 (1~30년)

1절 바울의 출생 배경

2절 바울의 성장 배경

3절 두 세계의 교량적 인물

"나는 유대인으로 길리기아 다소에서 났고
이 성에서 자라 가말리엘의 문하에서
우리 조상들의 율법의 엄한 교훈을 받았고
오늘 너희 모든 사람처럼 하나님께 대하여 열심하는 자라"(행 22:3).

바울이 살던 세계는 헬라-로마(Greco-Roman)세계였다. 헬라-로마세계는 주전 330년 헬라의 알렉산더 대왕으로부터 주후 330년 로마의 콘스탄틴 황제까지를 배경으로 한다. 주전 30년 지중해 일대를 완전히 지배하게 된 로마의 아우구스투스 황제를 기점으로, 헬라 문화와 로마제국이 융합된 헬라-로마세계가 완숙되었다.[4] 이러한 헬라-로마세계를 배경으로 '때가 차매'(갈 4:4) 예수 그리스도께서 오셨고, 바울 역시 동시대에 태어나서 이방인의 사도로 복음을 위해서 사역했다.

당시 헬라-로마세계는 로마제국이 정치적 및 지리적 환경을 조성하고 있었다. 로마가 지배하는 평화시대가 구가되고 있었다. 세계 도처에 로마로 통하는 도시와 도로망과 항로가 개설되어 있었다. 로마제국 안에 조성된 정치적 및 지리적 환경의 안정은 무역과 상업과 여행, 그리고 무엇보다도 기독교 복음을 세상 끝까지 전파하는데 매우 유리한 환경을 보장해 주고 있었다.

그러나 문화적으로는 헬라 문화가 지배하는 세계였다. 헬라어는 당시

4. 박용규, '초대교회사', (서울: 총신 출판부, 1994), P30.

로마제국에서 통용되고 있는 국제어였다. 헬라어는 직접적인 언어매체 이상이었다. 헬라어는 당시 헬라-로마세계의 사상, 사고방식, 교육수준, 이해 방식의 통일을 촉진시키고 있었다. 신약성경이 당시의 헬라어로 쓰여 진 이유도 바로 거기에 있었던 것이다. 이처럼 헬라-로마 세계는 정치적으로는 로마제국의 통치, 문화적으로는 헬라의 영향이 지배하는 세계였다.

한편, 당시 유대인들은 팔레스타인 지역뿐만 아니라 헬라-로마 세계의 이방 지역에 넓게 흩어져 살고 있었다. 주전 722년 앗시리아에 의해 북 이스라엘이 멸망당하고, 주전 586년 바벨론에 의해 남 유다 및 예루살렘이 멸망당함으로써, 이스라엘 민족은 포로 신세가 되어 이방 지역으로 흩어져 살게 되었다.

주전 536년 페르시아의 고레스 왕에 의해 포로로 잡혀갔던 유대인의 일부가 팔레스타인으로 귀환하게 되었다. 그러나 귀환자 보다 더 많은 숫자의 유대인이 이방 세계로 흩어져 살게 되었다. 이들을 디아스포라 유대인이라고 하는데, 사도행전은 이들을 헬라파 유대인이라고 칭하고 있다.

팔레스타인 지역은 주전 333년부터 64년까지 270여 년 동안 헬라의 지배를 받고 있었다. 그 기간 중에 유대인들은 마카비 혁명을 일으켜, 주전 164년부터 64년까지 100여 년 동안 하스몬 왕가에 의한 준 독립 상태의 국가를 유지할 수 있었다.

그러나 주전 64년 로마의 장군 폼페이우스에 의해서 팔레스타인은 당시 로마제국의 지배 하에 들어가게 되었다. 주전 333년 이후 헬라시대를 거처, 주전 63년부터는 로마제국에 편입됨으로서 유대인들은 헬라-로마 세계 속에서 팔레스타인 유대인과 이방 세계의 디아스포라 유대인으로 나뉘어 살게 되었다.

당시 팔레스타인에 살고 있던 유대인의 인구는 약 50~60만 명 수준이었고, 예루살렘의 인구는 약 2만 5,000명 내지 3만 명 정도로 추산되고 있다. 그리고 팔레스타인 밖에서 흩어져 살고 있던 디아스포라 유대인은 4백 50만 명 정도였으며, 이들은 전 로마 인구의 약 7% 수준이었다고 한다.[5]

본토인 팔레스타인의 유대인보다 더 많은 숫자의 디아스포라 유대인들이 헬라-로마세계의 여러 도시에서 회당을 중심으로 그들의 율법에 의한 유대 공동체를 형성하여 살고 있었다. 이들 모든 유대 공동체는 종교적인 문제에 관해서 예루살렘의 산헤드린 공회의 통치를 받고 있었다. 로마제국은 유대인들에게만은 예외적으로 이 같은 자치권을 허용해 주고 있었다.

[도표 1] **그레코 — 로만 세계**

5. 정훈택, '신약서론' (서울: 총신 신학대학원 교재, 2002), P. 77.

1절 바울의 출생 배경

바울은 유대인이면서 헬라-로마인이었고, 헬라-로마인이면서 유대인이었다. 그는 두 세계를 이을 수 있는 교량적인 인물로 태어났고 또한 성장했다. 바울은 종교적으로는 유대인이었지만, 문화적으로는 헬라인이었으며, 신분적으로는 로마시민이었다. 유대인의 종교적 기반 위에서 시작된 기독교를 헬라-로마 세계에 전파하는 이방인의 사도로 그를 사용하시기 위해서 하나님이 미리 "그의 어머니의 태로부터"(갈 1:15) 택정하시고 예비하셨다.

사도행전 13장 9절에는 '바울이라고 하는 사울' 이라는 그의 이름에 관한 기록이 나온다. 그의 이름이 '사울' (Saul)에서 '바울' (Paul)로 바뀌는 것이다. 그러나 이 경우는 회심을 계기로 해서 그의 이름을 바꾼 경우에 해당되지 않는다. 사울은 셈식의 이름이고, 바울은 헬라식 혹은 로마식 이름이다.[6]

누가는 사도행전을 기록하면서, 다메섹 회심 사건(32년) 직후에 '사울을 바울로' 칭한 것이 아니라, 47년 구브로 섬의 살라미에서 복음 전하는 일을 훼방하던 유대인 거짓 선지자 바예수의 눈을 멀게 한 이적사건(행 13:13)을 기점으로 사도의 이름을 '사울에서 바울로' 바꾸어 표기하기 시작하고 있다.

1. 길리기아의 다소 출신

바울은 소아시아 길리기아의 다소에서 태어났다. 그는 유대인으로서

---

6. Pitzmyer, '바울의 신학' , 배용덕 편역, (서울: 도서출판 솔로몬, 1996), P. 19.

"소읍이 아닌 길리기아 다소성의 시민" (행 21:39)이라는 자부심을 가지고 있었다. 다소는 소아시아 남동쪽 지중해 해안에 있는 길리기아 지방의 중심 도시이다.

길리기아는 남쪽으로는 지중해, 동쪽으로는 아마누스산맥, 북서쪽으로는 타우루스산맥에 둘려 싸여 있는 소아시아 남동쪽에 위치한 지중해의 연안 지방이다. 산맥과 고원, 계곡이 어우러져 정경은 수려하나 교통은 불편한 지역이다. 주요 교통로는 해안선을 따라 발달했으며 질이 좋은 목재와 양모로 유명하다.

페르시아 제국의 네 번째 주였으나, 헬라 시대에는 셀쥬코스 왕조의 지배를 받았고, 신약시대에는 로마의 속령이 되었다. 길리기아의 중심 도시인 다소는 해안에서 약 16Km 들어가 다소강의 오른쪽에 위치하고 있다. 다소의 위치는 고대의 창립기로부터 오늘날까지 약 6,000년 동안 변함이 없다고 한다.

다소는 로마의 폼페이우스 장군이 소아시아를 정복하여 재구성할 때, 길리기아 지방의 수도가 되었다. 헬라풍의 도시 다소는 문화와 철학과 교육의 유명한 중심지였다.

바울의 조상들이 어떤 경로를 통해서 길리기아주의 도시 다소의 시민으로 정착하게 되었는지 정확히 알 수는 없다. 우리는 유대인들이 디아스포라되는 역사의 흐름 속에서 이해할 수밖에 없다. 우리에게 암시를 주는 한 가지 사건이 있다.

헬라의 안티오쿠스 4세(B. C. 175~164)는 다소를 헬라화하면서, 그곳에 상업과 산업을 육성하기 위해서 유대인 거류 지구를 만들기도 했다. 이때 다소를 재건하고 재조직하는 가운데 유대인들에게도 시민권을 받을 수 있는 기회가 열렸을 것이다.[7]

7. William Barclay, '바울 신학 개론' , 박문재 옮김, (서울: 크리스찬 다이제스트, 1997), p.26.

그러므로 바울의 조상들이 로마의 세력이 길리기아의 중심 도시 다소를 점령하기 전에 그곳에 자리를 잡았을 것으로 추정된다. 다소에는 물론 디아스포라 유대인 공동체가 있었고, 유대교의 회당이 있었으며, 바울의 가족은 그 회원으로 살았다.

2. 로마제국의 시민권자

바울은 로마 시민권을 가지고 있는 유대인이었다. 예루살렘의 천부장 루시아에게 바울은 "나는 나면서부터 로마 사람" (행 22:28)이라고 자신의 신분을 분명히 말하고 있다.

그의 선친들이 유대인으로서 어떻게 해서 로마 시민권을 얻게 되었는지 정확히 알 수는 없다. 그러나 주전 64년에 다소는 로마의 장군 폼페이우스의 본부였고, 그때에 많은 시민들이 폼페이우스로부터 로마 시민권을 받았다는 것은 의심의 여지가 없는 사실이다.

그리고 주전 47년에는 율리우스 케사르가 동방 원정을 위해 다소로 왔는데, 이때 많은 다소 시민들이 로마의 시민권을 얻었던 것이 거의 확실하다. 또한 로마는 그후에도 주전 42년에 안토니우스, 주전 31년에 아우구스투스[8]가 각각 다소에 왔으며, 그때에도 유사한 이유로 적지 않은 다소의 시민이 로마 시민권을 받게 되었다.

이 기간 중의 어느 한 시기에 바울의 선조들이 로마 시민권을 얻었을 것이다. 다소에서 로마 시민으로 명부에 오르려면, 그 당시 최소한 500 드라크마의 재산이 있어야 했다고 한다. 이로 보건데 바울은 경제적으로 부유한 집안에서 태어났음을 알 수 있다.

누가는 바울을 장막 제조업자라고 소개하고 있다(행 18:3). 이는 바울

8. Augustus ; 본명은 옥타미아누스이다. B.C. 63년에 태어나 B.C. 23년에 최초의 로마 황제가 되었다. 예수님이 탄생하실 당시에 그가 호적령을 내렸다(눅2:1).

집안의 가업이 장막 제조업이었을 것이라는 사실을 암시하고 있다. 장막은 전쟁에 소용되는 주요 군수물자였다. 전쟁이 빈번했던 당시에 장막 제조업은 바울의 집안에 경제적으로 많은 부를 가져다주었을 것으로 추측된다.

바울이 유대인이면서 나면서부터 로마 시민이었다는 사실은 그의 부모들의 경제적인 조건과 로마와의 어떤 관련성을 유추하게 해 주고 있다. 아마 바울의 부친 혹은 조부나 증조부가 로마의 대의를 위해 탁월한 공헌을 했을 것이다.

당시 다소의 시민들과 다른 거류민들 가운데에서 소수의 로마인만이 (출신이 헬라인이든 유대인이든) 사회적인 권력집단을 구성할 수 있었다고 한다.[9] '나면서부터 로마인' 이었던 바울은 팔레스타인의 제자들과는 달리 로마제국의 법적인 보호를 받고 있는 신분이었다.

로마제국에서 시민권을 가진 사람은 어떤 죄로 기소된 자이든 공정한 공개심문이 주어질 것과 불명예스러운 형태의 형벌이나 즉결재판에 의한 형의 집행을 금하는 법규가 포함되어 있었다. 그러므로 바울이 로마제국 내에서 복음 전도자로 활동함에 있어서 그의 로마 시민권은 법적으로 대단히 중요한 신분 안전을 보장해 주는 요소가 되어 주었다.[10]

3. 헬라 문화에 익숙한 유대인

지중해 연안과 페르시아 제국을 정복한 마케도니아의 알렉산더 대왕(주전 336~323)은 그의 정복지에서 헬라 문화와 헬라 언어를 보급하는 헬라화 정책을 추진하였다. 이른바 헬레니즘 문화권을 형성했던 것

---

9. F. F. Bruce, 바울 신학(PAUL: Apostle of the Heart Set Free), 정태원역, (사울: 기독교 문서 선교회, 1987), P. 33.
10. Ibid., 30.

이다.

특히 다소와 같은 도시문화권에서 헬라어는 공식어로 통용되고 있었다. 로마의 시민권자라는 법적 신분 이상으로, 바울이 헬라 도시 다소의 시민으로서 태어나면서부터 헬라 문화에 익숙한 사람이었으며, 특히 당시 국제어로 통용되고 있던 헬라어에 능통했다는 사실은 크게 주목할 일이다.

바울의 집안이 여러 세대에 걸쳐 다소에 거주했다면, 이는 또한 바울이 자기 고국의 유대 사상과 접하는 만큼 희랍과 로마 사상에 대해서도 친숙하게 접할 수 있는 그런 환경 속에서 자랐다는 것을 의미한다.[11)]

정치 군사적으로 로마가 지중해 연안을 점령한 후에도 헬라어는 로마제국의 통용어로 사용되고 있었다. 로마인들은 헬라어를 배척하지 않고 사랑했으며 그리스의 교육, 철학(스토아 철학), 수사학, 문학 등을 배우려고 했다. 정복자들도 헬라어를 제2의 외국어로 배웠다. 로마에서도 지성인들은 헬라어를 사용하였다.[12)]

헬라-로마 세계에서 복음 전도자로 활동함에 있어서, 바울이 헬라 문화를 잘 알고 헬라어에 능통할 수 있었던 점은 그의 태생이 헬라의 도시 다소 출신이라는 사실을 떠나서는 설명될 수 없는 부분이다.

이방인의 사도로서 바울이 헬라어에 능통하고 헬라 문화에 친숙했다는 것은 더할 나위 없이 잘 준비된 복음 전도자였음을 말해주는 것이다. 바울은 헬라어를 사용하여 당시 헬라-로마 세계에서 불편 없이 복음을 전할 수 있었고, 특히 헬라어로 쓴 그의 불멸의 서신을 남길 수 있었던 것이다.

---

11. William Barclay, op.cit., 27.
12. 정훈택, op.cit., 106.

2절 바울의 성장 배경

길리기아의 헬라 도시인 다소에서 태어나고 로마 시민권을 가졌고 헬라 문화에 친숙한 디아스포라 유대인이었음에도 불구하고, 바울은 자신이 누구보다도 순수한 유대인 혈통의 사람이요 율법으로는 바리새인이었다고 주장한다.

바울은 "내가 팔 일 만에 할례를 받고 이스라엘의 민족이요 베냐민의 지파요 히브리인 중의 히브리인이요 율법으로는 바리새인이요 열심으로는 교회를 핍박하고 율법의 의로는 흠이 없는 자" (빌 3:5~6)였다는 깊은 자부심을 가지고 있었다.

그는 디아스포라 유대인이면서도 히브리인 중의 히브리인이라는 민족적인 정체성을 잊어본 적이 없는 선민적인 자부심이 강한 순수한 유대인이었다. 누구보다도 율법에 열심인 바리새파에 속한 율법주의자였고, 또 예루살렘에서 젊은 시절에 훌륭한 교육을 받은 열심 있는 유대교의 랍비였다.

그는 "내가 처음부터 내 민족 중에와 예루살렘에서 젊었을 때 생활한 상태를 유대인들이 다 아는 바요" (행 26:4), "가말리엘의 문하에서 우리 조상들의 율법의 엄한 교훈을 받았다" (행 22:3)고 자신을 자랑스럽게 소개하고 있다.

1. 정통파 히브리인

팔레스타인 지역이 아닌 길리기아의 헬라 도시 다소 출신인 점을 고려할 때 바울은 분명 헬라파에 속하는 디아스포라 유대인이지만, 스스로는 자신을 '히브리인 중의 히브리인' (빌 3:5)이라고 분명히 소개하고 있다.

이는 바울이 팔레스타인적인 삶의 방식을 특별히 보존하고자 하는 정통파 유대인의 가정에서 자란 사람이었음을 나타낸다. 바울의 부모들이 본래 히브리인이었으며, 바울 자신이 그러한 정통파 히브리인의 가풍에서 자랐음을 나타낸다.

바울은 외국에 살고 있으면서도 일반 디아스포라 유대인들처럼 모국어인 히브리어를 다 잊어버리는 그런 상태에 있지 않았다. 그는 여전히 조상들이 사용하던 언어를 기억하고 또 알고 있는 유대인이었다.

바울은 자신의 유대인 혈통을 자랑스럽게 여겼다. "저희가 히브리인이냐 나도 그러하며 저희가 이스라엘인이냐 나도 그러하며 저희가 아브라함의 씨냐 나도 그러하며"(고후 11:22). 그가 말하고 있는 이 세 가지 문구 모두가 제 나름대로 의미를 지니고 있다.

여기서 히브리인이라는 혈통은 유대인이지만 자기들이 이방 국가들에서 헬라어를 사용하느라 모국어인 히브리어를 완전히 잊어버린 보통의 디아스포라 유대인들과는 달리 여전히 히브리어를 말할 수 있는 정통 유대인임을 가리킨다.

바울은 다소 출신으로서 헬라어에 능했지만, 그에 못지않게 유대인들이 사용하고 있던 히브리어에도 능통했다. 헬라의 이방 도시 다소에서 자랐으면서도, 어린 시절부터 손색이 없는 '히브리인 중의 히브리인' 이라는 하나님의 백성으로서 자기 정체성을 확실하게 지키고 있었다. 그는 만일 누군가 육체로서 자랑할 자가 있다면 자신보다 순수한 '히브리인 중의 히브리인' 은 없을 것이라고 주장하는 것이다.

"만일 누구든지 다른 이가 육체를 신뢰할 것이 있는 줄로 생각하면 나는 더욱 그러하니 내가 팔일 만에 할례를 받고 이스라엘의 족속이요 베냐민의 지파요 히브리인 중의 히브리인이요 율법으로는 바리새인이요 열심으로는 교회를 핍박하고 율법의 의로는 흠이 없는 자로라"(빌

3:4~6), “나도 이스라엘이요 아브라함의 씨에서 난 자요 베냐민 지파라”(롬 11:1).

이러한 주장들은 바울이 자기보다 더 순수한 유대인은 세상에 아무도 없다고 말하는 것과 같은 태도이다. 바울은 팔일 만에 할례를 받았다. 그는 하나님으로부터 선택받았다고 하는, 하나님으로부터 그분의 소유라고 하는 분명한 선언을 들은 백성의 일원이라고 하는 할례의 표를 몸에 지니고 있었다.

그는 하나님과 언약 관계를 맺고 있는 이스라엘 나라의 일원이었다. 이러한 언약 관계란 다른 나라에서는 결코 없었던 일이다. 바울은 베냐민 지파 사람이었다. 베냐민 지파는 이스라엘 역사 가운데 독특한 위치를 차지하고 있었다. 야곱의 열두 족장들 중에서 베냐민만이 유일하게 실제로 약속의 땅에서 태어난 족장이었다.

베냐민 지파에서 이스라엘의 초대 왕 사울이 배출되었다. 다윗 왕국이 분열되었던 시대에도 베냐민 지파는 유다 지파와 함께 남 유대에 속한 지파였다. 바울은 혈통으로 이스라엘 족속이었을 뿐만 아니라, 이스라엘의 귀족에 속한 사람이었던 것이다.

바울의 사상 가운데는 자기가 하나님의 택하심을 입은 민족 곧 유대인이 된 특권에 대해서 자부심을 느끼고 즐거워하는 사실이 거듭 거듭 나타나고 있다. 그는 이방인을 위한 사도였지만, 그렇다고 해서 그가 유대인들에 대해서 호의적이 아니었다고 생각한다면, 바울을 전적으로 잘못 이해하는 것이다.

그는 자기의 형제 곧 골육의 친척인 동족 유대인들을 위해서 “내 자신이 저주를 받아 그리스도에게서 끊어질지라도”(롬 9:3) 그들의 구원을 원하는 바라고 고백하고 있다. 히브리인 중의 히브리인인 바울은 회심 후에도 결코 그의 동족들에 대하여 배교자의 증오심 같은 것을 나타내 보이지 않았다.

2. 바리새파 유대인

바울은 바리새파 유대인이었다. 당시 바리새파는 율법 준수를 생명처럼 생각하는 정통 유대교의 대표적인 종교 집단이었다. 그들은 대중성과 일반성, 비록 보편성이라고는 할 수 없을지라도 또한 교육의 통제권 등이 그들로 하여금 실제적인 민족의 지도자로 역할을 하도록 하고 있었다.

확실히 유대민족의 장래의 역사는 이들 바리새파의 수중에 있었다. 그 이유는 성전이 파괴되었을 때(주후 70년), 남은 것은 오직 율법뿐이었고, 더구나 바리새파는 율법의 으뜸가는 해석자였기 때문이다. 바울이 충성했던 것도 이 당파였다.[13]

바리새인은 '분리된 자들' 이라는 뜻이다. '이스라엘의 참된 공동체로서 구별된 사람들' 이라는 의미였다. 주전 2세기경에 헬레니즘의 영향에서 벗어나 율법을 지키며 성결에 힘쓴 무리들에서 유래되었다.

바리새인들의 직업은 율법학자, 제사장, 레위인, 수공업자, 농부, 상인 등 다양했다. 이러한 바리새인들이 예수님 당시에 약 6,000명이 있었다고 한다. 이들은 유대인 세계에서 숫자상으로는 늘 소수였으나 막강한 영향력을 행사할 수 있었다.

바리새파 사람들은 구별된 생활이 목표였지만, 그렇다고 사회를 떠나지는 않았다. 이들은 공동식사를 좋아했고 세리와 죄인들을 멀리하고 물건도 그들의 형제에게서만 샀다. 이들이 자신을 깨끗하게 지키려 한 것은 단순히 이교적 사회나 비유대적 관습으로부터 만이 아니라 율법을 알지도 못하고 따르지도 않는 같은 동포들로부터 '이스라엘의 참된 공동체' 를 구별하기 위한 것이었다.[14]

---

13. Gresham Machen, '바울 종교의 기원' (The Origin of Paul's Religion), 김남식 역, (서울: 한국 로고스연구원, 1988), P. 226.
14. 정훈택, op.cit., P. 91.

바리새인들이 깊은 인상을 남긴 이유는 높은 도덕 이상, 그 이상을 실현하는 추진력과 실천력이었다. 이들은 막연한 이상주의자들이 아니었다. 이상주의인 동시에 현실주의였다. 이들은 율법의 준수가 무엇보다도 중요했는데, 율법 중 어떤 계명들은 사회와 문화, 정치판도의 변화 때문에 더 이상 문자적으로 지킬 수 없음을 발견하고, 이것들의 실천 가능 범위를 넓히고자 구전이라는 새로운 멍에를 탄생시키기도 했다.

바울은 이러한 바리새파 유대교인으로 태어났고 성장하였다. 그가 "내가 내 종족 중 여러 연갑자보다 유대교를 지나치게 믿어 내 조상의 유전에 대하여 더욱 열심이 있었다"(갈 1:14)고 말하고 있는 것으로 보아, 그는 바리새인 중에서도 율법과 유전에 남달리 철저한 사람이었음을 알 수 있다.

이처럼 젊은 시절 유대교에 대한 바울의 헌신과 열정은 남다른 것이었다. 그가 특별히 열심과 헌신을 쏟았던 '조상들의 유전' 은 바울이 그의 가정교육과 학교교육을 통해서 배우게 된 조상들의 교리들과 풍습들을 포함한다. '유전' 은 특별히 구두로 전해진 율법 교훈들 속에 담겨진 것들 또는 바리새 학파들 가운데 전수되어 내려온 할라카를 지칭한 것이다.[15]

3. 가말리엘 문하생, 랍비

바울은 어린시절을 그의 고향인 소아시아 지역 길리기아의 다소에서 보냈고, 청소년기에는 팔레스타인의 예루살렘으로 유학해서 교육을 받았다. 사도행전 22장 3절에 의하면, 바울은 특별히 당시 산헤드린에서도 명망이 높았던 교법사 가말리엘의 문하생으로 공부했다.

---

15. 이한수, '갈라디아서' , (서울: 도서출판 횃불, 1997), P. 107.

바울의 생질이 예루살렘에 살고 있었다는 사도행전의 기사(행 26:4)는 그의 가족들이 이미 예루살렘에 주거 기반을 가지고 있었음을 말해주고 있다. 바울은 예루살렘에 유학하여 당대의 명망 높았던 가말리엘의 문하에서 유대인이 받은 보통의 교육 이외에 특별히 유대교의 랍비가 되기 위한 율법 교육을 받았다.

당시 이스라엘에는 율법을 가르치는 유명한 두 학파가 있었다. 율법을 엄격하게 문자적으로 적용하는 것을 가르친 삼마이 학파와 율법을 변화하는 사회에 유동적으로 적용할 것을 가르친 힐렐 학파가 있었다.

삼마이 학파는 보수 엄격주의로서 율법의 문자적 해석에 치중했다. 이에 비해서 힐렐 학파는 자유 혹은 급진주의로서 변화하는 사회에 자유롭게 적응하려는 경향과 계명의 폭 넓은 해석이 그 특징이었다. 바울의 스승이었던 가말리엘은 힐렐의 손자였다.[16)]

바울의 스승 바리새인 가말리엘은 교법사로 모든 백성에게 존경을 받는 사람이었다. 그는 산헤드린 공회에서 교회와 사도들에 대한 박해에 관하여 인내와 관용의 온건한 입장을 취한 인물이었다(행 5:34~39).

스승 가말리엘의 태도는 바울의 교회에 대한 강경한 태도와는 다른 것이었다. 그는 스승 가말리엘의 모범에서 이탈해서 기독교를 박해하는 일에 과도한 열정을 보였다. 바울은 기독교 운동이 스승 가말리엘이 평가한 것보다 훨씬 더 치명적으로 '그가 보존해야 하는 것으로 배워온 것' 에 대한 공격이 될 것이라고 여겼다.

더욱이 가말리엘이 인내와 관용으로써 신사다운 면모를 보인 것과는 달리 바울은 자기 자신의 고백대로 결코 완전히 버리지 못한 과도한 열정으로 점철되어 있었다.[17)]

---

16. 정훈택, op.cit., P. 202.
17. F. F. Bruce, op.cit., PP. 44~47 참조.

바울의 이러한 태도는 그가 유대교와 율법에 대한 이해의 부족 때문은 아니었다. 가말리엘 문하에서 교육받은 바울은 구약성경을 경건한 유대인이면 알 수 있을 만큼 알고 있었을 뿐만 아니라, 또한 그는 잘 교육받은 랍비이기도 해서 성경 지식에도 랍비가 알고 있는 것만큼 해박했다.

그는 구약성경을 잘 알고 있었을 뿐 아니라, 또한 랍비들을 통해 전해오는 특별한 전승들도 잘 알고 있었다. 바울이 유대교를 이해하지 못했거나 혹은 유대교가 말하는 바를 충분히 깨닫지 못했기 때문에 유대교를 버렸을 것이라고는 아무도 말할 수 없다.

바울은 유대교를 더할 나위 없이 잘 알고 있는 랍비였다. 그는 유대교에 대해서 본질적인 것부터 잘 이해했다. 그는 유대교가 인간에게 줄 수 있는 높고 깊은 모든 것을 다 경험했다.[18)]

---

18. William Barcley, op.cit., PP. 15~16 참조.

3절 두 세계의 교량적 인물

바울은 이처럼 두 세계를 잇는 교량적인 인물로 준비되었다. 그의 출생지는 헬라-로마인의 배경을 가지고 있었고, 그의 근본 뿌리는 하나님의 선민 유대인이었다. 바울은 헬라-로마의 세계와 유대인의 세계라는 두 세계를 연결하도록 준비된 인물이었다.

이는 하나님의 구속사적인 예정에 의해서 섭리된 일이었다. "원하는 자로 말미암음도 아니요 달음박질하는 자로 말미암음도 아니요 오직 긍휼히 여기시는 하나님으로 말미암아" (롬 9:16), 바울은 이방인의 사도로서 두 세계를 이을 수 있는 교량적인 인물로 준비되었다.

다메섹 도상의 회심 전의 바울은 두 세계를 잇는 인물로 자신을 섭리하신 하나님의 참 뜻을 알 수가 없었다. 그래서 바울은 열심 있는 교회의 핍박자로 맹렬히 활약했던 것이다.

나중에 다메섹에서 회심한 바울은 하나님이 "내 어머니의 태로부터 나를 택정" (갈 1:15)하시어 그 아들 예수 그리스도를 이방에 전하기 위하여 자신을 두 세계를 잇는 이방인의 사도로 준비하셨음을 깨달을 수 있었다. 그래서 그는 "나의 나된 것은 하나님의 은혜" (고전 15:10)라고 고백하게 되었다.

역사적인 바울이 이방인의 사도로 소명되던 시기에, 교회의 당면한 과업은 율법 백성 유대인 안에 머물러 있던 예수 그리스도의 복음을 헬라-로마의 세계에 살고 있는 모든 이방인들에게 전파하는 일이었다.

그러나 이 사명을 받은 교회 앞에는 유대인과 이방인 사이에 "중간에 막힌 담" (엡 3:13)이라는 현실적인 난제가 가로 막고 있었다. 율법 안에 있는 유대인과 율법 밖에서 살고 있는 이방인 사이의 담을 뛰어 넘기에는 현실적인 장벽이 엄존하고 있었다.

이 문제를 해결하기 위해서는 두 세계의 벽을 헐고 그 사이를 이을 수 있는 특별한 교량적인 인물이 필요했다. 당시의 세계에서 유대인들은 이방인들을 몹시 미워했고, 이방인들은 또한 유대인들을 몹시 미워했다. 유대인들은 율법 밖에서 살고 있는 이방인들을 '지옥의 불을 태우는데 쓸 땔감' 으로, 또는 '뱀들(이방인)에 대한 최상의 조치는 짓밟는 것' 이라고 말하고 있었다.

이러한 유대인의 배타적인 태도로 인해서 이방인들 역시 유대인들을 '가장 하찮은 민족' (타키투스) 또는 '야만스런 미신을 믿는 종족' (키케로)으로 여기고 있었다. 이처럼 유대인과 이방인 세계 간에는 화해할 수 없는 증오와 불신의 장벽이 자리하고 있었다.

그런데 부활하신 예수님은 승천하시기 전에 제자들에게 "오직 성령이 너희에게 임하시면 너희가 권능을 받고 예루살렘과 온 유대와 사마리아와 땅 끝까지 이르러 내 증인이 되리라" (행 1:8)고 말씀하시며, 온 인류에게 이 복음을 전하도록 명하셨다.

오순절 성령 강림으로 예루살렘 교회가 세워지고, 스데반 순교 사건을 계기로 복음은 온 유대와 사마리아까지 전해지고 있었다. 또한 팔레스타인 밖의 디아스포라 유대인들에게까지 복음이 전해지고 있었다. 그러나 유대인 밖의 헬라-로마 세계의 이방인들에게 복음을 전하기 위해서는 율법의 장벽을 헐어버려야 하는 현실적인 난제가 가로막고 있었다.

그래서 복음은 '예루살렘과 온 유대와 사마리아' 까지, 그리고 디아스포라 유대인에게까지, 즉 유대인의 세계에서 율법이라는 장벽을 넘지 못하고 정체된 상태로 머물러 있었다. 이처럼 유대인과 이방인 사이에는 넘을 수 없는 장벽의 역할을 하던 율법이 엄연히 복음의 물길을 가로막고 있었다.

당시의 현실은 주님의 명령을 실행하기 위한 현실적인 해결책이 없는 것처럼 보였다. 왜냐하면 보통사람들의 눈으로는 기독교 역시 유대인의 일에 지나지 않았고, 또 유대인들은 고대 세계에서 가장 지독하게 타민족의 미움을 받고 또 타민족을 미워했던 민족이었기 때문이었다.

하나님께서는 한 가지 일이 분명히 필요했다. 즉 유대인들과 헬라인들 간에 다리를 놓을 수 있는 인물이 필요했던 것이다. 서로 적대하고 미워하는 두 세계를 잇는 교량적인 인물을 찾아낸다는 것은 어려운 일이었음에 틀림이 없었다. 어려운 만큼 그런 역할을 할 사람은 독특한 인물을 필요로 했다. 그렇지만 하나님의 섭리로 말미암아 시간은 마침내 그러한 인물을 만들어 냈다. 그 사람이 다름 아닌 바울이었다.[19]

다메섹 회심 이전까지 바울은 그 사실을 전혀 깨닫지 못하고 있었다. 그러나 하나님은 예수 그리스도의 복음이 유대인 세계를 넘어서 이방인 세계로 전파되어 모든 인류를 보편적으로 구원하기 위한 한 인물 곧 '이방인의 사도' 바울을 만드셨던 것이다.

19. Ibid., 10~11 참조.

제3장

교회 핍박자 청년 사울 (31~32년)

1절 예수 운동과 사울의 입장

2절 스데반 사건과 사울의 역할

3절 사울의 교회 잔멸과 원정

"내가 전에는 훼방자요 핍박자요 포행자이었으나
도리어 긍휼을 입은 것은 내가 믿지 아니할 때에
알지 못하고 행하였음이라"(딤전 1:13).

유대세계와 헬라세계를 연결하는 인물로 성장한 청년 사울은 유대교와 율법을 맹종하는 바리새파 유대인의 자리에 굳게 서서 팔레스타인 지역에서 태동하고 있던 역사적 예수 운동에 대한 열심 있는 핍박자로 맹렬히 활약하고 있었다.

그러한 바울의 태도는 당시 나사렛 예수에 대해서 비판적인 입장을 취하고 있던 그의 당파 바리새인의 입장을 그대로 반영하는 것이었다. 청년 사울은 "여러 연갑자보다 유대교를 지나치게 믿어"(갈 1:14) 유대교의 성전과 율법에 도전하는 나사렛의 예수와 그의 추종자들에 대하여 "비느하스[20]의 질투심으로"(민 25:11) 명백한 적대적인 열정을 품고서 교회를 핍박하는 활동에 앞장을 섰다.

사도 바울이 신약성경의 무대에 등장하는 첫 장면은 매우 인상적이다. 스데반 집사를 돌로 쳐 죽이던 순교 사건의 현장에서 바울은 증인들

20. 다메섹 회심 이전의 청년 바울은 "비느하스가 나의 질투심으로 질투하여 이스라엘 자손 중에서 나의 노를 돌이키게 했다"(민25:11)는 그 신앙적인 열정을 가지고 예수 그리스도의 교회를 핍박하고 있었다. 민수기 25장에 의하면, 아론의 손자이며 엘르아살의 아들인 비느하스는 모압 평지 싯딤에서 이스라엘 백성이 이방신을 섬김으로써 여호와의 진노를 받아 24,000명이 죽어 갈 때, 시므리와 미디안 여인 고스비를 간음 현장에서 잡아 죽임으로써 염병을 그치게 하고 하나님의 진노를 무마시켰다. 바울의 교회 핍박은 유대교와 율법에 대한 그의 비느하스와 같은 신앙적인 열심 때문이었다.

의 옷을 맡은 자의 역할을 하는 '사울이라 하는 청년' 의 모습으로 등장하고 있다.

이처럼 스데반 순교 사건을 계기로 교회 박해가 본격화되고 있던 현장에서, '사울이라 하는 청년' 바울은 기독교 교회를 잔멸하는데 선봉에 서서 맹렬히 활약하고 있었다.

적대적인 결의를 품고 있던 청년 사울은 한 발짝 더 나아가서 디아스포라 유대인 기독교도들을 체포하여 징벌할 목적으로 팔레스타인 밖에 있는 다메섹의 여러 회당을 향하여 원정을 떠날 정도로 교회의 핍박에 열성적이었다.

회심 이전의 바울은 분명 비느하스와 같은 과도한 신앙의 열정으로, 유대교와 율법을 훼손하고 있다고 여겨진 교회를 핍박하는데 스스로 앞장서서 맹활약을 하고 있었다.

다메섹 도상에서 초자연적인 방법으로 만난 부활하신 예수 그리스도의 신적인 개입이 없었다면, 당시 청년 사울의 교회에 대한 핍박 활동을 중단시킬 수 있는 사람은 아무도 없는 상황이었다.

1절 예수 운동과 사울의 입장

역사적으로 예수 운동은 나사렛의 예수가 공생애를 시작하여 많은 이적과 천국 복음을 전파한 사실과 유월절에 예루살렘의 골고다 언덕에서 십자가에 처형된 사건, 예수의 부활과 그후의 예루살렘에서 일어나고 있던 기독교 공동체 즉 신약교회의 탄생과 그 운동의 확장으로 진행되고 있었다.

이 기간(27~31년) 동안 디이스포라 유대인 사울은 예루살렘에서 바리새파 랍비로서 유대교 내에서 지성과 열정을 겸비하고 상당한 위치와 직분을 수행하고 있던 유망한 청년이었다.

예수님이 십자가에서 운명할 당시 바울은 대략 30세 이전의 장성한 바리새파 청년으로서, 역사적인 예수 운동을 의혹의 눈초리로 주목하고 있었다. 복음서에 의하면, 예수님의 공생애 활동 중에 바리새인들은 기회가 있을 때마다 일관되게 비판적인 태도를 보이며 대적하고 있었다. 바울 역시 그가 속한 당파인 바리새인의 전형적인 입장에 굳게 서 있었다.

다메섹 도상에서 그리스도 예수의 신적 개입이 있기 이전까지, 청년 사울은 유대교와 율법을 지나치게 맹신한 나머지 역사적 예수 운동에 대해서 과도한 적대감을 불태우며 교회를 핍박하는 일에 앞장을 서고 있었다.

1. 역사적 예수 운동

구약성경은 하나님의 백성 이스라엘을 통해서 인류를 구원하시기 위해서 이 땅에 오실 메시아가 사람으로 오실 것임을 계시하고 있다. 창세기에는 "여자의 후손"(창 3:15) 및 "아브라함의 씨"(창 22:18)로, 출애굽기에는 모세를 통해서 "너와 같은 선지자 하나"(신 18:18)로, 열왕기서는 나단 선지자를 통해서 "다윗의 자손"(삼하 7:12)으로 계시하고 있다. 또한 선지서에서 이사야는 "고난 받는 종"(사 53)으로, 예레미야는 "새 언약을 맺는 자"(렘 31:31)로, 에스겔은 "새 영을 부어주는 자"(겔 37:27)로, 다니엘은 "사람의 아들, 인자"(단 7:13)로 예언하고 있다.

이러한 구약성경의 예언은 "때가 차매 하나님이 그 아들을 보내사 여자에게서 나게 하시고 율법 아래 나게 하심"(갈 4:4)으로 성취되었다. 나사렛의 예수는 하나님의 성령에 의해서 처녀 마리아의 몸을 통해서 잉태되시어, 유다의 베들레헴에서 태어나시고, 갈릴리의 나사렛에서 성장하시고, 요단강에서 요한의 세례를 통해서 메시아로 등극하여[21], 팔레스타인의 갈릴리와 예루살렘에서 3년여 동안의 공생애 활동을 통해서 천국 복음을 전파하셨다.

나사렛의 예수는 "세상 죄를 지고 가는 하나님의 어린양"(요 1:29)으로 자신이 하나님의 아들 곧 그리스도임을 전한 그것이 곧 '참람한 말을 한 죄인'(마 26:65)으로 정죄되었다. 유대인의 대제사장과 지도자들은 예수를 로마 총독에게 넘겨서 골고다의 십자가에서 처형되도록 했다.

십자가에서 죽으신 예수는 장사 된지 사흘 만에 부활하셨다. 예수의 부활로 인해서 그가 구약성경에 예언된 하나님의 아들 그리스도임을 확증하셨다. 그리고 승천하시면서 제자들에게 "오직 성령이 너희에게 임하시면 너희가 권능을 받고 예루살렘과 온 유다와 사마리아와 땅 끝까지 이르러 내 증인이 되리라"(행 1:8)는 말씀을 주셨다.

하늘나라로 승천하신 예수는 하나님 우편의 보좌에 앉으심으로 "주와 그리스도"(행 2:36)가 되셨다. 그리고 자신이 약속하신 보혜사 성령을 오

---

21. 서철원, 기독론 (총신대학출판부, 2003), p 100.

순절 날에 교회에 부어주셨다. 오순절 성령 강림 사건을 통해서 '예수는 그리스도시요 살아 계신 하나님의 아들' (마 16:16)이심을 고백하는 역사적 예수 운동의 신앙공동체 즉 신약교회가 탄생되었던 것이다.

2. 청년 사울의 입장

역사적인 예수 운동에 대한 청년 사울의 입장은 전형적인 바리새인의 견해와 태도를 그대로 반영하고 있었다. 예루살렘의 골고다 언덕에서 십자가의 처형이 있을 당시 혈기 방장한 유대교의 청년 랍비 사울은 자신이 소속되어 있던 바리새파의 율법주의적인 관점으로 역사적 예수 운동을 바라보고 있었다.

사울은 나사렛 예수와 그의 추종자들과는 출생 및 성장이나 그의 신분 및 교육적인 배경이 전적으로 다른 사람이었다. 그래서 청년 사울과 역사적 예수 운동을 연결지을 수 있는 어떤 접촉점도 발견하기 어려운 정황이었다. 예수 운동에 대한 청년 사울의 입장은 그가 소속된 바리새파 유대인의 관점을 그대로 반영하고 있을 뿐이었다.

바리새파 청년 사울은 율법을 범하고 거룩한 성전을 모독한 나사렛의 예수에 대한 십자가 처형에 대하여 아무런 의심 없이 지지하는 입장을 취했다. 한 걸음 더 나아가서 십자가에서 저주를 받고 처형된 나사렛의 예수를 그리스도로 신앙하는 무리들(교회)에 대하여, 그들을 분명한 이단으로 정죄하며, 적극적으로 핍박하는 박해자로 전면에 나서기를 주저하지 않았다.

당시 청년 사울은 율법과 조상의 유전에 충성하는 유대교의 바리새파 랍비 혹은 선교사로서 어떤 직무를 맡고 있었던 것으로 추정된다. 그는 이미 유대교의 랍비가 되어 있었으며, 특별히 이방지역에 살고 있던 디아스포라 유대인 또는 이방인에 대한 유대교의 예비 선교사였던 것으로

추정된다.[22)]

그러므로 역사적 예수 운동에 대한 바울의 입장과 태도는 청년 사울의 개인적인 직무 혹은 비전과 무관하지 않았다. 그러한 관계로 바울은 "여러 연갑자 보다 유대교를 지나치게 믿어" (갈 1:14) 과도한 열정을 품고 교회를 핍박하는데 맹활약을 했던 것이다.

사울이 산헤드린 공회의와 어떤 관계에 있었는지를 정확히 알 수는 없다. 그러나 그가 스데반 순교 현장에서 증인들의 옷을 맡은 자로 활약했고, 다메섹의 헬라파 유대인 기독교도들을 체포하기 위해서 산헤드린의 공문을 발급받은 점을 고려해 볼 때, 그는 산헤드린과 결코 무관하지 않은 인물이었다.

역사적인 예수 운동에 대하여 청년 사울이 그처럼 명백한 이단으로 정죄하며 과도한 열정을 품고 적극적인 핍박자로 맹활약을 한 배경에는 다음과 같은 세 가지 이유가 있었던 것으로 생각된다.

첫째, 청년 사울은 바리새파 랍비의 입장에서 유대교와 율법을 맹신하며 충성을 다하고 있었다.

둘째, 청년 사울은 영적으로 눈이 가려져서 '고난 받는 종' 으로 오신 나사렛의 예수를 그리스도로 바르게 인식할 능력이 없었다.

셋째, 청년 사울은 유대교의 랍비 혹은 예비 선교사로서 직무상으로 역사적 예수 운동을 핍박하는 어떤 위치에 있었던 것으로 보인다.

1) 유대교와 율법을 맹신

유대인들의 종교적인 신앙과 생활방식에 대한 청년 사울의 헌신은 철저하고 흠이 없었다. 그는 많은 그의 '동년배들' 보다 유대교의 사상과

---

22. Robert L. Reymond, op.cit, P. 35 참조. 갈라디아서 5:11(내가 지금까지 할례를 전한다면)을 근거로 하여 여러 권위있는 학자들은 바울은 회심하기 이전에 이방인들로 하여금 율법에 순종하도록 만들고자하는 바리세인 전도 사역에 개입했다고 믿고 있다.

실천에 있어서 크게 진보하였다. 회심 이전의 바울의 유대교에 대한 헌신과 열정은 남다른 것이었다. 그가 특별히 열심과 헌신을 쏟았던 '조상들의 유전' 은 그의 가정교육과 학교교육을 통해서 배우게 된 조상들의 교리들과 풍습들을 포함한다.[23)]

이는 바리새인 청년 사울이 유대교와 율법을 맹신하고 있었으며, 특별히 조상의 유전에 대하여 매우 열심이었음을 말해 주는 것이다. 당시 바리새인들은 나사렛의 예수를 따르는 기독교도들을 율법을 버린 배교자로 간주하고 있었다.

예수님의 공생애 기간 중에 바리새인들은 예수께서 유대교의 안식일에 관한 법을 어기고, 창기와 세리 같은 죄인들의 친구가 되어 주고, 이방인들과도 교제를 하는 등 유대교의 정결법을 공개적으로 위반하며 모독하고 있다는 비난을 퍼부으면서 그의 사역에 끊임없이 이의를 제기하고 있었다. 더구나 예수께서 유대인들이 하나님만이 할 수 있다고 굳게 믿고 있던 죄사함의 권세를 스스로 선포하고, 또한 그들이 신성시하는 예루살렘의 성전에 대하여 파격적인 언동을 한 점에 대하여 심히 분개하고 있었다. 청년 사울의 견해도 이들 바리새파 유대인들의 생각과 다르지 않았다.

유대교와 율법을 맹신하고 있던 바리새파 청년 사울의 관점으로 나사렛의 예수가 자신을 모세와 대조시키고, 급진적으로 내면화된 자신의 새로운 윤리 계명들을 모세의 율법과 대체시키고 있는(마 5:21) 역사적 예수 운동은 그에게 명백한 이단으로 인식되었을 뿐이었다.

더구나 나사렛 예수가 십자가에 처형된 후에 오순절 성령 강림을 계기로 예루살렘에서 신약교회가 태동하는 과정에서 스데반처럼 유대교를 지탱하는 핵심적인 요소들인 성전과 율법을 공격하는 상황에 직면하

---

23. 이한수, '갈라디아서' , (서울: 도서출판 횃불, 1997), PP. 137~139.

여, 바리새파 가문에서 태어나서 유대교와 율법을 맹신하고 있던 청년 사울에게 있어서, 자신의 신앙과 종교적 충성에 대한 치명적인 도전이 아닐 수 없었다.

회심 이전의 바울에게 있어서 유대교를 지탱하는 핵심적인 요소들인 율법과 성전에 대한 그러한 공격은 도저히 묵과할 수 없는 문제였다.[24) 신약교회가 태동하면서 발생한 스데반 집사의 순교 사건을 계기로, 유대교와 율법을 맹신하고 있던 청년 사울은 비느하스의 열정을 품고 그리스도의 교회를 핍박하는데 주저 없이 앞장섰던 것이다.

2) 메시야 인식의 실패

바리새인 청년 사울은 나사렛의 예수를 사람으로 오신 하나님의 아들 곧 그리스도로 인식할 수 있는 영적인 능력을 가지지 못했다. 예수님의 행적을 전해주고 있는 복음서는 당시 유대인들이 대망했던 메시야는 한결같이 '다윗의 자손' 으로 오실 정치적 메시야였음을 말해 주고 있다.

그러한 유대인들의 기대와는 달리 예수님은 '고난 받는 종' 으로 오셨다. 하나님은 이사야 선지자를 통해서 '고난의 종' 으로 오실 메시야를 분명히 계시하셨지만, 그러나 영안이 가려진 상태의 바리새파 청년 사울에게 있어서 나사렛의 예수를 그리스도로 인식할 수 있는 영적인 능력이 없었다.

유대인들은 결국 구약성경에 계시된 메시아이신 예수를 로마 당국에 넘겨서 십자가형으로 죽도록 했다. 전형적인 바리새인 사울은 유대교와 율법을 맹신하고 있었을 뿐, 성령을 체험하지 못하고 있었기 때문에 십자가에 못 박혀 죽고 다시 부활했다는 나사렛의 예수가 그들이 대망하

24. Ibid., PP. 104~105. 바울의 유대교와 율법에 대한 열심이 교회를 핍박한 이유에 관하여, 이한수 교수의 '복음과 율법' (서울: 생명의 말씀사, 2003), PP. 137~140. 참조.

고 있던 그리스도라는 사실을 인식하기에는 영적으로 완전히 눈이 먼 영맹 상태에 있었다.

당시 청년 사울은 유대교 율법의 교사인 랍비였다. 그러나 예수의 성령을 받지 못한 상태에서, 율법과 성전을 모독하여 십자가에 사형당한 비천한 사형수 나사렛의 예수를 유대인들이 그토록 대망하던 메시야로 인식할 수는 없었다. 그가 배운 율법의 관점에 의하면 십자가에 못 박혀 죽은 나사렛의 예수는 하나님께 저주받은 이단의 괴수일 뿐이었다.

모세의 율법에는 "사람이 만일 죽을죄를 범하므로 네가 그를 죽여 나무 위에 달거든 그 시체를 나무 위에 밤새도록 두지 말고 당일에 장사하여 네 하나님 여호와께서 네게 기업으로 주시는 땅을 더럽히지 말라 나무에 달린 자는 하나님께 저주를 받았음이니라"(신 21:22~23)고 명기하고 있다.

유대인들의 일반적인 생각과 같이 청년 사울도 십자가에 못 박힌 예수는 하나님께 저주를 받은 죄수일 뿐, 그가 그리스도일 수는 없다고 굳게 믿고 있었다. 회심 후 30여년이 지나서, 바울은 "내가 전에는 훼방자요 핍박자요 포행자이었으나 도리어 긍휼을 입은 것은 내가 믿지 아니할 때에 알지 못하고 행하였음이라"(딤전 1:13)고 디모데에게 편지를 쓰고 있다.

또한 당시 자신과 같이 예수를 그리스도로 영접하지 못하고 있는 동족 유대인들에 대하여 "저희가 하나님께 열심이 있으나 지식을 좇은 것이 아니라"(롬 10:2)고 안타까운 심정을 토로하고 있다. 바울은 동족 유대인들의 핍박을 받으면서도, 누구보다도 그들을 이해할 수 있는 입장에 있었기에, 자신을 핍박하는 동족 유대인들을 증오하지 않고 도리어 동정할 수 있었다.

이처럼 다메섹 이전의 청년 사울은 나사렛의 예수를 그리스도로 인식할 수 있는 영적인 능력이 없었고, 그 때문에 역사적 예수 운동에 대하여 하나님을 위하는 비느하스의 열심을 품고 심하게 교회를 배척하는 활동에 앞장섰던 것이다.

고린도전서를 쓰면서, 바울은 십자가는 유대인들에게는 '거리끼는 것' 이었다고(고전 1:23) 말하고 있다. 이처럼 하나님에 의한 다메섹의 신적 개입이 있기 전까지, 바리새인 사울에게 있어서 십자가에서 처형된 나사렛의 예수는 도저히 그리스도일 수가 없었다.

3) 자신의 직무에 열성

청년 사울이 '비느하스의 열심' 을 품고 기독교를 박해하게 된 배경에는 신학적인 동기와 함께 직무적인 동기가 함께 작용하고 있었다. 가말리엘 문하에서 랍비 교육을 받은 사울은 당시 30세 이전의 혈기 방장한 청년으로, 이미 유대교 내에서 상당한 위치에 있었다.

스데반의 순교 현장에서 "돌로 칠새 증인들이 옷을 벗어 사울이라 하는 청년의 발 앞에 두었다" (행 7:58)는 사도행전의 기사는 그가 그러한 역할을 할 만한 어떤 직무와 지위를 확보하고 있었음을 시사한다. 당시 사울이 팔레스타인 지역 밖에 있는 다메섹에까지 원정을 가서 교회를 박해하기 위해 산헤드린의 대제사장으로부터 공문을 받아가지고 갔다는 점(행 9:2)은 그가 유대교 안에서 그러한 역할을 할 수 있는 합당한 직무와 권세를 가지고 있었음을 시사한다.

바울의 행적을 살펴보면, 그는 유대교의 율법을 가르치는 랍비이면서, 동시에 이방인들에게 유대교를 전파하여 율법에 완전히 복종하게 하는 일을 하는 이방인 선교사가 되어 있었거나, 아니면 장차 이방인 선교사가 될 준비를 하고 있었음을 보여주고 있다.[25)]

갈라디아 5장 11절에서, 바울은 "내가 지금까지 할례를 전하였으면

---

25. Robert L. Reymond, op.cit, P. 35.

어찌하여 지금까지 핍박을 받으리요" 라는 자문자답식의 언급을 하고 있다. 이는 바울이 그리스도인으로 회심하기 이전에 스스로 그런 선교 활동에 관여하고 있었음을 암시하는 언급이다.

예수님께서도 바리새인들을 질책하시면서 유대교의 전도 사역에 대해서 언급하고 있다. "화 있을 진저 외식하는 서기 관들과 바리새인이여 너희는 교인 한 사람을 얻기 위하여 바다와 육지를 두루 다니다가 생기면 너희보다 배나 더 지옥 자식이 되게 하는 도다" (마 23:15). 이처럼 당시 바리새인들 중에는 적지 않은 유대교 선교사들이 있었다.[26)]

이런 점들을 종합해 볼 때, 당시 청년 사울의 교회에 대한 적대적 태도에는 그가 율법을 맹종하고 예수가 그리스도인 것을 인식하지 못한 영적인 한계 외에도, 그의 직무적인 동기와 열심이 함께 작용하고 있었던 것이다.

청년 사울은 유대교의 랍비로서, 그리고 당시 헬라-로마 세계에 흩어져 있던 디아스포라 유대인들과 이방인을 대상으로 하는 유대교의 선교사로서, 그의 조상 때부터 섬겨온 하나님을 위해서 비느하스와 같은 과도한 열정을 가지고 교회를 박해할 수밖에 없는 직무적인 동기를 가지고 있었다.

---

26. Gresham Machen, op.cit., PP. 16~17. "1세기의 유대교는 적극적으로 선교하는 종교였다는 것을 명심해야 한다. 심지어 팔레스타인의 유대교에도 선교의 정신이 배어들어 있었다. 예수님도 바라세인을 향하여, 그들이 한 사람의 개종자를 얻기 위하여 바다나 산을 돌아다닌다고 말씀하셨다. 국외에 뿔뿔이 흩어져 있던 유대교가 귀의자를 얻기 위하여 더 열성적이었다는 것은 의심할 여지가 없다. 헬라-로마 세계의 전 도시에 산재해 있던 무수한 유대인 회당은 오늘날의 유대인 회당처럼 유대인만이 출석하는 곳이 아니라, 이방인들의 무리로 가득 차 있었다."

2절 스데반 사건과 사울의 역할

청년 사울은 스데반 순교 현장에 '증인들의 옷을 맡은 자' (행 7:58)로 신약성경에 처음 등장한다. 기독교 창설 역사에서 예수님 다음으로 중요한 역할을 했다고 볼 수 있는 바울 사도가 신약성경에 이처럼 교회의 박해자로 그 첫 모습을 드러내고 있는 것은 매우 인상적이다.

바울은 예수님의 공생애 기간에는 직접적인 관계를 맺고 있지 않았다. 바울은 오순절 성령 강림으로 예루살렘에 예수를 믿는 자들의 모임인 신약교회가 생기면서 야기된 문제의 심각성을 인식하면서부터 교회를 박해하는 일에 직접 뛰어 들게 되었다.

사도행전은 오순절 성령 강림으로 베드로 등 열두 제자들이 주도하여 예루살렘에 예수 그리스도의 교회가 세워져가는 성령의 역사를 소개하고 있다. 성령과 말씀의 역사가 왕성하여 교회가 급성장하면서, 동시에 이를 막으려는 유대교 당국의 박해에 관한 기사가 소개되고 있다. 유대교 당국자들의 입장에서 볼 때, 그들이 십자가에 처형하도록 빌라도에게 넘긴 사형수 나사렛의 예수가 부활 승천하여 성령을 부어주심으로 그리스도의 교회가 탄생하게 된 역사적인 정황은 실로 당혹스러운 일이 아닐 수 없었다.

성령께서 주관하시는 예루살렘의 교회는 히브리파 유대인들은 물론 헬라파 유대인들로 넘쳐나게 되었다. 그래서 사도들은 "성령과 지혜가 충만하여 칭찬 듣는 사람"(행 6:3) 일곱을 택하여 집사로 안수하기로 했다.

헬라파 유대인 중에서 일곱 집사가 선택되었고, 이들 중에 스데반은 디아스포라 유대인의 유력한 지도자였다. 스데반 집사는 아마도 바울과 비슷한 연배에 속하는 디아스포라 유대인으로서 거의 비슷한 배경을 가진 젊은이였던 것으로 추정된다.

성령이 충만했던 스데반 집사는 예수 그리스도의 가르침을 급진적으로 해석한 기독교의 케리그마를 담대히 선포하기를 주저하지 않았다. 그는 기독교 역사에 있어서 최초의 순교자가 되었다. 이 최초의 순교가 발생하고 있던 사건 현장에 바로 청년 사울이 '증인들의 옷을 맡은 자'로 활약하고 있었다.

1. 스데반의 설교와 반응

스데반 집사는 큰 가사와 표적을 민간에 행하는 은혜와 권능이 충만한 교회의 중간 지도자였다. 스데반 집사는 리버디노[27], 구레네인, 알렉산드리아인, 길리기아와 아시아 등 유대 밖에서 온 사람들 곧 헬라파 유대인들의 회당이라는 각 회당에 다니면서, 기독교의 케리그마를 담대히 선포하였다.

이 과정에서 스데반 집사와 유대인들 사이에 심각한 변론과 다툼이 생겼다. 그 이유는 모세의 율법과 성전에 대한 기독교의 관점이 신성모독이라는 것이었다. 흥분한 유대인들은 스데반이 "모세와 하나님을 모독하는 말을 했다" (행 6:11)는 죄목으로 고소하는 사태가 발생했다.

유대인들은 스데반 집사를 잡아다가 산헤드린 공회의 재판에 회부했는데, 그들의 고소는 스데반이 "거룩한 곳(성전)과 율법을 거스려 말했다" (행 6:13)는 것과 "나사렛 예수가 이곳(성전)을 헐고 또 모세가 우리에게 전하여 준 규례를 고치겠다" (행 6:14)고 말했다는 내용이었다.

---

27. Libertines는 로마에 포로로 잡혀 갔다가 돌아온 유대인을 말한다. 로마 장군 폼페이우스(B.C. 106~48년)의 전쟁 때 로마에 포로로 사로잡혀 갔던 유대인들이 후에 자유를 얻어 예루살렘으로 돌아와서, 이들이 세운 회당을 리버디노라고 했다.

고소 내용은 당시 기독교의 케리그마에 포함된 메시지였으며, 유대교의 지도자들이 예수 그리스도를 십자가에 처형한 명분이기도 했다. 그러므로 스데반 고발은 성령시대에 교회가 당면한 유대교의 고소를 대변하는 사건이었다.

고소당한 스데반 집사는 대제사장과 유대의 장로들과 백성들 앞에서 사도행전 7장에 소개되어 있는 유명한 설교를 행하다가 결국 순교를 당했다.

스데반 집사의 설교 내용은 첫째로 유대인들의 생각처럼 하나님은 예루살렘에 있는 성전에만 계시는 것이 아니라는 선포였다. 그는 이스라엘이 광야시대에는 성막 중심으로, 솔로몬시대 이후에는 성전 중심으로 하나님께 속죄 제사를 드려왔으나, "지극히 높으신 이는 손으로 지은 곳에 계시지 아니 한다"(행 7:48)고 선포했다.

'성전 제사를 폐지하고 직접 성육신해 오신 예수를 그리스도로 섬겨야 한다'는 스데반 집사의 설교는 유대인의 관점에서 그들이 신성시하고 있던 예루살렘의 성전과 제사 제도를 부정하는 명백한 공격으로 받아들여졌다.

또한 스데반의 설교는 모세가 "너희 형제 가운데서 나와 같은 선지자를 세우리라"(행 7:37)고 말한 이가 바로 예수이며, "시내산에서 (모세의 율법을) 말하던 그 천사와 및 우리 조상들과 함께 광야교회에 있었고 또 생명의 도를 받아 우리에게 주던 자"(행 7:38)가 바로 이 예수이며, 나아가서 거룩한 성전의 주인이 바로 이 사람 예수(행 7:44~50)라는 선포였다.

스데반 집사의 설교는 유대인의 조상들이 선지자를 죽인 것처럼 그리스도이신 나사렛의 예수를 너희가 죽였다는 정면 공박으로 이어졌고, 이는 사실상 초대교회 당시 기독교의 케리그마를 매우 급진적으로 반영한 내용이었다.

스데반 집사의 설교는 모세와 하나님을 모독하고 성전을 모독하는 엄청난 신성모독을 자행한 내용으로 대제사장과 유대교의 입장에서 도저히 묵과할 수 없는 도전이었다. 유대교 편에서 볼 때, 천사와 같은 얼굴로 성령에 사로잡혀 행한 스데반 집사의 설교는 실로 과격하고 급진적인 메시지였다.

이 설교를 듣고 흥분한 유대인들에 의해서 스데반 집사는 돌에 맞아 순교 당했다. 바로 그 현장에 청년 사울이 가해자 편에 함께 서 있었다. 사울은 스데반과 같은 헬라파 유대인으로 그 자리에서 청년 사울은 스데반의 설교 내용을 모두 들었다. 십자가의 사형수 나사렛의 예수를 그리스도로 인식할 수 없었던 청년 사울은 스데반의 설교를 듣고 도저히 용납할 수 없었다. 기독교 측에 서 있던 스데반 집사와 유대교 측에 서 있던 사울의 입장은 이처럼 정면으로 충돌하고 있는 형국이었다. 서로 상극을 이룬 사울의 관점과 스데반의 주장에 대하여 부르스(F. F. Bruce)는 다음과 같이 논평하고 있다.[28)]

> "바울의 스승 가말리엘은 기독교인들에 대해서 인내와 온유를 권유했다(행 5:34~39). 그러나 바울이 상황을 파악한 바에 의하면, 이는 온유한 정도로 다루기에는 너무나 심각했다. 스데반이 상황의 논리를 사도들보다 더욱 명백하게 파악했다고 한다면, 바울은 가말리엘보다 더욱 명백히 그러했다. 스데반과 바울은 비슷한 시각에서 새로운 질서와 구질서가 양립할 수 없는 것이었다. 만약에 스데반이 '새로운 것이 왔다. 그러므로 옛 것은 가야만 한다.' 고 주장한다면, 바울은 자기 입장에서 '옛 것은 있어야 한다. 그러므로 새로운 것은 가야만 한다.' 고 주장했을 것이다. 그리하여 바울은 억압의 일에 헌신하여 비타협적인 열정을 내뿜었던 것이다."

---

28. F. F. Bruce, op.cit., P. 66.

2. 옷 맡은 자 사울의 역할

스데반의 순교 장면을 사도행전은 다음과 같이 기록하고 있다.

> "스데반이 성령이 충만하여 하늘을 우러러 주목하여 하나님의 영광과 및 예수께서 하나님 우편에 서신 것을 보고 말하되 보라 하늘이 열리고 인자가 하나님 우편에 서신 것을 보노라 하매 저희가 큰소리를 지르며 귀를 막고 일심으로 그에게 달려들어 성밖에 내치고 돌로 칠새 증인들이 옷을 벗어 사울이라 하는 청년의 발 앞에 두니라"(행 7:55~58).
>
> "저희가 스데반을 돌로 치니 스데반이 부르짖어 가로되 주 예수여 내 영혼을 받으시옵소서 하고 무릎을 꿇고 크게 불러 가로되 주여 이 죄를 저들에게 돌리지 마옵소서 이 말을 하고 자니라 사울이 그의 죽임 당함을 마땅히 여기니라"(행 7:59~8:1).

스데반의 순교 현장에서 사울은 흥분한 군중 가운데서 돌로 치는 증인들의 옷을 맡는 독특한 역할을 담당했다. 그로부터 약 25년 후에 바울 사도는 예루살렘의 폭도들 앞에서 "주의 증인 스데반의 피를 흘릴 적에 내가 곁에 서서 찬성하고 그 죽이는 사람들의 옷을 지켰다"(행 22:20)고 회상하며 증언했다.

흥분한 무리들이 돌을 들어 스데반을 치는 순교 현장에서 사울은 증인들의 옷을 맡아서 율법에 따라서 그들의 행동이 정당함을 입증하는 공적인 역할을 한 것으로 평가된다. 이는 사울이 헬라파 유대인들 가운데서 그러한 역할을 담당할 수 있는 직무 혹은 역할을 수행하는 공적인 위치에 있었음을 시사하는 것이다.

3절 사울의 교회 잔멸과 원정

스데반 집사의 순교 사건을 계기로 예루살렘에서 유대 당국자들에 의한 기독교 교회에 대한 박해가 본격화되었다. 사도행전은 "그날에 예루살렘에 있는 교회에 큰 핍박이 나서 사도 외에는 다 유대와 사마리아 모든 땅으로 흩어지니라"(행 8:1)고 기록하고 있다.

예루살렘에서 교회에 대한 유대 당국의 큰 박해가 일어나자, 당시 교회의 지도자들은 예루살렘 교회 공동체에 소속된 모든 제자들에게 각자의 고향으로 돌아가도록 권유했다. 특별히 디아스포라(헬라파) 유대인들에게 예루살렘을 떠나서 각기 자기의 고향으로 흩어져서 복음을 전하도록 조치한 것이다. 그 직접적인 이유는 스데반 집사의 순교를 계기로 일어난 기독교 교회에 대한 큰 박해가 다름이 아닌 헬라파 지도자 스데반 집사의 과격하고 급진적인 메시지에 의해서 야기되었기 때문이었을 것이다. 그렇게 해서 사도 외에는 다 예루살렘 밖의 유대와 사마리아, 나아가서 이방의 모든 땅으로 흩어지게 되었다.

큰 박해를 피해서 흩어진 예수의 제자들은 유대와 사마리아와 같은 팔레스타인 지역만이 아니라, 헬라-로마 세계에 흩어져 살고 있던 디아스포라 유대인이 함께 살고 있던 이방인의 세계로 복음을 전파하여, 안디옥, 로마, 구레네 등과 같은 당시 헬라-로마 세계의 이방지역 도시에까지 복음이 전파되는 계기가 되었다. 구속사적으로 스데반의 순교 사건과 그로 인한 큰 박해는 예루살렘 교회 중심의 기독교가 주님의 명령대로 예루살렘을 벗어나서 "온 유대와 사마리아와 땅 끝까지"(행 1:8) 전파되는 계기가 되었다. 예루살렘에 머물러 있던 복음은 성령의 인도하심으로 온 이방지역으로 전파되기 시작한 것이다.

큰 박해는 예수 그리스도를 믿는 헬라파 유대인들로 하여금 예루살렘 밖으로 흩어져 복음을 전하게 하는 역할을 하게 했으며, 동시에 구약성경 민수기 25장에 등장하는 비느하스의 열심을 품은 바리새인 청년 사울로 하여금 이방지역으로 흩어진 디아스포라 유대인 공동체의 기독교 교회를 핍박하는 활동에 뛰어들도록 만들었다. 예루살렘에서 교회를 잔멸하는 핍박 활동을 했던 청년 사울은 이제 예루살렘을 벗어나서 이방지역으로 흩어져 나간 디아스포라 유대인 공동체 내의 기독교도들을 체포하여 벌을 주기 위해서 다메섹으로 해외 원정을 떠나는 열심 있는 핍박자로 맹렬히 활약하고 있었다.

1. 사울의 교회 잔멸

스데반 순교 사건을 계기로 그 날에 예루살렘에 있는 교회에 큰 핍박이 일어났고, 이때에 "경건한 사람들이 스데반을 장사하고 위하여 크게 울었다" (행 8:2). 사도행전은 스데반의 순교와 교회에 대한 큰 박해가 시작되면서 "사울이 교회를 잔멸할 새 각 집에 들어가 남녀를 끌어다가 옥에 넘겼다" (행 8:3)는 그의 박해 활동을 기록하고 있다.

회심 이전의 청년 사울은 스데반 순교 사건을 계기로 교회를 박해하는데 특별한 열심을 가진 교회의 핍박자로 전면에서 활동하고 있었다. 청년 사울은 나사렛의 예수를 믿는 기독교도들을 단순히 박해하는 수준을 넘어서 각 집에 들어가서 그들을 색출하여 남녀를 끌어다가 감옥에 잡아넣는 적극적인 집행관으로서 맹렬한 활동을 전개했다. 청년 사울의 교회 박해는 그의 분명한 종교적 확신과 하나님을 섬김에 있어서 비느하스와 같은 열성적인 충성심 때문이었다. 그의 유대교와 율법에 대한 맹신, 예수가 그리스도일 수 없다는 바리새파의 당파적인 확신, 그리고 유대교에서 그가 맡고 있던 직분에 대한 헌신 등이 결합된 확신에 의해서 교회에 대한 핍박을 자행했던 것이다. 다메섹 회심 사건으로부터 약 27년이 지난 후, 바울 사도는 아그립바 왕 앞에서 이 당시 자신의 교회 잔멸 활동에 대하여 다음과 같이 증언하고 있다.

> "나도 나사렛 예수의 이름을 대적하여 범사를 행하여야 될 줄 스스로 생각하고 예루살렘에서 이런 일을 행하여 대제사장들에게서 권세를 얻어 가지고 많은 성도를 옥에 가두며 또 죽일 때에 내가 가편 투표를 하였고 또 모든 회당에서 여러 번 형벌하여 강제로 모독하는 말을 하게하고 저희를 대하여 심히 격분하여 외국 성까지도 가서 핍박하였고 그 일로 대제사장들의 권세와 위임을 받고 다메섹으로 갔다"(행 26:9~12).

또한 갈라디아서에서는 "내가 이전에 유대교에 있을 때에 … 하나님의 교회를 심히 핍박하여 잔해하고 내가 내 동족 중 여러 연갑자보다 유대교를 지나치게 믿어 내 조상의 유전에 대하여 더욱 열심이었다"(갈 1:13~14)고 그 당시의 자신을 술회하고 있다.

그리고 디모데전서에서는 "내가 전에는 훼방자요 핍박자요 포행자였으며"(딤전 1:12), "죄인 중에 내가 괴수였다"(딤전 1:15)고 편지하고 있다.

이처럼 회심 전의 사울은 구약성경 민수기 25장에 등장하는 비느하스처럼 유대교와 율법에 충성하는 특별한 열심을 품고 그리스도의 교회를 핍박하는데 앞장을 서서 맹활약을 하고 있었다.

2. 사울의 다메섹 원정

스데반 순교와 큰 박해가 일어나자, 박해의 폭력은 많은 제자들 특히 헬라파 제자들을 팔레스타인 밖으로 내몰았다. 그러나 디아스포라 유대인들이 자기들의 고향으로 돌아갈지라도 그들이 산헤드린의 종교적인 통제로부터 완전히 벗어나는 것은 아니었다.

"당시 세계는 로마가 다스리고 있었지만, 유대인들의 종교문제로 인한 법의 집행에 관해서는 유대 밖에 있는 유대인이라 할지라도 산헤드린이 관할권을 행사할 수 있도록 로마제국에 의해서 용인되고 있었다."[29)]

바울은 예루살렘의 교회에 대한 박해를 피하여 각기 자기들의 고향으로 흩어진 디아스포라 유대인 공동체에 속한 기독교를 믿는 헬라파 유대인들을 색출하여 처벌하기 위해서 유대 밖으로까지 원정길에 나섰다.

사도행전은 "사울이 주의 제자들을 대하여 여전히 위협과 살기가 등등하여 대제사장에게 가서 다메섹 여러 회당에 갈 공문을 청하니 이는 만일 그 도를 좇는 사람을 만나면 무론남녀하고 결박하여 예루살렘으로 잡아오려 함이라" (행 9:1~2)고 기록하고 있다.

사울은 다메섹의 유대인 회당에 가서 기독교도들을 결박하여 예루살렘에 잡아다가 처벌하기 위해서 산헤드린으로부터 대제사장의 공문을 받아가지고 다메섹을 향하여 떠났다.

당시 바울이 이방지역에 흩어져 살고 있는 헬라파 유대인 기독교도들을 찾아내어 결박해서 예루살렘으로 잡아올 수 있는 권세를 위임받은 공문을 대제사장으로부터 받았다는 것은 그가 유대교 내에서 그에 합당한 지위에 있었음을 암시하고 있다.

그는 산헤드린 공회의의 수장인 대제사장이 공식적으로 인정하는 관원의 신분을 가지고 있었던 것으로 보인다. 짐작하건데, 당시 사울은 헬라파 유대인들을 상대로 율법과 선지자를 가르치는 유대교의 랍비, 나아가서 이방인을 상대로 유대교를 전파하는 선교사로 활동한 것으로 추정된다.

다메섹의 회심 전까지 청년 사울은 유대교 내에서 산헤드린과 깊은

---

29. F. F. Bruce, op.cit., P. 68.

관계 속에서 상당한 직분을 가지고 비느하스와 같은 과도한 열정을 품고서 예수 그리스도를 믿는 무리들 즉 교회를 핍박하는 역할에 앞장서서 맹활약을 하고 있었다. 그로부터 25년 후에, 스데반 집사처럼 자신을 돌로 치려는 예루살렘의 유대인 폭도들 앞에서, 바울 사도는 당시 다메섹으로 향하던 자신의 활동을 다음과 같이 증언하고 있다.

> "나는 … 오늘 너희 모든 사람처럼 하나님께 대하여 열심 하는 자라 내가 이 도를 핍박하여 사람을 죽이기까지 하고 남녀를 결박하여 옥에 넘겼노니 이에 대제사장과 모든 장로들이 내 증인이라 또 내가 저희에게는 다메섹 형제들에게 가는 공문을 받아 가지고 거기 있는 자들도 결박하여 예루살렘으로 끌어다가 형벌을 받게 하려고 갔다"(행 22:3~5).

제 4 장

바울의 다메섹 회심 사건 (32년)

1절 다메섹 회심 사건의 진상
2절 다메섹의 계시와 소명

"땅에 엎드러져 들으매 소리 있어 가라사대
사울아 사울아 네가 어찌하여 나를 핍박하느냐
하시거늘 대답하되 주여 뉘시오니이까 가라사대
나는 네가 핍박하는 예수라"(행 9:3~5).

교회를 핍박하던 청년 사울을 회심시킨 다메섹의 회심 사건은 전적으로 부활하신 예수 그리스도께서 초자연적인 방법으로 직접 개입하신 특별계시의 사건이었다. 자기 자신은 물론 다른 어떤 사람의 힘으로도, 바울의 교회에 대한 박해 활동을 막을 수 있는 상황이 아니었다.

그러나 만세전에 모태로부터 택정하시고(갈 1:15) 때를 따라 섭리하신 하나님께서 마침내 다메섹 도상에서 교회에 대한 맹렬한 핍박자 사울을 회심시켜 소명하시는 신적인 개입을 단행하셨다. 하나님은 다메섹 회심을 통해서 교회를 핍박하던 "죄인 중의 괴수"(딤전 1:15) 바울을 마침내 "그리스도 예수께 잡힌바 된 그것을 잡으려고 좇아가는"(빌 3:12) 이방인의 사도로 소명하시는 극적인 대전환을 단행하셨다.

다메섹 도상에서의 회심 및 소명 사건은 기독교의 창설 역사에 있어서 예수님의 빈 무덤 사건, 부활하신 예수님이 제자들에게 나타나신 사건, 오순절 아침의 성령 강림 사건과 함께 진정한 의미에서 그리스도의 부활의 사실성과 기독교의 초자연적 기원과 성격을 입증해 주는 네 번째 성경적 증거였다.[30)]

30. Robert L. Reymond, op.cit., P. 75.

핍박자 청년 사울이 극적인 대변혁을 일으켜 예수 그리스도와 그의 교회를 위한 이방인의 사도로 소명된 사건은 십자가에 처형된 나사렛의 예수가 성육신하신 하나님 곧 그리스도라는 초자연적인 기원과 성격을 확증해 주었음은 물론 기독교야말로 온 인류를 구원하는 보편 종교임을 확증해 주는 초자연적인 특별계시 사건이었다.

바리새인 랍비 청년 바울은 다메섹의 초자연적인 경험을 전혀 예상하지 못하고 있었지만 하나님께서는 만세전에 미리 작정하시고 마침내 극적인 방식으로 바울을 이방인의 사도로 소명하셨다. 다메섹의 회심 사건은 그의 삶 전체의 방향을 결정적으로 바꾼 대변혁의 체험이었다.

다메섹 회심 사건은, 첫째 바울의 생각 및 신앙체계 전부가 예수 그리스도 중심으로 완전히 전환되는 대변혁의 계시적인 체험이었고, 둘째 유대교와 율법에 열렬히 충성하던 바리새인 사울이 완전히 방향을 바꿔 기독교 복음을 전파하기 위한 이방인의 사도로 소명된 사건이었다. 그러한 의미에서 바울의 복음과 사역은 다메섹 회심 사건에 그 기원을 두고 있다.

1절 다메섹 회심 사건의 진상

사도행전은 바울의 다메섹 회심 사건을 세 번에 걸쳐 소개하고 있다. 사도행전 9장은 누가가 제삼자의 입장에서 객관적인 역사 기록의 형식으로, 사도행전 22장은 예루살렘의 흥분한 군중들 앞에서 바울이 히브리 방언으로 행한 연설 및 설교 형식으로, 사도행전 26장은 가이사랴 법정의 아그립바 왕과 베스도 총독 앞에서 바울이 헬라어로 행한 변론 형식으로 기록되어 있다.

사도행전의 세 번에 걸친 사건 기록은 문맥상으로 조금씩 차이가 있다고 할지라도 바울의 회심에 관한 하나의 사건 기록이다. 바울의 다메섹 회심 사건은 두 부분으로 나눌 수 있다. 하나는 초자연적인 신적 현현을 통해서 계시를 받은 기사 부분이고, 또 하나는 그에 연관해서 다메섹의 제자 아나니아를 통해서 전해진 바울의 소명에 관한 기사 부분이다.

1. 바울에게 나타난 예수

기독교도들에 대하여 여전히 위협과 살기가 등등한 바울은 대제사장으로부터 공문을 받아 가지고 예루살렘을 출발하여 다메섹에 가까이 가고 있는 도상에 있었다. 이때 홀연히 하늘로서 해보다 더 밝은 빛이 바울을 둘러 비추면서, 그의 신적 현현 사건이 발행했다.

이 사건과 관련하여, 첫째 현장의 정황과 신적 현현, 둘째 그리스도와의 대화 내용, 셋째 바울의 반응과 후속 행동을 알아보면, 다음과 같다.

1) 신적 현현과 만남의 순간

예루살렘을 출발한 바울과 그 일행이 다메섹에 가까이 가고 있던 정오쯤 되는 시간에, 홀연히 하늘로서 큰 빛이 바울과 그 일행을 둘러 비취었다(행 9:3). 그 빛은 "해보다 더 밝은 빛"(행 26:13)이었다. 그 강렬한 빛으로 인해서 바울은 땅에 엎드려졌다.

땅에 엎드려진 바울에게 들리는 소리가 있었다. 바울은 부활하신 나사렛의 예수가 해보다 더 밝은 빛의 형상으로 나타나시어 자신에게 말씀하시는 소리를 들었다. 바울과 함께 가던 그의 동행자들은 "소리만 듣고 아무도 보지 못하여 말을 못하고"(행 9:7) 서있었다.

바울의 일행들은 '해보다 더 밝은 빛' 을 보면서도 바울의 소리는 들었으나, 바울에게 말씀하신 예수 그리스도의 소리는 듣지 못하였다(행 22:9). 다시 말해서 바울은 해보다 더 밝은 강렬한 빛이 둘러 비취는 가운데서 자신을 향한 주님의 음성을 듣고 있었다.

그러나 그의 동행자들은 그 강렬한 빛은 보면서도 부활하신 예수 그리스도의 현현을 보지는 못했다. 그들은 바울의 소리는 들었으나, 부활하신 예수님이 말씀하시는 소리를 듣지는 못했다

2) 바울과 그리스도의 대화 내용

바울에게 현현하신 그리스도와의 대화 내용은 사도행전 9장과 22장에 소개되어 있다. 다메섹 도상에서 초자연적으로 직접 현현하신 예수께서 바울과 나누신 대화는 아주 간단한 내용이었다.

예수님 : '사울아 사울아 네가 어찌하여 나를 핍박하느냐?'

바울 : '주여 뉘시오니까?'

예수님 : '나는 네가 핍박하는 예수라.'

그리고 사도행전 26장은 바울 자신의 증언을 통해서 다음과 같이 소개되고 있다.

예수님 : '사울아 사울아 네가 어찌하여 나를 핍박하느냐'

'가시채를 뒤발질하기가 네게 고생이니라.'

바울 : '주여 뉘시니이까?'

예수님 : '나는 네가 핍박하는 예수라', ….

다메섹 도상에 현현하신 예수 그리스도와 바울의 대화는 이처럼 매우 간결한 내용이었다. 중요한 것은 나사렛의 예수와 그를 따르는 제자들 곧 교회를 핍박하고 있던 바울 앞에 초자연적인 방식으로 부활 승천하시어 영광 중에 좌정하신 예수 그리스도께서 직접 바울에게 나타나셨다는 신적 현현의 사실이다.

바울의 생애에 있어서, 이보다 더 큰 충격적인 체험은 없었다. 제2위격의 성자 하나님께서 직접 나타나시어 바울에게 '네가 핍박하는 나사렛의 예수가 바로 나, 곧 그리스도'라는 신적인 계시를 직접 말씀해 주신 것이다. 이를 통해서 하나님은 바울에게 나사렛의 예수가 그리스도이심을 직접적인 계시 방식으로 확인해 주신 것이다.

이처럼 나사렛의 예수가 이 세상에 사람으로 성육신하여 오시고, 십자가에 죽으시고, 장사한지 사흘 만에 부활하여 승천하심으로 지금 하나님 우편에 좌정하여 계신 하나님 곧 그리스도라는 사실을 알리신 특별계시, 그 자체가 바리새인 청년 바울에게 존재론적인 충격인 동시에 근본적인 해답이 되어 주었다.

다메섹의 대화는 아주 간단한 내용이었을지라도, 교회를 핍박하는 열정에 사로잡혀 있던 바리새인 사울의 입장에서는 그의 삶의 방향을 완전히 바꾸어버린 엄청난 대변혁의 계시적 소명 사건이었다.

3) 바울의 후속 행동

바울에게 나타나신 예수 그리스도께서 자신을 분명하게 계시하시고, 바울이 해야 할 일에 대하여 "네가 일어나 성으로 들어가라 행할 것을 네게 이를 자가 있느니라"(행 9:6)고 지시하셨다.

다메섹으로 들어가면 거기서 바울이 행할 일을 알려주시겠다는 주님의 말씀이었다. 땅에서 일어나 눈을 떴으나 아무 것도 볼 수가 없었다. 그리고 아무 말도 할 수 없었다. 위협과 살기가 등등하던 교회의 핍박자 사울은 보지 못하고 말도 못하는 상태에서 동행하던 사람의 손에 이끌려 다메섹으로 들어갔다.

다메섹에 도착한 바울은 사흘 동안을 보지 못하고 식음을 전폐(행 9:8~9)할 수밖에 없었다. 부활하신 예수 그리스도를 만난 바울은 그 강렬한 신적 현현 앞에서 눈이 멀고 말을 할 수 없는 충격에 휩싸여 사람들의 손에 이끌려 다메섹으로 들어가서, 사흘 동안 식음을 전폐하고 기도하며, 예수님의 다음 지시를 기다려야 했다.

2. 바울이 전해들은 소명

주님은 다메섹 도상에서 바울에게 "행할 것을 네게 이를 자"(행 9:6)가 있을 것이라고 말씀하셨다. 그리고 주님은 다메섹의 제자 아나니아를 환상 중에 불러 바울이 행할 메시지를 계시하셨다.

주님의 명을 받은 메신저 아나니아는 바울에게 그가 행할 소명을 전하였다. 이 사건과 관련하여 첫째 주님의 메신저 아나니아, 둘째 아나니아가 전한 소명, 셋째 아나니아의 안수와 바울의 후속 행동을 알아보면, 다음과 같다.

1) 주님의 메신저 아나니아

아나니아는 다메섹에 사는 그리스도인으로서 "율법에 의하면 경건한 사람으로 거기 사는 모든 유대인들에게 칭찬을 듣는"(행 22:12) 그 지역 교회의 지도자였다. 주께서 환상 중에 아나니아를 부르시어 "일어나 직가라 하는 거리로 가서 유다 집에서 다소 사람 사울이라 하는 자를 찾으라"고 명하셨다.

그리고 다메섹의 유다 집에 있는 바울에 대하여 "저가 기도하는 중이다 저가 아나니아라 하는 사람이 들어와서 자기에게 안수하여 다시 보게 하는 것을 보았느니라"(행 9:11~12)고 말씀하셨다.

아나니아는 주님의 말씀을 듣고 두려워했다. "주여 이 사람에 대하여 내가 여러 사람에게 듣사온즉 그가 예루살렘에서 주의 성도에게 적지 않은 해를 끼쳤다 하더니, 여기서도 주의 이름을 부르는 모든 자를 결박할 권세를 대제사장들에게 받았나이다"(행 9:13~14).

그러나 주님은 아나니아에게 바울의 소명과 장차 행할 그의 역할을 말씀하시며, 주님의 메시지를 바울에게 전달하도록 명하셨다.

2) 아나니아가 전한 소명

아나니아는 다메섹의 유다 집에서 눈이 멀고 식음을 전폐한 상태에서 기도하고 있던 바울에게 찾아가서 주의 메시지를 전해 주었다. 주님은 바울에 대하여 "이 사람은 내 이름을 이방인과 임금들과 이스라엘 자손들 앞에 전하기 위하여 택한 나의 그릇이라 그가 내 이름을 위하여 해를 얼마나 받아야 할 것을 내가 그에게 보이리라"(행 9:15~16)고 말씀하셨다.

아나니아는 바울에게 "우리 조상 하나님이 너를 택하여 너로 하여금 자기 뜻을 알게 하시며 저 의인을 보게 하시고 그 입에서 나오는 음성을 듣게 하셨으니 네가 그를 위하여 모든 사람 앞에서 너의 보고 들은 것에 증인이 되리라"(행 22:14~15)는 주의 메시지를 바울에게 전해 주었다.

사도행전 26장에는 아나니아에게 주신 주님의 메시지를 바울의 변증을 통해서 다음과 같이 소개하고 있다.

> "일어나 네 발로 서라 내가 네게 나타난 것은 곧 네가 나를 본 일과 장차 내가 네게 나타날 일에 너로 사환과 증인을 삼으려 함이니 이스라엘과 이방인들에게서 내가 너를 구원하여 저희에게 보내어 그 눈을 뜨게 하여 어두움에서 빛

으로 사단의 권세에서 하나님께 돌아가게 하고 죄 사함과 나를 믿어 거룩케 된 무리 가운데서 기업을 얻게 하리라"(행 26:16~18)..

3) 소명 받은 바울의 회복

아나니아는 바울에게 주님의 소명을 전하고, 이어서 그에게 안수를 했다. "형제 사울아 주 곧 네가 오는 길에서 나타나시던 예수께서 나를 보내어 나로 다시 보게 하시고 성령으로 충만하게 하신다"(행 9:17). 아나니아의 안수가 행해진 즉시 바울의 눈에서 비늘 같은 것이 벗어져 다시 보게 되었다.

바울은 곧 일어나 세례를 받고, 그리스도의 교회에 가입하게 되었다. 그리고 음식을 먹었다. 보지 못하고 말 못하며 식음을 전폐하며 기도하고 있던 바울은 곧 건강을 다시 회복하게 되었다.

그렇게 해서 과도한 열정으로 예수 그리스도의 교회를 핍박하던 바리새인 청년 사울은 극적으로 회심하여 기독교인으로 세례를 받고 이방인의 사도로 소명되는 일생일대의 극적인 대변화를 겪었다.

2절 다메섹의 계시와 소명

다메섹의 신적 현현과 계시 사건은 바울 사도의 삶 전체의 방향을 완전히 바꾸는 대변혁을 초래했다.

바울은 "이전 것은 지나갔으니 보라 새것이 되었다"(고후 5:17)고 고백할 수밖에 없었다. 그는 새로운 피조물로 새롭게 창조되었다. 교회의 핍박자로부터 그리스도의 사도로 부름 받은 바울의 방향 전환은 그의 삶의 방향뿐만이 아니라, 기독교의 역사 나아가서 인류의 역사에 중대한 영향을 끼친 결정적인 계시와 소명의 사건이었다.

바울은 자신이 체험한 다메섹에서의 그리스도의 현현을 부활하신 예수님께서 그의 제자들에게 나타나신 것과 동류의 것으로 간주하였다. 그리하여 바울은 자신을 그리스도의 부활의 증인들 가운데 한 사람으로 분명히 자리 매김 했다(고전 15:5~11).

> "바울 신학의 핵심은 지상에 있었던 예수를 본받는 것이 아니라 부활하신 그리스도와 살아있는 교통을 하는 것이다. 이것이 바로 바울 자신이 그의 삶의 가장 근본적인 원리로 여긴 것이다. '누구든지 그리스도 안에 있으면 새로운 피조물이라' '이제 내 안에 사는 것은 내가 아니라 그리스도이다' 이것이 바로 바울의 복음을 거대한 로마제국에 확고하게 자리 잡게 해준 것이다. 또한 이러한 바울의 고백이 기독교에서 권위를 가지게 되었고 이것을 통해 기독교는 세계의 면모를 바꾸어 왔던 것이다."[31]

그리스도의 나타남은 다른 말로 해서 바울에게 직접 임한 '예수 그리

---

31. 김길성, '메이전 박사 저작 선집', (서울: 총신대학교 출판부, 2002), P.67.

스도의 계시' (갈 1:12)였다. 그것은 하나님께서 그의 아들, 곧 부활하신 그리스도를 바울에게 직접적인 방식으로 계시한 것이었다(갈 1:16)[32].

다메섹의 신적 현현은 구약성경에서 모세나 이사야의 경우와 동일한 계시와 소명의 구조를 공유하고 있다.[33] 다메섹의 현현에서도 부활하신 예수 그리스도께서 "사울아 사울아"(행 9:4) 두 번 부르시고, 그에게 "네가 핍박하는 예수가 바로 나다"(행 9:5)라는 분명한 신적 메시지를 모세와 이사야와 같은 방식으로 계시하셨다.

그리고 주님의 제자 아나니아를 통해서 "이방인과 임금들과 이스라엘 자손들 앞에"(행 9:15) 그리스도의 이름을 전하기 위한 그리스도의 사도로 소명하심을 분명히 전하셨다.

1. 다메섹의 계시 : '이신칭의' 복음

다메섹의 계시 체험으로 바울은 예수와 그의 교회에 대한 열심 있는 핍박자의 위치에서 이제 복음을 위한 이방인의 사도로 그 삶의 자리를 완전히 바꾸었다. 유대교의 유일신 신론에서 기독교의 삼위일체 신론으로 그의 신관을 완전히 바꾸었다. 유대인으로서 바리새파 전통의 율법주의를 벗어 버리고 예수 그리스도의 '이신칭의' 복음으로 자신의 구원관을 완전히 바꾸었다.

히브리인 중의 히브리인이라는 선민의식과 이방세계에 대한 배타적인 율법의 담을 과감히 헐어 버리고, 모든 인류를 구원하는 보편주의로

32. 김세윤, op.cit., PP. 93~95.

33. 바울의 다메섹 사건은 구약성경에서 여호와 하나님이 그의 종들에게 자신을 현현하신 사건과 동일한 계시였다. 호렙산의 떨기나무 불꽃 가운데서 모세를 부르신 하나님은 "아브라함의 하나님, 이삭의 하나님, 야곱의 하나님"(출 3:6)으로 자신을 계시하심으로, 모세에게 이스라엘 백성의 출애굽을 인도하도록 소명하셨다. 또한 웃시아 왕의 죽던 해에 성전에서 스랍들을 거느리고 나타나신 하나님은 선지자 이사야에게 "메시아가 이 땅의 그루터기의 거룩한 씨로 오실 것"(사 6:13)을 계시하심으로, 이 메시지를 전하도록 이사야를 소명하셨다.

그의 근본적인 종교적 세계관을 완전히 바꾸었다. 기독교 역사, 나아가서 인류의 역사를 통해서 바울의 다메섹 계시처럼 한 순간에 한 인간을 그토록 철저히 변화시켰던 사례를 찾기는 어렵다.

1) 예수에 대한 관점 전환

선민 유대인들의 메시아 대망사상은 뿌리 깊은 것이었다. 그들은 로마의 압제로부터 해방을 가져 올 '다윗의 자손' 메시아를 열망하고 있었다. 유대 민족은 메시아가 세상에 오시면 팔레스타인 땅에서 이방인들을 몰아낼 뿐만 아니라 로마처럼 온 세계를 지배하는 민족이 되어, 그 옛날 다윗의 영광을 회복하게 될 것이라는 메시아 대망 사상을 품고 살았다.

그러나 하나님은 이사야 선지자를 통해서 "메시아가 이 땅의 그루터기의 거룩한 씨로 오실 것"(사 6:13)이며, 그는 '고난 받는 종'으로 오실 것임을 분명하게 말씀하셨다(사 53장). 이사야의 예언에도 불구하고, 영광의 메시아 '다윗의 자손'만을 열망하고 있던 유대인들의 눈에는 '고난 받는 종' 메시아로 오신 나사렛의 예수는 도무지 메시아로 보이질 않았다. 유대인들이 대망하던 메시아는 '고난 받는 종'이 아니라 '다윗의 자손'이었던 것이다.

젊은 랍비 바울도 예외가 아니었다. 그는 나사렛의 예수가 고난 받는 종으로 오신 그리스도라는 기독교의 케리그마를 받아들일 수 없었다. 더구나 나사렛의 예수는 십자가에 못 박혀 죽었다. 율법에 의하면 "나무에 달린 자는 하나님께 저주를 받은 자"(신 21:23)였다. 다윗의 자손으로 오실 메시아가 죄수로서 십자가에 처형되어 죽는다는 사실은 유대인들로서는 상상할 수 없는 신성모독이었다.

특히 바리새파 랍비 바울의 관점으로 나사렛의 예수가 그리스도라는 선포는 도저히 이해할 수 없고 용납할 수도 없는 주장이었다. 그는 나사렛의 예수를 거짓 선지자로, 그를 따르는 제자들은 율법을 저버린 배교자로 확신하고 있었다. 그래서 나사렛의 예수를 따르는 무리를 핍박하는 일에 앞장을 섰다. 그런데 나사렛의 예수가 다메섹 도상에서 초자연적인 방법으로 나타나셔서 바울에게 직접 계시하신 것이다.

> "바울은 예수가 사람들을 잘못 인도하여 그가 마땅히 죽임을 당한 것이라고 더 이상 생각할 수 없었다. 그가 이제 만난 영광스러운 주님은 그 자신의 죄 때문에, 또는 단지 유감스러운 사건으로 인하여 십자가형에 처하여 질 수는 없었다. 그의 죽음에는 반드시 거룩한 어떤 깊은 목적이 있었다. 바울은 예수의 죽음은 그분 자신의 죄가 아니라 다른 사람들의 죄를 위한 것이라는 결론을 내렸다."[34)]

바울이 만난 예수 그리스도는 부활 승천하여 하나님 우편의 보좌에 좌정하신 그리스도 곧 제 2위격의 성자 하나님이었다. 다메섹 도상에서 만난 그리스도는 지상에서 활동하시던 성육신 상태의 예수가 아니고, 십자가에서 죽은 다음 무덤에서 부활하여 제자들에게 나타나신 부활체의 예수도 아니었다.

다메섹에서 바울이 만난 나사렛의 예수는 '해보다 더 밝은 빛'으로 영화된 그리스도, 곧 하나님 우편 보좌의 영광 중에 계신 그리스도의 현현이었다. 이 체험을 계기로 나사렛의 예수가 성육신하여 이 땅에 오신 메시아라는 기독교의 케리그마는 이제 바울에게 더 이상 의심할 수 없는 명백한 신적 계시가 되었다.

2) 교회에 대한 관점 전환

예수님은 바울에게 '사울아 사울아 네가 어찌하여 나를 박해하느냐'

---

34. David Wenham, '바울과 예수' (Paul and Jesus -the true strory-), 이한수 역(서울; 크리스찬출판사, 2004), P. 18.

라고 말씀하시면서, 자신과 그의 제자들을 분명하게 동일시하였다. 바울의 관점으로 보면, 그리스도인이 결국 하나님의 충성스러운 백성이라고 하는 사실은 매우 놀라운 일이었다. 기독교인들은 예수를 하나님의 메시아로 바르게 인식하고 있었으며, 예수는 그를 따르는 제자들의 모임인 교회와 자신을 확실히 동일시하였다.[35)]

그러므로 예수를 따르는 제자들의 모임인 교회는 하나님의 백성들의 모임이었고, 그들에 대한 핍박은 곧 그리스도에 대한 핍박과 동일한 사건이었다. 바리새인 바울의 관점으로 볼 때, 예수 그리스도가 자신과 동일시한 교회는 율법의 행위와는 무관하게 오직 예수를 믿고 따르는 무리들일 뿐이었다.

바울이 교회에 대한 박해 활동을 하면서 만났던 그리스도의 제자들은 그의 눈으로는 율법적으로 죄인으로 간주되는 사람들이었다. 나사렛의 예수를 그리스도로 믿었다는 것 외에, 기독교인들은 당시 율법 준수를 거의 포기한 것처럼 보이는 유대인들이었고, 창기나 세리 등과 같은 죄인들이었다. 심지어 율법 밖에서 살고 있던 이방인의 무리들이었다. 그런데 이들이 하나님의 백성으로 인정받고 있다는 사실을 바울이 확인하게 된 것이다.

다메섹 계시는 바울 자신이 그토록 율법에 충실한 바리새인이었음에도 결과적으로 하나님을 대적하는 '죄인 중의 괴수' 로 활약하고 있었다는 사실을 깨우쳐 주었다. 그런데 율법적으로 분명한 죄인이라고 바울이 생각하고 있었던 교회의 제자들은 도리어 하나님의 백성으로 인정을 받고 있었던 것이다.

그렇다면 유대인이라는 신분이나 바리새인처럼 율법을 철저히 지키며 산다는 것은 과연 무슨 의미를 가지는 것인가? 그 동안 바리새인적

---

35. Ibid, P.22.

인 관점으로 바울이 그토록 맹신했던 유대인의 신분과 율법의 준수라는 조건은 결코 구원받은 하나님의 백성이 되는 진정한 자격 조건이 될 수 없다는 새로운 인식의 혁명이 불가피하게 된 것이다.

부활하신 그리스도를 만남으로 성령에 의해서 새로운 관점을 가지게 된 바울은 유대교의 자리에서 기독교로 전향하면서, 동시에 기독교를 유대교와는 근본적으로 다른 복음의 관점으로 해석하는 급진적인 전환이 불가피하게 되었다. 바울에 의하면, 오신 예수 그리스도에 의해서 세워진 기독교 교회를 통해서 근본적으로 하나님의 새로운 통치가 이미 시작된 것이다.

하나님의 나라는 이미 이 세상으로 오신 예수 그리스도를 믿음으로 영접한 하나님의 백성들의 모임 즉 교회를 통해서 이 땅에 이미 실현되고 있다는 혁명적인 인식에 도달하게 되었다. 그러므로 예수 그리스도를 믿는 제자들의 공동체인 교회는 바로 그리스도의 몸이요, 인류의 역사 속에 확립된 그리스도의 통치기구인 것이다.

이스라엘 백성에게 있어서 예루살렘의 성전은 희생제사를 드리는 언약 공동체로서 그 신앙의 중심지였다. 그래서 "내가 하나님의 성전을 헐고 사흘에 지을 수 있다"(마 26:62)고 말한 죄목으로 예수님이 고발당했고, 하나님은 '손으로 지은 집' 성전에 계시지 않는다고 주장하다가 스데반 집사는 돌에 맞아 죽었다.

그런데 바울은 다메섹 회심을 통해서 모든 성도의 몸은 하나님의 성전(고전 32:16)이라는 인식 혁명에 도달했다. 교회는 그리스도의 몸이요, 교회의 머리는 그리스도라는 계시적인 인식에 도달한 것이다. 예수 그리스도를 신앙하는 제자들의 모임인 교회는 이 땅에 수립된 하나님의 통치기구라는 혁명적인 인식에 도달한 것이다.

그러므로 이제 구약적인 성전과 희생제사는 예수 그리스도가 오심으로 종결되었으며, 하나님의 백성과 그의 나라는 이제 유대인들이 아니라, 오직 예수 그리스도를 믿는 제자들로 재구성되었다는 혁명적인 인식에 도달했다.

그리스도의 통치를 받아들인 기독교도들이 모인 공동체가 바로 만물 위에 세워진 그리스도의 영광스러운 몸인 교회인 것이다. 이처럼 다메섹 체험을 통해서 바울은 십자가에서 흘린 피 값으로 세워진 교회가 그리스도께서 재림해 오실 때까지 이 땅에 설립된 하나님의 영광스러운 통치기구라는 인식의 대전환을 겪게 되었다.

3) 천국에 대한 관점 전환

부활하신 예수 그리스도와의 만남을 통해서, 바울은 그리스도가 인류의 역사 속에 들어오셨다면, 하나님의 나라는 역사 속에 이미 임했다는 사실을 분명하게 인식하게 되었다. 하나님의 나라는 궁극적으로 주님이 재림해 오시는 그 날에(not yet) 완성될 것이지만, 예수 그리스도의 초림에 의해서 이미(already) 이 땅에, 성도와 교회 안에 하나님의 나라로 임한 것이다.[36)]

"바울이 체험한 계시는 그리스도 안에 있는 구원에 관련된 복된 소식이었는데, 구원은 예수 그리스노의 부활로써 이미 실제화 되있으며, 그리스도의 파루시아(재림) 때에 이루어질 완성을 기다리고 있다고 하는 내용이었다. 또한 바울은 그 복음과 함께, 또는 그 복음의 일부로 비밀의 계시를 받았다. 그것은 유대인과 이방인 모두를 향한, 그리스도 안에 체현된 구원에 대한 하나님의 계획이었다."[37)]

바울은 구원받은 성도들의 상태를 "허물로 죽은 우리를 그리스도와

36. Anthony A. Hoekema, '개혁주의 종말론' (The Bible and The Future), 류호준 역, (서울; 기독교문서선교회, 2002), PP 422~425. 게르하르트 보스의 '바울의 종말론' 에 관한 설명 참조.
37. 김세윤, op.cit. P. 548.

함께 살리셨고 또 함께 일으키사 그리스도 예수 안에서 함께 하늘에 앉히시니"(엡 2:5~6)라고 말했다. 이는 예수 그리스도의 초림에 의해서 이미 성도들이 하나님의 나라를 경험하고 그 안에서 살게 되었다는 의미를 계시하고 있다.

> "메시아이신 예수께서 구속사에 나타나심으로 종말에 속한 하나님의 나라가 종말 이전에 그 구속적인 양태로 이 땅의 역사 속에 들어와서 지금 세상의 역사 속에 현존하고 있으며, 종말에 속한 영생이 이미 그리스도 안에서 현실이 되어 있으며, 종말에 속한 부활이 이미 예수의 부활 속에서 시작되었고, 종말에 임할 성령이 이미 교회에 주어졌고, 종말에 있을 성령 안에서의 삶이 이미 시작되었으며, 마지막으로 종말에 있을 심판이 그리스도를 신뢰하는 모든 자들에게 이미 내려졌으며, 하나님께서 그의 백성들을 이미 법적으로 사면하셨다는 것이다."[38)]

> "그러나 옛 시대가 지나갔다고 해서 이 시대가 끝나는 것은 아니다. 옛 시대는 그리스도의 재림 때까지 계속되며, 그때가 되면 악의 나라가 완전히 정복되고, 마치 물이 바다를 덮음 같이 주의 영광을 아는 것이 온 땅을 덮게 될 것이다(합 2:14). 그러나 이 옛 시대가 아무런 영향도 받지 않고 그때까지 그대로 있는 것은 아니다. 예수 그리스도로 말미암아 '새 시대' 가 거기에 밀려들었고, 왕의 백성들이 원수의 영역으로 나아가고 있으며(마 16:18), 그리스도 안에서 사람들이 이 악한 현 시대로부터 영적으로 구원을 받아(갈 1:4), 지금 하나님의 아들의 은혜의 나라로 옮김을 받는 것이다(골 1:13). 이는 그들로 하여금 더 이상 그 옛 시대에 화합하지 말고 '마음을 새롭게 함으로 변화를 받도록' (롬 12:2)하기 위함인 것이다."[39)]

---

38. Robert L. Reymond, op.cit., P. 105.
39. Ibid, P. 106.

이처럼 바울은 하나님의 나라가 성육신하여 십자가로 구속을 완성하시고 부활 승천하시고 성령으로 임하신 예수 그리스도로 말미암아 이 세상에 있는 그의 백성들 곧 교회에 이미 임해 있으며, 또한 예수 그리스도께서 재림해 오시는 종말의 때에 하나님의 나라가 완성된 형태로 성취될 것이라는 종말론적인 인식에 도달하게 되었다.

5) 율법에 대한 관점 전환

다메섹 도상에서 부활하신 예수 그리스도를 만난 사건은 그 동안 바울이 그토록 확신했던 유대교와 율법에 관한 근본적인 관점의 대전환을 가져왔다. 바울이 그토록 핍박했던 나사렛의 예수가 그리스도라면, 그를 믿고 따르는 자들이 곧 하나님의 백성임이 분명한데, 그렇다면 그리스도를 그토록 핍박한 바울 자신의 유대교적 입장, 즉 할례를 행하고 율법과 유전을 문자적으로 철저히 준수하기 위해서 그토록 열심이었던 자신의 바리새인적인 신앙은 도대체 무엇이란 말인가?

바울은 다메섹 체험을 통해서 다음과 같이 율법의 구속사적인 한계를 명백히 인식하게 되었다.[40)]

> 첫째, 율법은 바울로 하여금 나사렛의 예수를 그리스도로 분별할 수 있는 영적인 인식력을 주지 못했다. 바울이 그토록 열심이었던 율법으로는 성육신하신 그리스도를 바르게 인식할 수 없었을 뿐만이 아니라 도리어 핍박하도록 만든 원인이 되었다. 다메섹의 체험은 그 동안 자신이 의지했던 율법으로는 하나님을 바로 알 수 없다는 영적인 깨달음을 확증해 주었다. 물론 하나님이 주신 율법, 그 내용 자체는 신령한 것이다. 그런데 신령한 율법이 왜 그리스도를 바로 알 수 있는 인식력을 주지 못했는가? 이점에 대하여 바울은 완악한

40. 이한수, '복음과 율법', PP. 365~366.참조. 율법의 구속사적인 한계에 관하여 인식론적인 한계, 죄문제 극복의 한계, 민족주의적 한계를 제시하고 있다.

죄성이 사람의 마음을 덮고 있는 이상, 하나님의 신령한 율법이라도 우리에게 참된 영적 분별력을 가져다주지 못한다는 사실을 깨닫게 되었다(고후 3:14).

둘째, 율법은 죄의 세력 앞에서 연약하고 무능하다는 점을 알게 되었다. 율법으로 우리가 죄를 깨달을 수는 있지만, 율법은 우리 안에 있는 죄의 세력을 다스리지 못한다. 이스라엘의 역사는 율법을 바로 행하는데 실패한 역사였다. 유대인들은 율법의 정신을 참되게 행하지 않으면서 율법의 외적인 형식에만 매달려 있었던 것이다. 더구나 유대교의 율법은 성육신하여 이 세상에 오신 참 하나님 예수 그리스도를 십자가에 못 박았고, 그를 대적하여 교회를 핍박하는 죄를 범하도록 조장하는 역할을 했다. 결국 바울은 죄에 대한 율법의 연약성과 무능성을 통감하면서, 다메섹 이전의 율법에 대한 그의 맹신을 철회했다.

셋째, 율법이 유대인들의 배타적인 선민의식을 조장함으로서, 온 인류를 구원하시려는 하나님의 보편적 구속의지를 가로막고 있음을 깨닫게 되었다. 하나님은 온 인류를 구원하시기 위해서 이스라엘을 그의 백성으로 선택하시고 이스라엘을 성별하여 하나님의 백성답게 살도록 하기 위해서 율법을 주셨다. 그런데 유대인들은 하나님의 율법을 이방인과 구별하기 위한 배타적인 사회적 경계선 표지로 삼았고, 마침내 이방인과 유대인 사이에 극복할 수 없는 담을 쌓게 만들었다. 그렇게 해서 본래의 신령한 의도가 변질되어, 이제는 율법의 기능이 하나님의 구속사에 걸림돌로 역할하고 있음을 인식하게 되었다.

그래서 바울은 율법은 신령한 것이지만, 예수 그리스도가 오심으로 구원을 위한 율법의 기능과 역할이 끝났다는 결론을 내렸다. 율법을 온전히 행하여 구원받을 사람은 아무도 없다. 그러므로 "유대인이나 헬라인이나 다 죄 아래 있다"(롬 3:9). "율법의 행위로는 그의 앞에 의롭다 하심을 얻을 육체가 없나니 율법으로는 죄를 깨달음이다"(롬 3:20).

율법은 죄를 깨닫게 하여 우리를 그리스도에게로 인도하는 몽학선생의 역할을 했을 뿐이다. 그리스도가 오시기까지 율법의 역할이 있었지만, 이제 "믿음이 온 후로는 우리가 몽학선생 아래 있지 않다"(갈 3:25). 믿음으로 의롭다함을 받은 신약교회의 성도들은 율법으로부터 자유하다. 바울은 더 이상 율법이 성도들을 주관하지 못한다고 그의 근본적인 생각을 완전히 바꾸었다.

6) 바울의 '이신칭의' 복음

다메섹 사건을 통해서, 예수와 교회와 천국과 율법에 관한 관점을 완전히 바꾼 바울이 도달한 지점은 구원이 율법의 행위로서가 아니라 오직 예수 그리스도를 믿음으로 의롭게 된다는 그의 '이신칭의' 복음이었다. 예수 그리스도의 복음은 값없이 차별 없이 오직 믿음으로 받는 구원의 축복이다. 오직 예수 그리스도를 믿음으로 구원에 이르는 축복이 값없이 차별 없이 은혜의 선물로 주어진다.

율법으로는 도달할 수 없고 오직 예수 그리스도를 믿음으로 얻는 구원의 복음이다. "이제는 율법 외에 하나님의 한 의가 나타났으니 율법과 선지자들에게 증거를 받은 것이라 곧 예수 그리스도를 믿음으로 말미암아 모든 믿는 자에게 미치는 하나님의 의니 차별이 없다"(롬 3:21~22). 복음은 율법적인 행위에 근거하지 않고, "그리스도 예수 안에 있는 구속으로 말미암아 하나님의 은혜로 값없이 의롭다 하심을 얻은 자"(롬 3:24)에게 주어지는 구원이다.

유대인들은 그들이 가지고 있는 할례와 율법이라는 신분적인 표지가 그들의 구원을 보장할 것이라고 굳게 믿고 있었다. 그러나 바울이 도달한 계시적 인식에 의하면 구원 즉 하나님의 백성이 되는 길은 유대인들의 율법적인 외적 표지나 행위와는 관계가 없고 오직 예수 그리스도를 믿음으로 값없이 차별없이 주어지는 하나님의 은혜의 선물이다. 구원은 행위가 아니라 믿음의 법으로 된 것이다. "그러므로 사람이 의롭다 하심을 얻는 것은 율법의 행위에 있지 않고 믿음으로 되는 줄을 우리가 인정한다."(롬 3:28).

구원은 차별 없이 주어진다. "하나님은 홀로 유대인의 하나님뿐이시뇨 또 이방인의 하나님은 아니시뇨 진실로 이방인의 하나님도 되시느니라 할례자도 믿음으로 말미암아 또는 무할례자도 믿음으로 말미암아 의롭다 하실 하나님은 한 분이시니라"(롬 3:29~30). '이신칭의' 복음은 유대인이든 이방인이든 민족이나 종족 간에 아무런 차별이 없다. 빈부귀천과 남녀노소를 막론하고, 모든 편견과 장벽을 철폐한다. 다만 오직 예수 그리스도를 믿는 믿음으로 차별 없이 구원에 이른다.

그러한 의미에서 '이신칭의' 복음은 인류사회에 내재하는 모든 부당한 차별과 장벽과 편견을 하나님의 구속의 은혜로 철폐해 버리는 근본 변혁적인 성격을 가지게 되었다. 인류 사회의 모든 편견과 차별의 담을 헐어버리고 "하늘에 있는 것이나 땅에 있는 것이나"(엡 1:10) 모두 예수 그리스도 안에서 하나로 통일되게 하는 변혁의 능력이 복음 안에 담겨 있는 것이다.

특히 유대인과 이방인을 구별하려는 율법의 담을 가차 없이 헐어버리고, 예수 그리스도 안에서 온 인류를 차별 없이 오직 믿음으로 하나님의 백성으로 구원에 이르게 한다. 인류의 역사 속에서 '이신칭의' 복음은 그 변혁능력에 의해서 사회와 문화를 억압하는 모든 편견과 차별의 장벽을 헐어버리면서, 그리스도를 믿음으로 값없는 은혜로 구원에 이르게 하는 하나님의 능력이 되었다.

2. 다메섹의 소명 : '이방인의 사도'

다메섹 도상의 회심 사건을 통해서, 바울은 '복음과 함께 이방인에게로 가서 그 복음을 전파하라' 는 그리스도의 사도로서 '위임' 을 받았다.

바울은 이제 복음을 위한 이방인의 사도로 부르심을 받은 것이다. 이러한 소명은 바울이 이미 당시 헬라-로마 세계에 흩어져 살고 있는 헬라파 유대인들과 이방인들에 대한 유대교 랍비 선교사로 준비되어 있었다는 점을 생각할 때, 결코 갑작스러운 부르심이라고 말할 수는 없을 것이다.[41)]

바울은 당시 헬라-로마 세계에 살고 있던 디아스포라 유대인들을 상대로 하는 율법의 교사 또는 이방인들에 대한 예비 선교사로 이미 잘 준비되어 있는 상태였다. 다메섹에서 회심하여 이방인의 사도로 소명되었을 때, 바울은 이미 새로운 사명을 감당할 수 있도록 충분한 준비가 되어 있었던 것이다.

부활하신 예수 그리스도를 만난 바울은 자신의 소명이 기독교인을 박해하는 것이 아니라, 예루살렘에서부터 이방인 세계의 땅 끝까지 그리스도의 복음을 전파하는 것이라는 사명에 이르게 되었다.[42)] 바울은 자신이 이방인의 사도로 소명된 것을 입증하기 위하여 사도행전의 기사 외에 그의 서신서에서 다음과 같이 호소하고 있다.

> "바울은 '복음 전할 부탁을 받았다' (살전 2:4). '무할례자에게 복음 전함을 맡았다' (갈 2:7). '하나님의 복음을 위하여 택정함을 입었다' (롬 1:1). 주 예수 그리스도로 말미암아 '사도의 직분을 받아 그 이름을 위하여 모든 이방인 중에서 믿어 순종케 한다' (롬 1:5). '하나님께서 내게 주신 은혜를 인하여 … 이방을 위하여 그리스도의 일꾼이 되어 하나님의 복음의 제사장 직무를 하게 되었다' (롬 15:15~16). '그리스도께서 나를 복음 전하는 사도로 임명하셨다' (고

41. Robert L. Reymond, Ibid., P. 69 참조.
42. 바울과 예수, op.cit.,P. 22.

전 1:17). 등등."[43]

바울은 하나님께서 자신을 '내가 태어나기 전부터'(갈 1:15) 유대 밖의 이방에 그리스도를 전파하게 했다는 소명을 분명하게 인식할 수 있었다. 이러한 자신의 사명 인식과 관련해서 바울은 사도행전 13장 47절 비시디아 안디옥의 설교에서 아래와 같은 이사야 선지자를 인용하고 있는데, 이는 결코 우연이 아니었다.[44]

비시디아 안디옥에서 바울은 유대인들에게 "하나님의 말씀을 마땅히 먼저 너희에게 전할 것이로되 너희가 버리고 영생 얻음에 합당치 않은 자로 자처하기로, 우리가 이방인에게로 향하노라"(행 13:46)고 선언하면서, "내가 너를 이방의 빛을 삼아 너로 땅 끝까지 구원하게 하리라"(행 13:47)는 이사야 선지자(사 49:6)를 인용함으로서, 자신이 이방인의 사도로 소명되었음을 확인하고 있다.

43. 김세윤, op.cit., PP. 96~98.
44. F. F. Bruce, op.cit., P. 150.

제 5 장

회심 직후, 바울의 광야시절 (32~45년)

1절 아라비아에서 3년(32~34년)

2절 예루살렘 방문(34년, 1차)

3절 고향 다소에서 10여 년(35~45년)

"내가 곧 혈육과 의논하지 아니하고
또 나보다 먼저 사도 된 자들을 만나려고
예루살렘으로 가지 아니하고
오직 아라비아로 갔다가
다시 다메섹으로 돌아갔노라"(갈 1:16~17).

바울은 다메섹 회심 사건으로 엄청난 대격변을 겪었다. 교회를 핍박하던 바울은 부활하신 예수 그리스도와의 만남이라는 초자연적인 체험을 통해서, 그가 그토록 열심이었던 유대교와 율법의 자리로부터 벗어나서 나사렛의 예수를 믿는 기독교 복음의 자리로 완전하게 자리를 바꾸었다.

교회를 핍박했던 바리새인 사울이라는 옛 사람은 죽어 버렸고, 예수 그리스도의 부르심에 순종하는 새 사람 바울로 완전히 거듭난 것이다. 이러한 대변화는 유대교 안에서 그가 누리고 있던 모든 기득권, 즉 종교적 사회적 가족적인 모든 관계와 권리를 포기하는 것을 의미하며, 나아가서 우호적인 관계에서 적대적 긴장 관계로 바뀌었음을 의미는 것이었다.

회심 직후 바울은 "내가 곧 혈육과 의논하지 아니하고, 또 나보다 먼저 사도된 자들을 만나려고 예루살렘으로 가지 아니하고 오직 아라비아로 갔다"(갈 1:16~17)고 말하고 있다. 그는 "무엇이든지 내게 유익하던 것을 그리스도를 위하여 다 해로 여겼고"(빌 3:8), "내가 그를 위하여 모든 것을 잃어버리고 배설물로 여긴다"(9절)고 고백했다.

아마도 바울의 부모들도 그의 상속권을 박탈하였던 것 같고, 그의 옛 스승들과 동료들도 그를 버린 것 같다.[45] 다메섹 이전에 바울이 의존하고 있던 모든 가치들이 모두 함몰되어 버리고, 이제 오직 예수 그리스도 안에서 새로운 사명에 붙들린 사도로서, 그 길을 좇게 되었다.

다메섹 도상에서 부름을 받은 즉시, 바울은 복음을 전하는 전도자로 나섰다. 그는 이미 복음을 전하기 위한 자격을 갖춘 선교사로 준비되어 있었다. 유대교 안에서 선교사로 기본적인 준비가 되어 있었던 바울은 다메섹에서 예수님을 만나 회심한 즉시 바로 그리스도의 복음을 전도할 수 있는 전도자로 나설 수 있었다. 그는 천막 제조업자로 자비량 선교를 떠날 수 있도록 준비되어 있었다. 더구나 그는 무슨 일을 하든지 열심이 있는 사람이었다. 바울은 회심 직후 즉시 행동에 들어갔다.

"내가 남에게 전파한 후에 자기가 도리어 버림이 될까 두려워하며"(고전 9:21), "나의 달려갈 길과 주 예수께 받은 사명 곧 하나님의 은혜의 복음을 증거 하는 일을 마치려 함에는 나의 생명을 조금도 귀한 것으로 여기지 아니 한다"(행 20:24)고 고백하며, "심령에 매임을 받아"(행 20:22) 오직 "예수께 잡힌바 된 그것을 잡으려고 좇아가는"(빌 3:12) 사도의 길로 달려갔다.

이처럼 다메섹의 회심 직후, 바울은 곧바로 복음을 전하기 시작했다(행 9:22). 그러함에도 불구하고, 하나님은 예수 그리스도의 복음을 이방세계에 전하는 이방인의 사도로 사용하시기 위해서, 다메섹 회심으로부터 무려 13년 동안 무명의 준비기간을 보내도록 그를 광야 길로 인도하셨다.

회심 직후, 바울은 다메섹에서 아라비아로 가서 3년을 보냈고, 잠시 예루살렘을 방문한 다음, 그의 고향인 길리기아의 다소로 가서 10여 년 동안, 무명의 전도자로서 광야생활을 보내도록 인도함을 받았다.

---

45. Robert L. Reymond, op.cit., P. 35.

이스라엘 민족의 출애굽을 인도했던 모세가 광야에서 40년 동안 준비기간을 보낸 것처럼, 바울도 안디옥교회에 청빙되어 이방인의 사도로 본격적인 사역에 들어가기 전까지, 무려 13년여 동안을 무명의 전도자로서 준비하는 광야시절을 보내고 있었다.

[도표 2] **회심 후 바울의 광야시절(32~45년)**

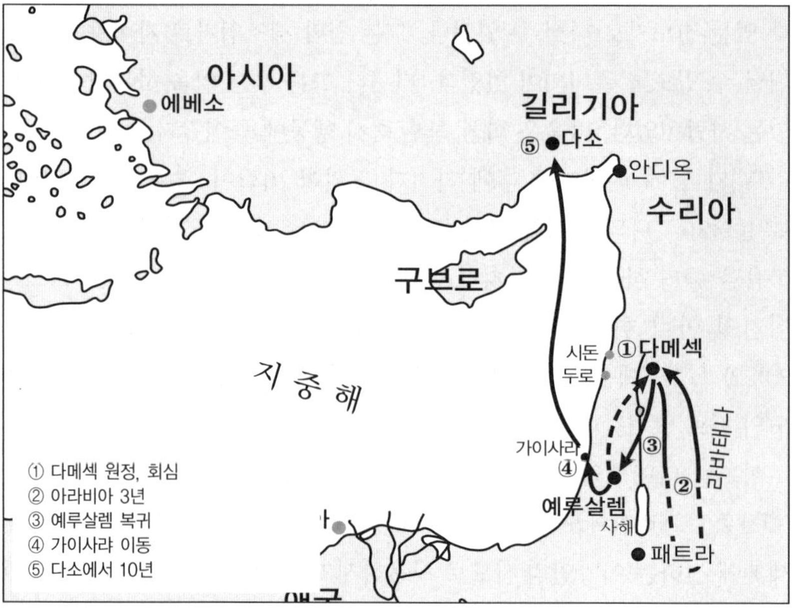

1절 아라비아에서 3년 (32~34년)

사도행전 9장은 바울의 회심 사건에 이어서 곧바로, "사울이 다메섹에 있는 제자들과 함께 며칠 있을 새, 즉시로 각 회당에서 예수의 하나님의 아들이심을 전파하니, 듣는 사람이 다 놀라 말하되 이 이름을 부르는 사람을 잔해하던 자가 아니냐 여기 온 것도 저희를 결박하여 대제사장들에게 끌어가고자 함이 아니냐 하더라. 사울은 힘을 더 얻어 예수를 그리스도라 증명하여 다메섹에 사는 유대인들을 굴복시켰다"(행 9:19b~22)고 기록하고 있다.

다메섹 회심 직후, 그곳에 사는 유대인들을 예수에게 굴복시킨 바울은 아라비아에서 3년 동안 활동하였다(갈 1:18). 바울은 갈라디아서에서 "예루살렘으로 가지 아니하고 오직 아라비아로 갔다가 다시 다메섹으로 돌아갔다"(갈 1:17)고 스스로 말하고 있다.

여기서 아라비아는 당시의 나바테나 왕국을 말하고 있다. 나바타니아인은 아랍 족속이었다. 그들의 고토는 사해와 아카바 만 사이에 있는 지역이었고, 그 수도는 페트라였다. 나바태나 왕국의 북쪽 변방 지역에 다메섹이 포함되어 있었다. 나바타나 왕국은 아랍의 영토로써 주후 106년에 로마제국에 병합되었다.[46]

바울이 무슨 목적으로 아라비아로 갔는지 정확하게 말할 수는 없다. 그가 다메섹에 있는 나바테나 왕 아레다의 지방 통치자의 체포 위협을 피하기 위해서 다메섹 성을 광주리를 타고 탈출했다는 사실은 그가 아

46. 이한수, '갈라디아서', P. 117.

라비아에서 선교사역을 하다가 나바테나 당국의 핍박을 야기시켰다는 것을 시사한다.[47)]

사도행전은 "여러 날이 지나매 유대인들이 사울 죽이기를 공모하더니 그 계교가 사울에게 알려지니라 저희가 그를 죽이려고 밤낮으로 성문까지 지키거늘 그의 제자들이 밤에 광주리에 사울을 담아 성에서 달아 내렸다"(행 9:23~25)고 전하고 있다.

바울서신 역시 당시 정황에 대하여 "다메섹에서 아레다왕의 방백이 나를 잡으려고 다메섹 성을 지킬새 내가 광주리를 타고 들창문으로 성벽을 내려가 그 손에서 벗어났다"(고후 11:32~33)고 쓰고 있다.

우리는 바울이 아레다 왕의 방백으로부터 핍박을 야기시킨 이유에 대하여 선교사역 이외에 다른 이유를 찾기 어렵다. 바울은 아라비아에서 그리스도의 복음을 전하고 있었을 것이고, 그로 인해서 나바태나 당국의 박해를 초래하는 빌미가 되었을 것이다.

바울이 회심할 당시의 나바태나 왕은 아레다 4세였다. 아레다 4세는 기원전 9년부터 기원후 40년까지 (로마의 지배 하에서) 성공적으로 통치했던 왕으로 알려져 있다.

그의 통치의 찬란함은 현재 요르단의 페트라에 있는 사자 모양을 한 독수리 성전에서 실제로 볼 수 있다. 당시 다메섹 성안에는 유대인과 나바태나인이 사는 지역이 따로 있었다고 한다. 이 두 민족은 바울을 제거하려는 일에 있어서 서로 협력하게 되었다고 보는 것이 타당할 것이다.[48)]

한편, 바울이 전도만을 목적으로 아라비아에 갔었다고 말할 수는 없을 것 같다. 바울의 다메섹 회심 사건은 그의 과거와 완전한 단절을 필

---

47. Ibid., P. 118.
48. David Wenham, p.32.

요로 하는 사건이었다. 바울로서는 과거와의 단절과 새로운 사명을 위한 준비를 위해서 아라비아의 3년이 불가피한 선택이었을 것이다.

남다른 열심을 품고 교회를 핍박하는데 앞장서서 유대교 산헤드린에 충성했던 바울이 한 순간에 '나사렛의 예수가 그리스도' 라고 복음을 전하는 극적인 전향자의 모습으로 곧바로 예루살렘이나 자신의 고향 다소에 나타날 수 있는 입장은 아니었을 것이기 때문이다.

바울의 종교적인 전향은 곧 유대인으로 살아온 모든 사회적인 관계, 심지어 가족적인 관계까지도 그의 입지를 달리하는 총체적인 대변혁을 의미하는 것이었다. 그러므로 바울은 다메섹에서 다시 예루살렘으로도, 고향 다소로도 돌아갈 수 없는 입장이었다.

아라비아 3년 생활을 통해서 바울은 다메섹 체험에 의해서 혁명적으로 바뀐 자신의 신앙, 즉 율법을 맹신하던 바리새파 유대교의 자리에서 예수 그리스도의 계시와 이방인의 사도로 소명된 새로운 사명을 감당하기 위한 기도와 명상의 시간을 필요로 했을 것으로 생각된다.

다메섹 이전에 유대교 안에서 가진 모든 신학적 명제들을 전면적으로 다시 재평가하고 근본적으로 새롭게 해석하는 깊은 명상과 기도의 시간을 필요로 했을 것이다.

이처럼 아라비아에서의 바울은 다메섹에서 빛으로 임하신 예수 그리스도께 붙들려서 복음을 전파하는 전도활동과 동시에 다메섹 이전에 그토록 열심이었던 유대교의 율법과 구약의 언약에 대해서, 그리고 이방인의 사도로 부름 받은 자신의 사명에 대하여 깊은 성찰의 시간을 보내고 있었다. 하나님은 그러한 방법으로 바울을 아라비아의 광야에서 이방인의 사도로 준비시켰던 것이다.

2절 예루살렘 방문 (34년, 1차)

아레다왕의 체포 위협을 벗어나서 다메섹을 탈출한 바울은 곧바로 예루살렘으로 향했다.

3년 전에 대제사장으로부터 공문을 받아 가지고 예수를 따르는 헬라파 유대인들을 체포할 목적으로 다메섹을 향해서 예루살렘을 떠났던 바울은 이제 완전히 전향한 회심자로서 예수 그리스도를 위한 이방인의 사도라는 새로운 사명을 붙들고 조용히 예루살렘으로 돌아왔다.

1. 사도들을 방문

예루살렘에 나타난 바울에 대한 반응은 몹시 의혹스러운 것이었다. 사도행전은 "사울이 예루살렘에 가서 제자들을 사귀고자 하나 다 두려워하여 그의 제자 됨을 믿지 아니했다"(행 9:26)고 기록하고 있다.

3년 전에 스데반의 순교 사건의 현장에서 옷 맡은 자로 활동했고, 그 후에 교회를 맹렬히 잔해하던 핍박자 사울이 그리스도의 제자임을 자처하고 예루살렘에 나타났을 때, 바울을 의심의 눈초리로 경계하며 그의 제자 됨을 선뜻 받아들일 수 없었다. 한편 유대교의 당국자들과 바울의 옛 동료들, 심지어 그의 가족들까지도 3년 만에 전향자의 모습으로 나타난 바울의 등장을 결코 환영할 수 있는 분위기가 아니었다.

그러한 미묘한 분위기 속에서 바울을 예루살렘 교회의 사도들에게 소개해 준 사람은 바나바였다. 사도행전은 "구브로에서 난 레위 족인이 있으니 이름은 요셉이라 사도들이 일컬어 바나바(번역하면 권위자)라 하니, 그가 밭이 있으매 팔아 가지고 사도들의 발 앞에 두니라"(행 4:36~37)고, 교회가 탄생되던 초기에 있었던 바나바의 역할을 소개하고 있다.

바나바는 예루살렘 교회 내에서 영향력이 있는 착한 인물이었다. 바나바는 특히 다메섹에서 회심한 바울에게 있어서 매우 중요한 인도자였다. 사도행전에서 누가는 바울과 바나바의 관계를 출애굽기에서의 모세와 그의 형 아론과의 관계를 연상케 하는 방식으로 다루고 있다.

바나바 또한 하나님이 예비하신 교회의 인물이었다. 바나바의 소개로 바울은 예루살렘의 교회지도자들을 방문할 수 있게 되었다. 그는 바울을 데리고 가서, "그가 길에서 어떻게 주를 본 것과 주께서 그에게 말씀하신 일과 다메섹에서 그가 어떻게 예수의 이름으로 담대히 말하던 것을"(행 9:27) 사도들에게 소개해 주었다.

이 방문으로 바울은 공식적으로 처음 기독교 교회에 가입하는 기회가 되었다. 바울의 아라비아 3년 간의 활동은 예루살렘 교회와 전혀 사전 교감이 없는 순전한 개인적 활동이었다. 그러므로 바울이 기독교 교회와 정식으로 공식적인 관계를 맺은 것은 이번 방문을 통해서 비로소 이루어 진 것으로 볼 수 있다.

바울은 갈라디아서에서 "내가 게바(베드로)를 심방하려고 예루살렘에 올라가서 저와 함께 십오 일을 유할 새, 주의 형제 야고보 외에 다른 사도들을 보지 못하였다"(갈 1:18~19)고 말하고 있다. 이때에 바울은 십오 일 동안 베드로와 주님의 형제 야고보를 만났다. 이 만남을 통해서 나눈 이야기는, 그 동안 있었던 일들에 관한 간증, 특히 다메섹에서 받은 계시와 당시 교회가 처한 사정에 대한 정보의 교환이었을 것으로 추측할 수 있을 뿐이다.

바울은 제자들과 함께 지내면서 예루살렘에 출입하며, "또 주 예수의 이름으로 담대히 말하고 헬라파 유대인들과 함께 말하며 변론"(행 9:29)

하는 활동을 했다. 이는 3년여 전에 바울이 적극 가담하여 스데반 집사의 순교 사건을 초래했던 바로 그 자리에 바울 자신이 서서 예수 그리스도의 복음을 변론하고 있음을 말하는 것이다.

바울은 운명의 극적인 반전을 연출하고 있었다. 스데반을 죽이는 자리에 서있었던 바울이 이제 완전히 자리를 바꾸어서 스스로 순교자 스데반의 자리에 서서 스데반의 변론을 다시 재연하는 극적인 반전을 실현하고 있었다.

2. 예루살렘 탈출

유대인들의 반응은 바울을 죽이려는 것이었다.

유대교의 입장에서 보면 당연한 반응이었다고 말할 수 있을 것이다. 그러나 교회는 극적으로 회심한 바울의 복음 증거가 매우 큰 힘이 되었다. 바울은 "우리를 핍박하던 자가 전에 잔해하던 그 믿음을 지금 전한다 함을 듣고 나로 말미암아 영광을 하나님께 돌리게"(갈 1:23~24) 되었다고, 당시의 정황을 소개하고 있다.

그러나 복음을 거부하는 유대인들 특히 당국자의 입장에서는 바울이야말로 그들의 입장에서 도저히 묵과할 수 없는 치명적인 배교자였다. 바울이 계속 예루살렘에 머물러 있으면서, 유대인들을 상대로 복음을 증거하며 변론을 지속했었더라면, 그 곳에서 바울은 제2의 스데반이 되어 순교의 길을 피할 수 없었을 것이다.

그러나 주님은 바울에게 예루살렘에서 급히 피할 것을 명하셨다. 후일 예루살렘의 폭도들 앞에서 바울은 당시의 정황에 대하여 다음과 같이 증언했다.

> "내가 성전에서 기도할 때에 비몽사몽간에 보매 주께서 내게 말씀하시되 속히 예루살렘에서 나가라 저희는 네가 내게 대하여 증거 하는 말을 듣지 아니

하리라 하시거늘, 내가 말하기를 주여 내가 주 믿는 자들을 가두고 또 각 회당에서 때리고 또 주의 증인 스데반의 피를 흘릴 적에 내가 곁에 서서 찬성하고 그 죽이는 사람들의 옷을 지킨 줄 저희도 아나이다. 나더러 이르되 떠나거라 내가 너를 멀리 이방인에게로 보내리라"(행 22:18~21).

바울은 자신이 스데반의 순교에 가담하고 교회를 핍박한 당사자였기 때문에 빌라도의 손을 빌려 십자가에 처형된 나사렛의 예수가 바로 하나님의 아들 그리스도라는 자신의 증언이 유대인들에게 더욱 강력하고 효과적인 호소가 될 것이라고 생각했었다. 그러나 주님은 유대인들이 바울의 증언에 대하여 듣지 않을 것이므로, 예루살렘에서 속히 떠날 것을 지시하셨다.

이 대목에 대하여, 사도행전은 유대인들이 바울을 "죽이려고 힘쓰거늘 형제들이 알고 가이사랴로 데리고 내려가서 다소로 보내었다"(행 9:30)고 전하고 있다. 예루살렘에 머물러 있었으면 스데반처럼 순교를 당할 수밖에 없는 절박한 상황에서, 주님의 말씀을 들은 바울은 형제들의 안내를 받아 예루살렘을 탈출하여, 지중해의 항구도시 가이사랴로 내려가서, 거기서 배편으로 고향인 길리기아의 다소로 떠났다.

이방인의 사도로 소명된 바울이 본격적인 사역에 들어가기 전까지 더 많은 준비를 위한 무명의 광야시기를 보내야 했던 것이다.

3절 고향 다소에서 10여년 (35~45년)

바울은 예루살렘을 탈출하여 고향 길리기아의 다소로 돌아왔다. 소년기에 다소를 떠나서 예루살렘으로 유학하여 가말리엘 문하에서 율법 교육을 받은 바울은 유대교의 랍비로서 환영받는 금의환향이 아니었다.

다메섹의 극적인 회심 체험을 통해서, 열심 있던 바리새인 바울이 이제 나사렛의 예수를 따르는 그리스도인이 되어서, 고향 다소로 돌아온 것이다. 바울의 귀향은 그의 가족과 일가친척, 그리고 지인들의 기대와는 완전히 다른 모습이었다.

누가는 사도행전에서 이 기간에 대하여 거의 침묵하고 있다. 그러나 바울은 고향 다소에서 주후 35년부터 45년까지 약 10여년의 긴 세월을 보내고 있었다. 마치 출애굽기에서 모세가 미디안 광야에서 보낸 40년 세월에 대하여 침묵하고 있는 것처럼, 누가는 바울의 다소 10여년의 세월을 침묵으로 다루고 있다.

바울은 갈라디아서에서 "그후에 내가 수리아와 길리기아 지방에 이르렀으나 유대에 그리스도 안에 있는 교회들이 나를 얼굴로 알지 못하고 다만 우리를 핍박하던 자가 전에 잔해하던 그 믿음을 지금 전한다 함을 듣고 나로 말미암아 영광을 하나님께 돌렸다"(갈 1:21~24)고, 이 시기를 간략하게 언급하고 있다.

그러므로 우리는 사도행전의 기록과 바울의 서신서에 제시된 제한된 정보를 토대로 이 시기를 재구성할 수밖에 없다.

1. 다소에서의 복음 전도

고향 다소에서 바울은 예수 그리스도의 복음을 전하고 있었다. 다소를 중심으로 길리기아와 수리아 지방의 각 도시를 다니면서, 기독교의 복음을 전파하고 있었다. 그의 전도 방식은 각 도시에 있는 디아스포라 유대인 공동체의 회당을 방문하여, 조상 때부터 유대인들이 기다리던 메시아가 바로 나사렛의 예수라고 선포하는 방식이었다.

당시 유대인의 회당은 바울의 복음 전도를 위한 중요한 거점이 되었다. 유대인 회당에서는 랍비나 교육받은 율법사가 예배를 우선적으로 인도할 수 있었지만, 원칙적으로 이스라엘 남자들은 모두가 공중 앞에 나아가 기도하며, 성경을 읽고, 이것들을 설교 형식으로 해석하는 권리를 가지고 있었다(눅 4:16~30).[49]

이러한 유대교의 관례를 따라서 바울은 회당에서 복음을 전할 수 있었다. 당시 유대인 회당에는 오늘날과 같이 유대인들만 있었던 것이 아니고, 이방인들도 상당수가 있었기 때문에, 바울은 유대인의 회당을 이용하여 이방인에게도 접근할 수 있었다. J. G. 메이천(Machen)은 당시의 유대인 회당의 정황에 대하여 다음과 같이 말하고 있다.[50]

> "헬라-로마 세계의 전 도시에 산재해 있던 무수한 유대인 회당은 오늘날의 유대인 회당처럼 유대인만이 출석하는 곳이 아니라, 이방인들의 무리로 가득 차 있었다. 또한 그들 가운데 어떤 자들은 이미 할례를 받아 완전히 유대인이 되었지만, 그들 가운데 또 다른 사람들은 소위 사도행전에서 '하나님을 두려워하는 사람들' 또는 '하나님을 예배하는 자들' 이라 칭했던 계급을 형성하고 있었던 자들로서, 이스라엘 백성들과 명백히 하나가 되지 않은 채로 유대의 일신교와 구약성경의 고매한 윤리를 받아들이고 있었다."

---

49. 정일웅, 기독교 예배학 개론, (서울: 이레서원, 2000), P.38.
50. Gresham Machen, op.cit., PP. 16~17.

F. F. 부르스(Bruce)도 그 당시 유대교의 전도 활동에 관해서 다음과 같이 말하고 있다.[51]

> "1세기 초엽 이방인들에 대한 유대교로의 개종을 독려하는 상당한 활동이 행해졌다는 증거가 있다. 누가는 오순절에 예루살렘 순례객에 대해 '로마로부터 온 나그네 곧 유대인과 유대교에 들어온 사람들' 이라는 표현을 하고 있다(행 2:10). 초기 헬라파 입곱 집사 중의 한 사람은 '유대교에 입교한 안디옥 사람 니골라' (행 6:5)였다. 빌립이 세례를 준 이디오피아의 내시도 유대교 개종자 또는 하나님을 경외하는 자였을 것이다(행 8:27~39). 한편 베드로를 초청하여 말씀을 듣고 세례를 받았던 가이사랴의 경건한 백부장 고넬료도 '하나님을 경외하는 자들' 중의 한 사람이었다."

이처럼 당시 유대교의 회당에는 헬라파 유대인들만이 아니라, 유대교로 개종한 이방인과 아직 개종하지 않은 하나님을 경외하는 이방인들이 적지 않게 함께 있었다. 유대인 회당에 참여하던 하나님을 경외하는 자들이란, 유대교의 예배와 생활방식을 수용하고는 있으나, 아직 완전히 유대교로 개종하지 않은 이방인들을 말한다.

완전한 개종자가 되어 회심을 통하여 유대교 공동체의 일원이 되기 위해서 이방인 남자는 원래 의식적인 목욕(개종자 세례)을 하고 제사를 지내고 모세의 율법을 지키고자 서원하는 것 외에 할례를 행해야만 했다.

바울의 선교는 디아스포라 유대인의 회당을 거점으로 율법과 선지자에 입각하여 유대인들이 대망하고 있던 메시아에 관하여 설교하고, 결론적으로 그가 바로 십자가에 죽으신 나사렛의 예수이며, 그를 믿기만 하면 누구든지 구원을 받는다는 복음을 전하는 방식으로 이루어졌다.

그때마다 대부분의 유대인들은 바울이 전한 복음에 반발하며 그를 핍

---

51. F. F. Bruce, op.cit., PP. 130~131.

박했다. 그 과정에서 자연스럽게 바울의 복음을 따르는 유대인과 대부분의 이방인들이 복음에 대적하며 반발하는 유대인들과 구별되었고, 그 믿는 자들을 따로 모아서 새로운 기독교 공동체를 출범시키는 선교방식이 적용되고 있었다. 이러한 방식이 당시 바울의 정형화된 선교방식이었다.

다소를 중심으로 한 바울의 선교활동에 관하여, 갈라디아서는 유대에 있는 교회들이 이전에 그들을 박해하던 자가 "이제 한때 그가 멸하고자 했던 신앙을 전파하고 있다"(갈 1:23)는 그의 소식을 듣고 있었다고 증언하고 있다.

갈라디아서 5장 11절에서 바울은 "형제들아 내가 지금까지 할례를 전하면 어찌하여 지금까지 핍박을 받으리요"라고 말하고 있는데, 이는 그가 회심 전에 유대교의 이방인 선교사로 활동했다는 개연성을 뒷받침하고 있다. 사실상 그는 이방인들에게 할례를 전하던 유대교 선교사의 자리에서 예수 그리스도를 전하는 기독교의 선교사로, 그 방향을 바꾼 것으로 추정된다.

그는 고향 다소에서 약 10년여 동안 길리기아와 수리아 지역에 산재하고 있는 디아스포라 유대인들의 회당을 중심으로 복음 전도자로 활동하고 있었다. 이 당시 바울의 복음 전도의 결과에 대해서 알려진 정보는 없다. 다만 사도행전 15장 41절에 "수리아와 길리기아로 다녀가며 교회들을 굳게 했다"는 기록을 근거로, 당시 바울의 활동에 의해서 그 지역에 교회들이 세워졌음을 짐작할 수 있을 뿐이다.

바울이 다소에서 무명의 광야시절을 보내고 있던 기간 중에, 당시 로마 세계의 제3의 도시 수리아의 안디옥에서는 이방인의 교회가 급성장하고 있었다. 안디옥의 전도 상황을 비교해 보면, 다소에서의 바울의 전도활동은 그의 열심과 고난의 수고에 비해서 상대적으로 많은 성과를 거두지는 못한 것으로 평가할 수밖에 없을 것이다.

바울은 다메섹 회심 이후, "때를 얻든지 못 얻든지"(고후 4:2) 복음을 전하기 위해서 모든 열심과 또 그에 수반되는 고난과 수고와 핍박을 감당하고 있었다. 그러나 그 성과는 바울의 수고에 비례하지는 않았던 것 같다.

2. 핍박 받는 복음 전도자

바울은 회심 전, 교회에 대한 열심 있는 핍박자였다. 그러나 예수 그리스도의 복음 전도자로 그 자리를 옮긴 바울은 이제 핍박을 당하는 자가 되었다.

길리기아와 수리아 지역을 대상으로 전도 활동을 했던 다소 시절에 바울은 많은 고난과 핍박을 당하고 있었다. 이 사실을 바울은 고린도후서에 다음과 같이 기록하고 있다.

> "저희가 그리스도의 일군이냐 정신없는 말을 하거니와 나도 더욱 그러하도다. 내가 수고를 넘치도록 하고 옥에 갇히기도 더 많이 하고 매도 수 없이 맞고 여러 번 죽을 뻔하였으니, 유대인들에게 사십에 하나 감한 매를 다섯 번 맞았으며, 세 번의 태장으로 맞고, 한 번 돌로 맞고, 세 번 파선하는데 일주야를 깊음에서 지냈으며, 여러 번 여행에 강의 위험과 강도의 위험과 동족의 위험과 이방인의 위험과 시내의 위험과 광야의 위험과 바다의 위험과 거짓 형제 중의 위험을 당하며, 또 수고하며 애쓰고 여러 번 자지 못하고 주리고 목마르고 여러 번 굶고 춥고 헐벗었노라"(고후 11:23~27).

고린도후서를 쓴 시점은 56년경이므로, 위의 기록은 다메섹에서 회심한 32년 이후 56년까지 약 24년 동안에 바울이 겪은 모든 핍박과 고난을 망라한 내용이다. 그러므로 이 모든 고난은 다소시절 10년 동안과 그 후 14년 여 동안에 겪은 핍박을 망라하고 있는 것이다.

사도행전에 의하면, 바울이 1차 선교 여행(구브로와 남 갈라디아 지방) 중에 루스드라에서 돌에 맞았고(행 14:19), 2차 선교 여행(마게도니아와 아가야 지역) 기간 중에 빌립보에서 태장을 맞았으며(행 16:22), 그 외에도 데살로니가, 고린도, 에베소 등지에서 폭도들의 소요를 겪었다. 그러므로 이러한 핍박과 고난의 사건들을 제하고 나면, 고린도후서 11장에 기록된 핍박은 대부분 바울의 다소시절(35~45년)에 겪은 고난임을 짐작할 수 있을 것이다.

그는 로마시민권을 가지고 있었기 때문에 로마법에 의해서 유대인 회당에서 시행되었을 각종 형벌과 핍박을 피할 수도 있었다. 그러나 바울은 복음 전도의 문을 닫지 않기 위해서 사십에 하나를 감한 태장과 같은 유대인 회당의 법을 아무 이의 없이 따랐던 것으로 짐작된다.

이처럼 바울은 다메섹 이전에 자신이 교회를 핍박했던 그것보다 훨씬 더 심한 핍박과 고난을 감수해야만 했다. 그는 "내가 이제 너희를 위하여 받는 괴로움을 기뻐하고 그리스도의 남은 고난을 그의 몸된 교회를 위하여 내 육체에 채우노라"(골 1:24)고 고백한 사도로서, 복음 전도자로서의 모든 고난을 감수했다.

3. 셋째하늘의 낙원 체험

고향 다소로 내려와서 안디옥교회로 청빙될 때까지, 불투명한 무명의 광야시기가 끝나갈 무렵에, 바울은 그의 나머지 생애에 획을 긋는 셋째 하늘의 낙원에 이끌려 가는 신비한 체험을 하게 된다.[52]

바울의 셋째 하늘 신비 체험은 고린도후서를 쓴 56년으로부터 14년 전이라고 말하고 있는 점을 감안한다면, 그 사건이 발생한 시점은 주후 42년경이다. 그러므로 다소에 있었던 35~45년 사이의 후반기에 바울은 낙원에 이끌리어 갔다가 다시 돌아온 셋째 하늘 체험을 한 것이다.

"무익하나마 내가 부득불 자랑하노니 주의 환상과 계시를 말하노라. 내가 그

52. Bruce, op.cit., PP. 137~139.

리스도 안에 있는 한 사람을 아노니 십사 년 전에 그가 셋째하늘에 이끌려 간 자라. (내가 몸 안에 있었는지 몸 밖에 있었는지 나는 모르거니와 하나님은 아시느니라) 내가 이런 사람을 아노니(그가 몸 안에 있었는지 몸 밖에 있었는지 나는 모르거니와 하나님은 아시느니라) 그가 낙원에 이끌려 가서 말할 수 없는 말을 들었으니 사람이 가히 이르지 못할 말이로다"(고후 12:1~4).

바울은 자신이 체험한 셋째하늘에 대한 구체적인 내용을 전혀 말하지 않고 있다. 그는 자신이 보고 들은 것을 사람의 말로 전달할 수가 없었다. "내가 만일 자랑하고자 하여도 어리석은 자가 되지 아니할 것은 내가 참말을 함이라 그러나 누가 나를 보는 바와 내게 듣는 바에 지나치게 생각할까 두려워하여 그만두노라"(고후 12:6).

바울의 셋째하늘 신비 체험은 그가 받은 다메섹의 계시와 함께 그의 신학적 확신을 형성하는데 커다란 영향을 미쳤을 것임에는 의심의 여지가 없다.

유대인의 묵시문학에 의하면, 에녹의 몸이 천상으로 갔다가 다시 지상으로 되돌아 온 사례(에녹 1서)를 발견할 수 있다. 또한 묵시문학과는 다른 차원에서 실재적으로 바울의 체험과 유사한 것들을 체험한 다른 네 사람의 랍비에 관한 이야기가 전해 오고 있다.

2세기 초엽에 살았던 유대인 랍비들로서, 이들은 바울보다 두 세대 정도 후대의 사람들로서, 모두 낙원에 들어갔다가 돌아 왔다고 한다. 이들 4명 중에 벤 아자이는 그곳(셋째하늘, 낙원)을 보고서 죽었으며, 벤 조마는 그곳을 보고서 미쳐버렸으며, 엘리사 벤 아비야는 배교자가 되었으며, 단지 아키바만 아무런 상처 없이 그 체험을 간직할 수 있었다고 전해지고 있다.[53)]

고린도후서 12장에 소개된 바울이 다녀온 셋째하늘은 예수 그리스도

53. Ibid., 138.

를 믿어 구원받은 성도들이 가게 될 낙원을 지시하고 있다(고후 12:4). 성도들이 죽어서 주님이 재림해 오실 그때까지 영혼이 가서 안식하게 될 낙원을 바울은 육신을 가진 사람으로서 직접 체험하고 다시 돌아 온 것이다.

성도가 육신을 벗은(죽은) 영혼의 상태로 들어가게 될 낙원을, 바울은 아주 특별하게도 육신을 가진 산 사람의 형태로 직접 들어가서 보고 돌아 온 것이다. (바울은 자신이 몸 안에 있었는지 몸 밖에 있었는지 나는 모르거니와 하나님은 아신다고 했다.)

모든 성도들이 주님이 재림하기 까지 중간기에 안식을 누리게 될 낙원을 육신을 가진 상태에서 경험하고 돌아 온 사도 바울은, 당시의 신비체험과 관련하여 다음과 같이 말하고 있다.

> "여러 계시를 받은 것이 지극히 크므로 너무 자고하지 않게 하시려고 내 육체에 가시 곧 사단의 사자를 주셨으니 이는 나를 쳐서 너무 자고하지 않게 하려 하심이니라. 이것이 내게서 떠나기 위하여 내가 세 번 주께 간구하였더니 내게 이르시기를 내 은혜가 네게 족하도다 이는 내 능력이 약한 데서 온전하여 짐이라 하신지라. 이러므로 도리어 내가 크게 기뻐함으로 나의 여러 약한 것들에 대하여 자랑하리니 이는 그리스도의 능력으로 내게 머물게 하려 함이라. 그러므로 내가 그리스도를 위하여 약한 것들과 능욕과 궁핍과 곤란을 기뻐하노니 이는 내가 약할 그때에 곧 강함이니라"(고후 12:7~10).

고향 다소에서 무명의 광야시기를 보내고 있던 기간 중에, 하나님은 바울에게 셋째하늘을 다녀오는 신비한 체험과 함께 육체의 가시와 수많은 핍박과 고난을 함께 겪도록 인도하셨다. 한 편으로는 고난과 질고를, 다른 한편으로는 영적 신비 체험을 병행하게 하셨다. 바울은 그 뜻을 자기로 하여금 자고하지 못하게 하려는 하나님의 은혜로 해석할 수 있었다.

제 6 장

바울의 안디옥 교회 사역 (45~49년)

1절 안디옥 교회에서의 초기사역(45~46년)

2절 바울의 예루살렘 방문(46, 2차)

3절 바나바와 바울의 선교여행(47~48년)

4절 바울의 복음과 율법 논쟁(48~94년)

"바나바가 사울을 찾으러 다소에 가서 만나매
안디옥에 데리고 와서 둘이 교회에 일 년간 모여 있어
큰 무리를 가르쳤고 제자들이 안디옥에서 비로소
그리스도인이라 일컬음을 받게 되었더라"(행 11:25~26).

바울의 사역은 안디옥교회에서 본격적으로 시작되었다. 무명의 준비기간을 보내고 있던 바울은 로마제국 제3의 도시 안디옥에 세워진 이방인의 교회로부터 청빙을 받음으로, 비로소 이방인의 사도로서 본격적인 사역의 무대에 오르게 되었다.

다소에서 태어나 예루살렘에서 성장하여 교회를 핍박하던 바울이 다메섹에서 극적으로 회심하여 이방인의 사도로 부름을 받았지만, 그러나 다메섹 회심 사건으로부터 무려 13년이라는 긴 세월을 이름 없는 무명의 광야생활로 보내고 있었다.

다소에서 활동하고 있던 기간 중, 길리기아에 인접해 있던 수리아 지방의 수도 안디옥에서는 이방인을 중심으로 그리스도의 교회가 급속하게 성장하고 있었다. 안디옥에서 이방인 중심의 교회가 급속하게 성장하고 있다는 사실은 당시의 상황으로서는 매우 특기할 만한 주목되는 사건이었다.

그때까지만 해도 예수 그리스도의 복음은 유대인의 세계를 넘어서 이방인의 세계로 확산되지 못하고 정체된 교착상태를 이루고 있었다. 그런데 수리아의 수도 안디옥에서는 특이하게도 이방인 중심의 교회가 자생적으로 급성장하고 있었던 것이다.

안디옥교회는 예루살렘 교회의 주목을 받게 되었고, 예루살렘 교회의 사도와 장로들은 안디옥교회의 지도자로 바나바를 파송했다. 안디옥교회의 새로운 지도자 바나바는 곧 다소에 있는 바울을 자신의 동역자로 청빙했다.

안디옥교회의 새 지도자 바나바는 다소까지 직접 바울을 찾아가서 그를 동역자로 청빙해 왔다. 다메섹에서 이방인의 사도로 소명 된지 13년 만에 바울은 비로소 무명의 광야시절을 마감하고, 마침내 이방인의 사도로서 본격적인 사역의 무대를 만나게 되었다.

안디옥에 청빙된 바울은 오랫동안 잘 준비된 탁월한 교사로서, 누구보다도 열심인 전도자로서, 특히 다메섹에서 부활하신 주님을 직접 만났고, 다소에서 셋째하늘의 낙원을 직접 다녀온 신비 체험자로서 이방인의 사도로서 그리스도의 소명을 온전히 이루기 위한 본격적인 사역의 무대를 만나게 되었다.

안디옥교회에 있던 기간 중에 바울은 이방인의 사도로 오직 믿음으로 구원에 이른다는 '이신칭의' 의 복음을 기독교 교회의 근본 교리로 해석하여 확정함으로서, 모든 인류를 구원하기 위한 보편적 기독교 교회를 설립할 수 있는 근본토대를 구축하는 결정적인 사역을 감당했다.

1절 안디옥교회에서의 초기 사역 (45~46년)

안디옥은 바울의 고향 길리기아에 인접한 수리아의 수도였다. 수리아의 안디옥은 인구가 약 오십만 정도였고, 당시 로마의 시리아 군단 본부가 주둔하고 있었다. 걸어갈 수 있는 거리에 유명한 아폴로 숭배 중심지가 있었고, 강을 따라 조금만 올라가면 지중해를 향한 항구 도시 실루기아가 있었다.

안디옥은 수많은 신비 종교를 자랑했고 다양한 이교적 활동으로 잘 알려져 있었다. 안디옥은 문화적 다원주의로 인해 상향 지향적이었고, '하나님을 경외하는 자들'(행 10:2)을 포함한 유대적 요소들을 대체로 받아들이는 편이었다.[54)]

역사적으로 지중해 연안의 안디옥은 셀루키아 왕조의 수도로서, 주전 64년 로마의 속주가 되었으며, 주전 25년 동 길리기아가 시리아와 병합되었을 때에는 속주의 수도로 남아 있었다. 당시 그레코-로만 세계에서 안디옥은 로마와 알렉산드리아 다음으로 인구가 많은 세 번째로 큰 도시였다.

바울이 수리아의 안디옥에 인접한 길리기아의 다소에서 무명의 시절을 보내고 있는 동안, 당시 세계 제3의 대도시 안디옥에서는 이방인을 중심으로 하는 그리스도의 교회가 급속하게 성장하고 있었다.

1. 안디옥교회를 세운 사람들

54. Graig S. Keener, 성경배경주석(The IVP Bible Background Commentary), 정옥배 옮김(서울: 한국기독교학생회 출판부, 1988), P. 410.

스데반의 순교 사건으로 인한 박해를 피해서 예루살렘에서 상당수의 헬라파 유대인들이 안디옥에 흘러들어왔다. 그 중에는 구브로(Cyprus)[55]와 구레네(Cyrene)[56]에 고향을 둔 사람들이 있었다. 그 이주자들은 그들의 신앙을 적극적으로 선전하였다. 이들이 안디옥교회의 설립자였는데, 사도행전은 이들에 대하여 관하여 다음과 같이 기록하고 있다.

> "때에 스데반의 일로 일어난 환난을 인하여 흩어진 자들이 베니게와 구브로와 안디옥까지 이르러 도를 유대인들에게만 전하는데, 그중에 구브로와 구레네 몇 사람이 안디옥에 이르러 헬라인에게도 말하여 주 예수를 전파하니, 주의 손이 그들과 함께 하시매 수다한 사람들이 믿고 주께 돌아왔다"(행 11:19~21).

원래 구브로와 그레네에서 온 사람들은 그들 자신이 이교도들이었음에도 불구하고 안디옥의 헬라인들에게 그들이 믿는 복음을 함께 믿도록 해야 한다고 생각했다. 이들의 전도에 대해 많은 수의 헬라인들은 예수 그리스도의 좋은 소식을 마치 그들이 애써 찾던 그 무엇인 양 즐겨 환영했다.[57]

당시 안디옥교회의 지도자들에 대한 정보가 사도행전 13장 1절에 "안디옥교회에 선지자들과 교사들이 있으니 곧 바나바와 니게르라 하는 시므온과 구레네 사람 루기오와 분봉왕 헤롯의 젖동생 마나엔과 사울이라"고 소개되어 있다.

여기서 바나바와 사울는 우리가 잘 아는 인물이다. 그러나 '니게르라 하는 시므온', '구레네 사람 루기오', '분봉왕 헤롯의 젖동생 마나엔'은

---

55. 구브로는 길리기아와 수리아에 근접한 지중해에서 세 번째로 큰 섬으로, 구약의 명칭은 깃딤(창 10:4)이고, 당시 유대인들이 많이 거주했으며, 바나바의 고향(행 4:36)이었다.
56. 구레네는 아프리카 북부 연안의 도시로서, 당시 유대인들이 많이 거주했다. 예수님의 십자가를 대신 진 시몬도 이곳 출신이었다(마27:32).
57. F. F. Bruce, op.cit., P. 133.

잘 알려지지 않은 인물들인데, 아마도 이들 세 사람이 안디옥교회를 개척한 초기 지도자들이었을 것이다. 다시 말해서 안디옥교회를 개척한 창설자들은 '니게르라 하는 시므온'과 '구레네 사람 루기오'와 '분봉왕 헤롯의 젖동생 마나엔' 등이었다.

시므온에 대하여 말하자면 그의 라틴식 이름 니게르(검다는 뜻)로 미루어 볼 때, 그가 동료 루기오와 마찬가지로 아프리카 출신이라고 추정할 수 있다. 마가복음 15장 21절에는 예수님의 십자가를 형집행장까지 운반하라는 명을 받은 구레네 사람 시몬을 알렉산더와 루포의 아비로 설명하고 있다.

당시 루기오의 출신지 북아프리카의 해안 도시 구레네에는 유대인들이 많이 살고 있었다. 검다는 뜻의 니게르라 하는 시므온도 북아프리카 출신 유대인 개종자로 추정된다.[58]

흥미로운 인물은 헤롯의 젖동생 마나엔이다. 그가 헤롯의 '젖동생'이었다는 것은 유모가 같았다는 의미일 수 있다. 상속자가 될 주인 아들과 함께 자란 종들은 후에 어릴 때 함께 놀던 그 아들에 의해 자유를 얻게 되는 경우가 종종 있었다. 그들은 비록 종이었지만 주인과의 관계 때문에 막강한 힘을 가지고 있었다.

왕궁에서 왕자들과 함께 자라난 아이들은 탁월한 지위를 얻었다. 특별히 헬라 문화에서는 어린 시절의 우정이 정치적 우호 관계나 호의적 태도를 결정지었다. 그렇다면 십 년 전에 있었던 분봉왕 헤롯 안디바의 몰락 때까지 마나엔은 사회적으로 높은 지위를 가지고 있던 인물이었다.[59]

---

58. Ibid., PP. 152~153 참조. 안디옥교회를 개척한 구레네 사람 시몬이 예수님의 십자가를 대신 진 그 시몬일 개연성을 생각할 수 있지만, 확증적인 근거를 제시할 수는 없다. 마가복음(15:21)은 구레네 사람 시몬을 루포의 아비로 소개하고 있고, 로마서(16:13)에서 바울은 로마에 있는 루포와 그 어머니에게 문안하며, 그 어머니는 곧 내 어머니라고 말하고 있다. 이는 안디옥 시절에 맺은 인연일 수 있다고 생각된다.
59. Graig S. Keener, op.cit., P. 414. 참조

2. 바나바 : 안디옥교회의 새 지도자

교회의 지도자들은 예루살렘으로부터 약 640Km나 떨어져 있는 수리아의 안디옥에서 이방인들을 중심으로 하는 그리스도의 교회가 급성장하고 있다는 소식을 들었다. 예루살렘 교회의 지도자들은 이들의 소문을 듣고 바나바를 안디옥으로 보내어 진상을 알아보도록 했다.

> "예루살렘 교회가 이 사람들의 소문을 듣고 바나바를 안디옥까지 보내니, 저가 이르러 하나님의 은혜를 보고 기뻐하여 모든 사람에게 굳은 마음으로 주께 붙어 있으라 권하니, 바나바는 착한 사람이요 성령과 믿음이 충만한 자라 이에 큰 무리가 주께 더하더라"(행 11:22~24).

사도행전의 이 기사는 바나바가 안디옥교회에 대하여 매우 호의적인 보고를 했다는 사실을 암시하고 있다. 우리는 사도행전 8장에서 스데반 순교 사건을 계기로 박해를 피하여 흩어져 활동하던 헬라파 지도자 빌립이 사마리아 지방을 전도하였지만, 나중에 예루살렘의 베드로와 요한 두 사도가 다시 방문하여 마술사 시몬과 같은 이단 문제에 대처하는 기사를 읽게 된다(행 8:4~24).

이처럼 초대 교회의 예루살렘 지도자들은 복음이 전파되는 이방지역에서 발생하고 있는 이단 문제 등으로 개괄적인 감독 혹은 사실상 통제의 필요성을 가지고 있었다. 안디옥의 이방인들 사이에 복음이 폭발적으로 확장되고 있다는 전갈이 예루살렘에 도착했을 때, 지도자들은 매우 반가우면서도 다른 한편으로는 우려되는 바가 없지 않았다.

만약에 적절한 방향지도가 주어지지 않는다면, 안디옥과 같은 도시의 체질에 맞는 조야한 혼합주의가 발전하지 않는다는 보장이 없기 때문이었다. 그래서 예루살렘 교회는 안디옥에서의 상황을 점검하기 위해서 바나바를 사절로 파견하였다.

초대 교회 내에서 '착한 사람' 으로 정평이 나 있던 바나바가 사절단장 격으로 파송되었다. 그는 안디옥에서 시작된 이방인 교회에 대하여 많은 만족할 만한 것을 발견하고 호의적으로 보고했다.[60)]

그후에 예루살렘 교회는 바나바를 안디옥교회에 지도자로 파송했고, 바나바는 안디옥교회의 새로운 지도자가 되었다. 그는 헬레파 선교사들과 그 개종자들에게 그들이 필요로 하는 동정적인 위로와 현명한 지도를 해 주었다. 얼마 못되어 안디옥에는 지속적으로 성장해 가는 이방인의 교회가 자리를 잡게 되었다.

안디옥교회는 헬라인들에게 급속히 파고드는 복음과 함께 유대인보다는 오히려 이방인들이 주류를 이루는 교회가 되었다. 안디옥교회는 창설자들에 의해서 지도되던 초기 개척 단계를 지나서, 이제는 예루살렘 교회에서 파송된 바나바에 의해서 지도되는 본격적인 성숙 단계로 진입하게 된 것이다.

3. 안디옥교회에 청빙된 교사, 바울

안디옥교회의 새로운 지도자로 부임한 바나바는 길리기아의 다소에서 무명의 시기를 보내고 있던 바울을 자신의 동역자로 청빙한다. 하나님은 이방인의 사도 바울을 본격적인 사역의 길로 인도하기 위해서, 성령과 믿음이 충만하고 '착한 사람' 으로 정평이 나있는 바나바를 그 앞에 인도자로 세우셨다.

1) 바울을 청빙한 바나바

안디옥교회의 지도자 바나바는 길리기아 다소에서 무명의 전도자로 활동하고 있던 바울을 청빙하기 위해 직접 찾아 나섰다. 바나바는 바울

---

60. F. F. Bruce, op.cit., P. 135.

을 청빙하기 위해서 자신이 직접 안디옥의 항구 실루기아에서 배를 타고 길리기아의 다소까지 항해하여 찾아 나섰다.

> "바나바가 사울을 찾으러 다소에 가서 만나매, 안디옥으로 데리고 와서 둘이 교회에 일년 간 모여 있어 큰 무리를 가르쳤고, 제자들이 안디옥에서 비로소 그리스도인이라 일컬음을 받게 되었다"(행 11:25~26).

이 여행은 최소한 일주일 이상이 걸리는 쉽지 않은 여행길이었다. 바나바는 남을 시키지 않고 자신이 직접 다소까지 바울을 찾아가서 청빙해 오는 수고를 아끼지 않았다. 우리는 여기서 바나바라는 한 인물에 대하여 생각해 보지 않을 수 없다. 누가는 바나바를 "착한 사람이요 성령과 믿음이 충만한 사람"(행 11:24)으로 소개하고 있다.

사도행전에서 바나바의 이름은 그가 자기의 밭을 팔아서 그 값을 교회에 헌금하여 초대 교회의 공동체 생활의 기초를 놓은 사람(행 4:36~37)으로 처음 소개되고 있다. 그는 사이프러스(구브로) 섬에서 난 레위 족 사람이었다. 원래 이름은 요셉인데, 사도들이 그를 바나바라고 불렀다. 바나바는 위로자 곧 보혜사라는 의미였다.

바나바가 바울을 인도해 준 것은 이번이 처음이 아니다. 다메섹 도상에서 회심하고 아라비아에서 3년을 보내고 예루살렘으로 돌아왔을 때, 바울을 사도들에게 안내해 주고 또 기독교 공동체에 소개해 준 사람(행 9:27)이 바로 바나바였다. 그리고 바울에 대한 유대인들의 박해를 피해서 가이사랴에서 길리기아 다소로 떠나게 해 준 사람도 바나바였다.

이제 다소에서 10여 년 동안 무명의 전도자로 활동하고 있는 바울을 당시 세계 제3의 대도시인 안디옥에 세워진 이방인 중심의 교회에서 함께 동역하기 위해서 그를 청빙해 온 것이다. 바나바는 이방인의 사도 바울은 본격적인 사역의 길로 인도하도록 세워진 사도였다. 주님은 바울을 인도하기 위해서 그 앞에 위로자 바나바를 특별히 예비하셨던 것이다.

2) 교사 바울과 그리스도인

안디옥교회에 청빙된 이방인의 사도 바울은 처음 일년간 집중적으로 복음을 가르치는 교사로 활동했다. 안디옥교회에서 바울이 큰 무리를 가르쳤고, 제자들이 안디옥에서 비로소 그리스도인이라 일컬음을 받게 되었다고 누가는 기록하고 있다(행 11:26).

바울은 탁월한 교사였다. 바울보다 더 탁월하게 예수 그리스도의 복음을 율법과 선지자들의 말씀에 근거해서 체계적으로 가르칠 수 있는 교사가 또 누가 있었겠는가? 비록 예수님의 12제자 그룹에 포함되지 못한 자칭 사도였지만, 바울은 탁월한 교사였을 뿐만이 아니라, 다른 사람이 체험하지 못한 계시수납자요 계시해석자로서 산 체험을 가지고 있었다.

바울은 다메섹에서 회심한 계시 체험은 물론 다소에서 셋째 하늘을 다녀 온 생생한 체험을 가지고 있었다. 그 뿐만이 아니고, 다메섹 이후에도 무려 13년여의 준비 기간을 통해서 갖은 고난을 다 겪으며 선교 현장의 체험을 통해서 잘 준비된 탁월한 교사였다.

바울이 안디옥교회의 교사가 되었다는 것은 곧 안디옥교회가 그의 신학에 의해서 교육되어졌다는 것을 의미했다. 그러한 의미에서 바울을 청빙한 안디옥교회는 바울의 신학에 기초를 둔 초내교회의 모범적인 이방인 교회로 재조직되고 있었다. 이방인의 사도 바울에 의해서 가르쳐진 확고한 신학적 토대로 인해서 안디옥교회는 다른 어느 곳보다도 교리적으로 정통한 교회로 굳건하게 자리를 잡을 수 있게 되었다.

우리는 지금 바울이 안디옥에서 가르친 복음의 내용에 대하여 자세히 알 수 없다. 그러나 그 시기에 쓴 갈라디아서나, 그가 선교 여행 중 비시디아 안디옥에서 행한 설교(행 13:16~41) 등을 통해서, 그의 가르침이 십자가에서 죽은 나사렛의 예수가 유대인들이 대망하고 있던 그리스도이며, 율법과 할례에 의해서가 아니라 오직 예수를 믿음으로 구원에 이른다는 '이신칭의' 의 복음이었음을 무리없이 추정해 볼 수 있을 것이다.

안디옥교회에서 바울이 바나바와 함께 둘이서 일 년 동안 제자들을 집중적으로 가르쳤다는 사실은 곧 안디옥교회가 신학적으로 예루살렘 교회와 견주어 손색이 없을 정도로 하나님의 말씀으로 무장이 잘되어 있었다는 의미이기도 했다.

그러한 의미에서 오순절 성령 강림에 의해서 세워진 모교회인 예루살렘 교회와 함께, 이방인들에 의해서 세워진 안디옥교회의 위상은 초대교회 내에서 예루살렘 교회와 함께 쌍벽을 이루는 특출한 위상을 가질 수 있게 되었다.

안디옥교회의 새로운 위상은 곧 이방인 성도들에게 힘을 실어 주었고, 그로 인해서 날로 교회가 부흥되었다. 누가는 바울이 안디옥에서 1년 동안 가르친 그후에, "제자들이 비로소 그리스도인이라 일컬음을 받게 되었다"(행 11:26)는 기록을 남기고 있다.

이것은 의미가 있는 의도적인 배열이라고 생각된다. 안디옥에서 바울의 가르침이 얼마나 효과적이었는가를 함축하고 있는 기록이다. 바울의 가르침으로 인해서 이방인 제자들이 자긍심을 갖게 되었고, 사회적으로도 좋은 영향력을 끼칠 수 있게 되었기 때문에 '그리스도인'이라는 말이 자신 있게 통용될 수 있게 되었던 것이다.

당시 안디옥 사람들은 다른 사람들을 놀리는 것으로 유명했었는데, '그리스도인'이라는 칭호도 처음에는 그리스도를 따르는 자들이라고 놀리는 말로 사용되는 말이었다고 한다. 그러나 안디옥의 이방인 형제들은 그리스도인이라는 이 명칭을 자랑스럽게 사용하기 시작했다. 당시로서는 이 명칭이 얼마나 오래 갈지 아무도 상상하지 못했다.[61] 그렇게 시작된 그리스도인이라는 명칭은 그후에 영원히 자랑스러운 칭호가 되었던 것이다.

61. Kraig S. Keener, op.cit., p. 411.

2절 바울의 예루살렘 방문 (46년, 2차)

바울은 다메섹 회심 후, 3년 만에 예루살렘을 방문했다가 고향 길리기아의 다소로 가게 되었고, 다소에게 10여 년의 무명 시절을 보내다가, 드디어 안디옥교회에 청빙되어 와서, 교사로서 최소한 1년 이상의 기간 동안을 가르치는 일에 전념했다. 일년 동안을 가르친 후에 바울은 바나바와 함께 두 번째로 예루살렘을 방문하게 되었다.

바울의 공식적인 방문 목적은 예루살렘 교회에 안디옥교회의 부조금을 전달하는 일이었다. 그러나 바울에게 있어서 더 중요한 목적은 개인적으로 예루살렘 교회의 지도자들에게 자신이 받은 복음 계시를 제출하고, 동시에 이방인의 사도로 소명된 자신의 직임을 분명히 확증하려는 의도를 가지고 있었다.

예루살렘 방문의 목적과 활동에 대하여 사도행전과 바울서신 갈라디아서의 내용이 서로 다르게 기록되어 있다. 누가는 사도행전 11장 27~30절에서 방눈의 목적을 부조 문제로 기록하고 있다. 공식적으로 바나바와 바울 일행의 방문 목적은 부조 문제였다.

그러나 바울은 갈라디아서 2장 1~10절에서 자신이 받은 계시 문제와 그의 사도직 문제를 예루살렘 교회의 지도자들과 논의했음을 언급하고 있다. 예루살렘 방문이라는 단일한 사건 속에서 기록자의 상이한 관심으로 인해 나타난 차이인 것이다.

1. 예루살렘교회에 부조금 전달

역사적으로 로마 황제 글라우디오[62] 때에 몇 차례에 걸친 가뭄은 지중해의 농업에 큰 피해를 가져옴으로, 지중해 일대에 큰 흉년이 들었다고 한다. 사도행전은 "그때에 선지자들이 예루살렘에서 안디옥에 이르니 그중에 아가보라 하는 한 사람이 일어나 성령으로 말하되 천하가 크게 흉년 들리라 하더니 글라우디오 때에 그렇게 되니라"(행 11:27~28)고 기록하고 있다.

역사적인 증거들은 이 당시의 기근의 심각성을 다음과 같이 전하고 있다. "파피루스는 46년경에 곡물의 가격이 크게 올라간 것을 보여 준다. 로마에서는 51년경에 곡물의 부족으로 인해 글라우디오 황제가 봉변을 당할 뻔 했다. 아디아빈의 헬레나 여왕은 45~46년에 유대를 돕기 위해 아주 많은 양의 곡물을 애굽에서 사들였다"[63)]

그때에 선지자들이 예루살렘에서 안디옥을 찾아 왔는데, 그중에 아가보라 하는 한 사람이 일어나 성령으로 말하되 천하가 크게 흉년이 들리라는 예언을 했다. 선지자 아가보의 예언은 41~54년 간 글라우디오 황제 때에 그대로 되었다.

이처럼 큰 흉년이 들자 안디옥의 제자들이 각각 그 힘대로 유대에 사는 형제들에게 부조를 보내기로 결정했다. 그리고 안디옥교회에서 헌금한 부조금을 가지고 바나바와 바울이 예루살렘 교회의 장로들에게 전달하기로 했다. 사도행전은 "제자들이 각각 그 힘대로 유대에 사는 형제들에게 부조를 보내기로 작정하고, 이를 실행하여 바나바와 사울의 손으로 장로들에게 보냈다"(행 11:29~30)고 기록하고 있다.

바나바와 바울의 예루살렘 방문의 공식적인 목적은 부조금을 전달하는 일이었다. 이어서 사도행전 12장은 헤롯에 의한 요한의 형제 야고보 사도의 순교와 베드로의 체포 및 천사의 구출 기사, 그리고 헤롯의 죽음

---

62. 로마제국의 네 번째 황제(A.D. 41~54년)로서, 통치기간 중에 흉년이 있었고, 또 A.D. 50년 폭동 사건 이후 유대인들을 로마에서 추방하는 정책을 폈다(행 18:2).
63. Ibid., P. 411.

을 언급한 다음에 "바나바와 사울이 부조의 일을 마치고 마가라 하는 요한을 데리고 예루살렘에서 돌아 왔다"(행 12:25)고 기록하고 있다.

2. 바울의 계시 및 사도직 문제

안디옥교회의 부조금 전달이라는 공식적인 임무 외에, 바울의 예루살렘 교회 방문은 자신이 받은 계시와 이방인의 사도로 부름 받은 자신의 직임을 예루살렘의 교회지도자에게 제시하려는 중대한 개인적 과제를 가지고 있었다.

바울은 다메섹에서 부활하신 그리스도로부터 직접 계시를 받았고, 그 후 13년여의 광야생활 중에도 여러 형태의 계시를 받았다. 그에 근거해서 바울은 자신이 주님으로부터 이방인의 사도로 소명되었음을 확신하고 있었다. 문제는 그가 받은 이러한 계시와 소명이, 그때까지 예루살렘 공교회로부터 공식적으로 인정받는 절차를 밟지 못한 상태에 있었다는 점이었다.

따라서 바울은 예루살렘 방문을 통해서 야고보와 베드로 등 교회의 지도자들에게 공교회 차원에서 이 문제를 제시하고자 했던 것이다. 다시 말해서 바울은 주님으로부터 내적 소명을 받고는 있었으나, 그 소명을 공교회로부터 외적 소명으로 아직 인정받지 못한 상태에 있었기 때문에, 그 문제를 예루살렘 방문을 통해서 해결하고자 했던 것이다.

갈라디아서 2장 1~10절은, 당시 바울의 이러한 활동에 대한 경과와 결과를 짐작케 하는 상당한 정보를 제공하고 있다. 바울은 먼저 자신이 받은 계시를 예루살렘 교회의 지도자들에게 전달하고자 했음은 물론, 다음으로 자신이 바나바와 함께 이방인의 사도로 공인을 받게 되었음을 언급하고 있다. 이는 다메섹 회심 후, 14년 만의 일이었다.

1) 바울이 제출한 계시

갈라디아서에서 바울은 "십사년 후에(회심으로부터) 내가 바나바와 함께 디도를 데리고 다시 예루살렘에 올라갔노니 계시를 인하여 올라가 내가 이방 가운데서 전파하는 복음을 저희에게 제출하되 유명한 자들에게 사사로이 한 것은 내가 달음질하는 것이나 달음질한 것이 헛되지 않게 하려 함"(갈 2:1~2)이라고 쓰고 있다.

이때에 바울이 예루살렘 교회의 장로들에게 제출하고자 했던 계시의 내용이 어떤 것이었는지 직접적인 언급이 명백히 나타나지는 않는다. 그러나 바울이 유대인이든 이방인이든 차별 없이 오직 예수 그리스도를 믿음으로 구원에 이른다는 '이신칭의'의 복음을 분명하게 제출했다는 사실에는 의심의 여지가 없다.

다메섹의 계시와 셋째하늘의 체험 그리고 구약 성경을 재해석한 내용, 특히 갈라디아서에 제시된 아브라함 언약(갈 3장)과 시내산 언약(갈 4장)에 대한 급진적인 재해석[64]이 바울이 제시한 복음 계시의 내용에 포함되었을 것으로 추정해도 아무런 무리가 없을 것이다.

바울은 "나와 함께 있는 헬라인 디도라도 억지로 할례를 받게 아니하였으니, 이는 가만히 들어온 거짓 형제 까닭이라. 저희가 가만히 들어온 것은 그리스도 안에서 우리의 가진 자유를 엿보고 우리를 종으로 삼고자 함이로되, 우리가 일시라도 복종치 아니하였으니 이는 복음의 진리로 너희 가운데 항상 있게 하려 함이라"(갈 2:3~5)고 쓰고 있다.

바울은 여기서 할례 문제와 관련해서 디도를 언급하고 있다. 바나바와 바울이 데리고 간 디도는 안디옥 사람으로 누가의 형이라는 설이 유력하다.[65] 사도행전에는 누가 자신의 이름과 같이 디도의 이름이 한번

64. 이한수, '복음과 율법' PP. 254~266. '바울에 의해 재해석된 아브라함 이야기' 참조.
65. F. F. Bruce, op. cit., P. 360 참조, 누가가 사도행전에서 자신의 이름을 뺀 것처럼 디도의 이름도 사도행전에서 배제되어 있는데, 그 이유는 그들이 형제였기 때문이라고 한다. 디도가 할례를 행하

도 언급되지 않고 있다. 그러나 고린도후서에 의하면 디도는 바울의 중요한 동역자였다.

바울이 여기서 디도를 할례와 관련해서 언급하고 있는 것은, 이방 가운데 전파하고 있는 복음이 할례와 율법에 구애받지 않고 오직 예수를 믿음으로 구원에 이르는 '이신칭의'에 있음을 분명하게 예루살렘 교회 지도자에게 제시했음을 짐작케 한다. 종합적으로 추론해 볼 때, 당시 바울이 제출한 계시 문제가 그후에 쓴 갈라디아서에 수록된 '율법으로부터 자유로운 복음'과 다르다고 생각해야 할 이유가 없다고 생각된다.

2) 바울의 이방인 사도직

바울의 또 다른 중대 관심사는 이방인의 사도로 소명된 자신의 직임을 공교회 지도자로부터 공식적으로 인정을 받는 문제였다. 다메섹의 회심 이후로 바울은 약 13년여 동안, 무명의 광야 생활을 통과하고, 이제 안디옥교회에서 본격적인 사역을 하게 되었다.

그때까지도 바울은 다메섹에서 이방인의 사도로 부름 받은 그의 내적 소명이 분명했음에도 불구하고, 그러한 내적 소명에 합당한 공교회의 외적 소명을 공인받지 못하고 있는 처지였다. 바울은 자신의 사도직에 대하여 "사람들에게서 난 것도 아니요 사람으로 말미암은 것도 아니요 오직 예수 그리스도와 및 죽은 자 가운데서 그리스도를 살리신 하나님 아버지로 말미암아 사도된 바울"(갈 1:1)이라고 분명하게 주장한다.

이는 자신의 사도직이 예루살렘 교회의 사도나 장로들에 의해서 나온 것이 아니고, 그 뿌리가 예수 그리스도의 직접적인 소명에 근거하고 있음을 분명하게 주장하는 바울의 입장을 반영한다. 그는 "유명하다는 이

지 않은 것은 그가 헬라인이기 때문이었고, 할례를 행하지 않고도 구원받은 성도로 인정받을 수 있기 때문이었다. 바울은 디모데는 할례를 행하게 했지만(행 16:3), 디도는 할례를 행하게 하지 않았다(갈 2:3).

들 중에 저 유명하다는 사람들이 자기에게 더해 준 것이 없다"(갈 2:6)고 단언한다. 그 이유는 본래 어떤 이들이든지 자기에게 상관이 없으며 하나님은 사람을 외모로 취하지 아니하시기 때문이다.

바울의 생각은 자신은 이미 다메섹에서 부활하신 예수님을 만나서 이방인의 사도로 부름을 받았고, 또한 그에 합당한 계시를 받고 있기 때문에 예루살렘 교회의 지도자들에 의해서 자신이 사도로 세워지는 것이 아니라, 하나님께서 자신을 직접 세우셨다고 분명히 주장하고 있는 것이다.

바울의 이러한 주장은 그의 확신 있는 내적 소명을 말하는 것이었다. 그러나 이는 예루살렘의 공교회가 공식적으로 인정하는 바울의 외적 소명과는 별개의 문제였던 것이다. 우리가 아는 바와 같이 바울은 예수 그리스도의 공생애 동안에 주님에 의해서 선발된 제자 그룹인 12사도에 포함되지 않았다. 그러함에도 불구하고 바울은 자신이 다메섹에서 부활하신 예수님을 직접 만나서 이방인의 사도로 부름을 받았다고 주장하는 것이다.

그러한 의미에서 바울은 주님의 동생 야고보와 자신의 후견인이었던 바나바에 대해서 특별한 동질의식을 가지고 있었던 것으로 보인다. 따라서 예루살렘 교회 방문을 통해서, 이번 기회에 다메섹 도상에서 부활하신 예수 그리스도의 계시와 함께, 이방인의 사도로 부름 받은 자신의 내적 소명에 상응하게 예루살렘 교회의 지도자들로부터 그에 합당한 공회의의 외적 소명을 인정받고자 했던 것이다.

바나바와 함께 바울이 예루살렘 교회에서 공교회를 떠받치는 기둥같이 여기는 야고보와 게바(베드로)와 요한을 만난 이유도 거기에 있었다. 바울의 이러한 행위는 정당하고 합당한 절차로 보아야 할 것이다.

예루살렘 교회 방문 결과로, 안디옥의 바울과 바나바는 이방인에게 복음을 전하고, 예루살렘의 야고보와 게바와 요한 등은 할례자(유대인)

에게 복음을 전도하기로, 초대교회의 지도자들 간에 잠정적인 합의를 이끌어낼 수 있었다. 그러한 합의는 바울로서 매우 다행스러운 일이었다. 이 합의는 예루살렘 교회와 안디옥 교회의 역할 분담을 의미했다.

예루살렘 방문의 성과를 근거로 바울은 바나바와 함께 자신을 공교회의 지도자들로부터 공인을 받은 이방인의 사도로 간주했다. 그러한 합의를 바탕으로 바울은 자신을 이방인의 사도로 부르신 주님의 내적 소명과 함께, 이제 공교회의 외적인 소명도 확인받은 것으로 간주할 수 있게 되었던 것이다.

바울은 이제 자신이 무할례자(이방인)에게 복음 전함을 맡기를 베드로가 할례자(유대인)에게 맡음과 같다고 주장할 수 있게 되었다. 그는 "베드로에게 역사하사 그를 할례자의 사도로 삼으신 이가 또한 내게 역사하사 나를 이방인의 사도로 삼으셨다"(갈 2:8)고 자신 있게 말할 수 있게 되었다.

그렇게 해서 바울은 이방인의 사도로 하나님의 부르심을 받았다는 다메섹의 내적 소명과 함께, 비록 사사로운 절차이기는 했지만, 예루살렘 방문을 통해서 공교회의 지도자들로부터 이방인들에 대한 복음 전도의 사명을 맡은 그리스도의 사도라는 외적 소명을 인정받게 되었다. 즉 내적인 소명과 함께 이제 외적인 소명이 확립된 것이다.

이 점은 바울의 사역에 있어서 매우 중요한 문제로 작용되었다. 예루살렘 2차 방문을 통해서 바울이 얻은 최대의 성과는 예루살렘 교회의 지도자들에게 그의 '이신칭의' 복음을 제출하고, 특히 이방인의 사도라는 자신의 직임을 공적으로 확인한 것이었다.

3절 바나바와 바울의 선교 여행 (47~48년)

예루살렘을 방문하여 야고보와 베드로와 요한은 할례자(유대인)에게, 바나바와 바울은 무할례자(이방인)에게 복음을 전하기로 역할 분담에 합의함으로서, 바울은 바나바와 함께 이방인의 사도라는 직임을 공인받게 되었다.

소기의 목적을 이루고 안디옥에 돌아온 바울은 예루살렘 방문 결과에 심히 만족스러웠던 것 같다. 바울은 바나바와 함께 곧바로 이방인에 대한 선교 활동에 들어갔다. 이방인의 사도로서 바울의 본격적인 이방인 선교 사역이 시작된 것이다.

사도행전은 바나바와 바울이 예루살렘을 방문하고 돌아 온 후에, 주님을 섬겨 금식할 때에 성령께서 "내가 불러 시키시는 일을 위하여 바나바와 사울을 따로 세우라"(행 13:2)고 명하시자, 곧 이방인 선교에 나서게 되었다고 전하고 있다. 교회는 이에 순종하여 금식하며 기도하고 바나바와 바울 두 사람에게 안수하여 선교사로 파송하였다.

1. 구브로 섬의 선교 활동

바나바와 바울은 안디옥에서 실루기아 항으로 내려가서, 거기서 배를 타고 구브로 섬으로 항해했다. 구브로 섬은 오늘날 사이프러스로 칭해지고 있는 지중해의 큰 섬이다. 구약시대에는 깃딤(창 10:4)이라는 명칭을 가지고 있었다.

길리기아와 시리아에 근접한 이 섬은 지중해에서 세 번째로 큰 섬이다. 원주민은 헬라인이며, 베니게인도 많이 있었다. 구브로 섬은 스데반

[도표 3] **바울의 제1차 선교 여행(47~48년)**

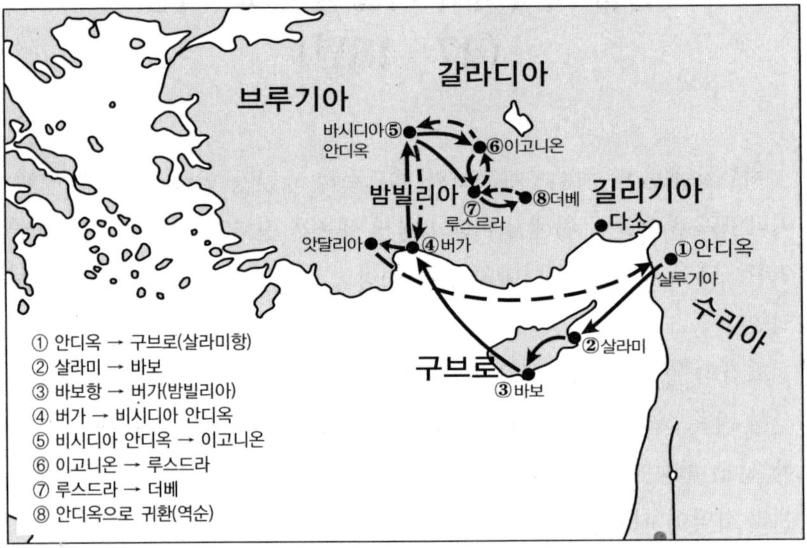

순교 후의 박해로 흩어진 예루살렘 성도들에 의해서 이미 복음이 전파된 바 있었다. 바나바는 바로 구브로 섬 출신이었다. 바나바의 고향 구브로가 첫 선교지가 된 것이다.

1) 살라미

바나바와 바울은 구브로 섬의 살라미(Salamis)[66] 항에 도착하였다. 당시 로마제국의 통치 지역들은 총독과 로마 제국이 세운 현지 대리인들을 통해 통치되었다. 각종 인종들과 물자들이 교류되는 상업의 중심지역에 도시들이 형성되었고, 도시 안에는 국제적인 상황이 조성되어 있었다.

> "유대인들은 디아스포라되어 제국의 모든 도시 지역에 분산되어 있었고 주로 상업에 종사하였고 강력한 공동체를 형성하고 있었다. 그들은 자신들의

66. 구브로 섬의 동쪽 해안에 있는 항구, 당시의 지리적인 위치는 화마구스타 복쪽 7Km 지점의 피디아스 항구 북쪽이다.

종교적 전통과 문화를 유지하기 위해서 회당을 건축하였고 심지어는 이방인 들에게도 그들의 종교적인 영향력을 조직적으로 확대해나가기도 했다."[67]

바나바와 바울은 구브로 섬의 살라미에 도착하여 즉시로 유대인의 여러 회당에 들어가서 복음을 전파하였다. 이러한 전도 방식은 바울이 이미 다소 시절에 적용한 방법이었다. 유대인의 회당은 원칙적으로 이스라엘의 남자들은 누구나 성경을 읽고 그것을 설교할 수 있는 권리가 있었다.[68]

이러한 관습에 따라 일단 유대인의 회당에 들어가서 복음을 전할 수 있었다. 그러다가 반대자들에 의해 회당에서 쫓겨나고 박해를 당하게 되면, 그 회당을 나와서 복음을 받아들이고 믿는 유대인 및 이방인들을 따로 모아서 교회를 개척하고, 그 작은 교회를 토대로 복음을 확산시켜 나가는 선교 방식이 적용되었다.

2) 바보

바나바와 바울 일행은 살라미에서 구브로 섬의 중앙을 관통하여 반대편에 있는 바보(Paphos)[69] 항으로 이동했다.

바보 항에는 이 섬의 로마 총독 서기오 바울이 있었다. 서기오 바울은 지혜 있는 사람으로 바울과 바나바가 전하는 하나님 말씀을 듣고자 하였다. 그러나 유대인 거짓 선지자 박수(엘루마) 바예수가 바나바와 바울 두 사람을 대적하여 듣지 못하도록 방해하였다.

이때에 바울이 성령이 충만하여 대적하는 박수 바예수를 주목하여 말하기를 "모든 궤계와 악행이 가득한 자요 마귀의 자식이요 모든 의의 원수여, 주의 바른 길을 굽게 하기를 그치지 아니하겠느냐? 보라 이제

---

67. 김성태, '현대선교학총론', (서울: 이레서원, 2001), PP. 212~214.
68. 정일웅, op.cit, P.38.
69. 구브로 섬의 서남방 16Km 지점에 있는 구브로의 수도로서, 당시 로마의 총독부가 있었다.

주의 손이 네 위에 있으니 네가 소경이 되어 얼마 동안 해를 보지 못하리라"(행 13:10~11)고 하자, 즉시 안개와 어두움이 그를 덮어 소경이 되어 인도할 사람을 두루 구하는 사건이 발생했다.

이 사건은 바예수라고 하는 유대인 거짓 선지자 박수와 성령이 충만한 바울 간의 영적인 대결로의 복음의 능력을 보여주는 이적사건이었다. 이 이적사건으로 인해서 구브로 섬의 로마 총독이 믿게 되었고, 동시에 많은 사람들이 복음을 믿는 계기가 되었다.

바울이 바보에서 행한 영적 능력과 이적 사건은 중요한 의미를 가지고 있었다. 사도행전을 기록한 누가는 이 사건을 계기로 그의 이름 '사울'을 '바울'로 바꾸어 기록하는 변화를 보여주고 있다(행 13:9).

뿐만 아니라 선교단의 명칭을 '바나바와 바울'이라는 표기 방식에서, '바울과 및 동행하는 사람들'로 바꾸어 기록하기 시작하고 있다. 누가의 이러한 기록 방식은 선교단의 리더십이 안디옥교회의 지도자 바나바로부터 자연스럽게 바울에게로 옮겨졌음을 말해 주는 의미 있는 변화를 제시한다.

2. 남 갈라디아 지역의 선교 활동

선교단의 다음 선교지는 남 갈라디아 지역이었다. 구브로 섬의 바보항에서 배를 타고 소아시아 밤빌리아(Pamphylia)[70]의 버가(Perga)항으로 이동하였다. 버가에서 내륙지역에 있는 남 갈라디아 지방에 복음을 전하기로 결정한 것이다.

소아시아의 내륙에 위치한 남 갈라디아 지역으로 들어가려면 험준한 타우루스 산맥을 넘어가야 했다. 선교단의 앞에는 위험과 고통이 따르는 험준한 여행길이 놓여 있었다.

70. 소아시아 중앙부 남쪽 연안지역으로 타우루스 산맥과 지중해 사이에 있는 동서간 길이 120Km 남북간 길이 48Km 가량 되는 비옥한 평원이다.

이때에 수종자로 동행했던 마가 요한이 선교단에서 이탈하여 밤빌리아에서 배를 타고 예루살렘으로 돌아가 버렸다.

바나바의 생질인 마가의 이러한 행동은 후일 바나바와 바울이 심히 다투고 갈라서게 만드는 원인이 되었다.

나머지 선교단 일행은 험준한 산맥을 넘어서 남 갈라디아 지역의 4개 도시, 비시디아 안디옥 – 이고니온 – 루스드라 – 더베에 복음을 전하기 위한 선교의 장정에 올랐다.

1) 비시디아의 안디옥

험준한 산악지대를 통과하여 비시디아(Pisidia)[71] 지방의 안디옥에 도착한 바울 일행은 먼저 유대인의 회당을 방문하였다.

안식일에 회당에서 율법과 선지자의 글을 읽은 후에, 회당장들이 바울과 바나바 일행에게 만일 백성에게 권할 말이 있으면 말을 하라고 기회를 주었다. 이때에 행한 바울의 설교가 사도행전 13장 16~41절에 수록되어 있다. 그 내용을 요약하면 다음과 같다.

(1) 하나님이 약속하신 대로 다윗의 씨에서 구주를 세우셨으니, 예수가 곧 그 분이시다.

(2) 선지자들의 말을 응하게 하려고, 유대 관원과 빌라도가 공모하여 예수를 십자가에 죽게 했으나, 하나님이 그를 죽은 자 가운데서 살리셨으며, 우리가 그 증인이다.

(3) 예수는 썩음을 당하지 않은 그리스도이시다. 그러므로 모세의 율법으로 의롭다 하심을 얻지 못한 모든 일에도, 이 사람 예수를 힘입어 믿는 자마다 의롭다 하심을 얻게 되는 이 복음을 믿으면 구원을 받는다.

---

71. 비시디아는 밤빌리아 평원 북쪽에 있는 길이 약 180Km, 너비 약 80Km 가량 되는 소아시아 남부의 산악지방으로, 오늘날의 아나토리아 터키 지역이다.

설교 내용은 제1차 선교 여행 간에 바울이 전한 복음의 핵심 메시지였다. 아마도 그 동안 안디옥교회에서 바울이 행했던 강론의 중심 주제였을 것이다. 바울의 '이신칭의' 복음, 즉 오직 예수 그리스도를 믿음으로 구원에 이른다는 핵심 메시지를 분명하게 제시했다.

바울의 회당 설교는 좋은 반응을 얻었다. '다음 안식일에도 이 말씀을 하라' 고 청하는 사람들이 있었다. 집회가 파한 후에도 많은 유대인들과 유대교에 입교한 경건한 이방인들이 많이 바울과 바나바를 따르며 더불어 사귀었다.

그 다음 안식일에는 비시디아 안디옥의 온 성이 거의 다 하나님의 말씀을 듣고자 모이는 대성황이 일어났다. 그러자 유대인들은 예수를 믿고 따르는 무리를 보고 시기가 가득하여 바울이 전하는 복음을 변박하고 비방하기 시작했다.

대적하는 유대인들에게 바울과 바나바는 "하나님의 말씀을 마땅히 먼저 너희에게 전할 것이로되, 너희가 버리고 영생 얻음에 합당치 않은 자로 자처하기로"(행 13:46), 자신들은 '이방인에게로 간다' 고 선언하였다.

바울은 이사야의 예언을 인용하여 "주께서 이같이 우리에게 명하시되 내가 너를 이방의 빛을 삼아 너로 땅 끝까지 구원하게 하리라"(행 13:47)고 선언함으로써, 자신이 이방인을 위한 사도로 부름을 받았음을 확인하였다.

이 말씀을 들은 이방인들은 매우 기뻐하였다. 그렇게 해서 유대인이든 이방인이든 '영생을 주시기로 작정한 자' (행 13:48)는 다 믿게 되었으며, 주의 말씀이 그 지방에 두루 퍼지게 되었다. 사도행전은 비시디아 안디옥의 제자들이 기쁨과 성령이 충만했다고 기록하고 있다.

바울과 바나바를 시기하며 대적하던 유대인들은 그들을 지지하는 그 도시의 경건한 귀부인들과 유력자들을 선동하여 바울과 바나바를 핍박케 해서, 그 지경에서 쫓아내도록 했다. 비시디아 지방의 안디옥에서 쫓겨난 바울과 바나바 일행은 발의 티끌을 털어버리고, 다음의 도시인 이고니온으로 떠났다.

2) 이고니온

바울 일행은 남 갈라디아 지방의 이고니온(Iconium)[72]에 도착했다. 이고니온에서도 바울과 바나바는 함께 유대인의 회당에 들어가서 복음을 증거 하였다.

말씀을 듣고 유대인과 헬라의 허다한 무리가 믿게 되었다. 두 사도가 오래 있으면서 주의 힘을 입어 담대히 복음을 전파할 때, 주께서 저희의 손으로 표적과 기사를 행하게 했다. 그로 인해서 많은 무리가 예수를 믿는 제자가 되었다.

그러나 순종치 않는 유대인들이 일어나 이방인들의 마음을 선동하여 형제들에게 악감을 품게 했다. 그로 인해서 이고니온의 사람들은 바울과 바나바를 좇아 순종하는 무리와 유대인을 좇아 대적하는 무리로 나뉘게 되었다.

이때에 이방인과 유대인과 그 관원들이 두 사도를 능욕하며 돌로 치려고 달려드는지라, 그 곳을 피하여 루가오니아의 두 성(루스드라와 더베)으로 가서 복음을 전하게 되었다(행 14:1~7).

3) 루스드라

바울 일행은 루스드라(Lystra)[73]에 도착하였다. 무리 중에 바울이 말하는 복음을 유심히 듣고 있던 한 사람이 있었다. 그는 나면서부터 앉은뱅이 되어 걸어 본 적이 없는 사람이었다. 바울이 그를 주목하여 '구원

72. 소아사아의 중심부 남쪽에 위치하고 있는 오늘날 터키의 주도인 코냐(Konya)에 해당한다.
73. 루가오니아 지방의 성읍으로 오늘날 카툰 세라이 근처에 옛터가 남아 있다. 이곳은 디모데의 고향이었다.

받을 만한 믿음이 그에게 있는 것을 보고', 큰 소리로 말하기를 '네 발로 바로 일어서라' 고 명했다. 그 사람이 즉시로 뛰어 걷게 되었다(행 14:9~10).

이 이적사건으로 인해서 루스드라에 큰 소동이 일어났다. 바울이 행한 이적을 본 루스드라의 주민들은 '신들이 사람의 형상으로 우리 가운데 내려 오셨다' 고 소리 지르며, 바나바를 쓰스라 하고, 바울을 그 중에 말하는 자 이므로 허메라 부르면서, 성밖에 있는 쓰스 신당의 제사장이 소와 화관들을 가지고 와서 바울과 바나바가 묵고 있는 집의 대문 앞에서 제사를 드리려고 하는 소동이 벌어졌다.

이처럼 사태가 그릇된 방향으로 진행되자, 두 사도는 옷을 찢고 무리 가운데 뛰어 들어 가서 무리를 진정시키기 위해 애를 먹어야 했다. 복음을 전하기 위해서 앉은뱅이를 일으켜 세웠는데, 그에 대한 반응은 엉뚱하게도 바울과 바나바에 대한 인신숭배라는 혼합종교적인 반응을 일으켰다.

바울과 바나바는 자신들에게 제사를 드리려는 무리들에게 "우리도 너희와 같은 성정을 가진 사람이다. 너희에게 복음을 증거한 것은 이 헛된 일을 버리고, 참 하나님께로 돌아오라는 것이다"(행 14:15)라고, 여러 말로 겨우 설득하여 자기들에게 제사하지 못하게 했다.

이 소동은 중간영역의 세계관이 지배하고 있던 루가오니아 지방에서 마귀를 섬기고 있던 원주민들 속에서 성령에 의한 힘의 충돌 현상으로 인하여 빚어진 영적충돌 사건이었다. 사도행전은 이 사건을 통해서 루스드라 주민들에게 복음이 전해졌다는 기록을 하지 않고 있다. 선교의 현장에서 일어나는 힘의 충돌은 반드시 말씀에 의한 진리의 충돌이 수반되어야 함을 교훈해 주는 사건이었다.[74)]

---

74. 김성태, '선교와 문화' (서울: 도서출판 이레서원, 2000), PP. 91~95참조

한편 유대인들이 비시디아 안디옥과 이고니온에서 무리를 이끌고 루스드라로 따라 와서, 바울을 돌로 쳐서 그가 죽은 줄 알고 성밖으로 끌어 내치는 사건이 발생했다.

이러한 악행을 자행한 유대인들은 지난날 교회를 잔해하고 박해하기 위해서 다메섹까지 원정을 갔던 사람, 회심 이전의 바울 자신과 같은 무리들이었다. 바울은 이들의 행동을 이해할 수 있었다. 그래서 바울은 유대인들의 박해를 받으면서도, 그들을 증오하지는 않았다.

바울은 그들에 대하여 "저희가 하나님께 열심이 있으나 지식을 좇은 것이 아니니 하나님의 의를 모르고 자기 의를 세우려고 힘써 하나님의 의를 복종치 아니하는 자들"(롬 10:2~3)이라고 안타깝게 여겼을 뿐이었다. 그는 "나의 형제 곧 골육의 친척을 위하여 내 자신이 저주를 받아 그리스도에게서 끊어질지라도 원하는 바라"(롬 9:3)고 말할 정도로 유대인들의 구원에 대하여 안타까워했다.

4) 더베

루스드라에서 유대인들에게 돌로 맞아 죽을 뻔했다가 구사일생으로 살아난 바울은 이튿날 바나바와 함께 더베(Derbe)[75]로 이동하였다.

복음을 더베 성에 전하여 많은 사람을 제자로 삼았다. 바울과 바나바 일행의 남 갈라디아 지역에 대한 선교 여행은 이곳 더베에서 일단 마무리 되었다.

바울과 바나바 선교단은 오던 길을 따라 역순으로 되돌아가기로 했다. 더베에서 루스드라로, 루스드라에서 이고니온으로, 이고니온에서 비시디아의 안디옥으로 차례로 들려서, 그곳에서 복음을 영접하게 된

75. 소아시아 중부 루가오니아의 성읍으로, 오늘날 카라만 동북부 20Km 지점에 있는 케르티 휴유크의 고지로 추정된다.

제자들에게 믿음 안에서 생활하도록 권면했다.

> "제자들의 마음을 굳게 하여 이 믿음에 거하라고 권하고, 또 우리가 하나님의 나라에 들어가려면 많은 환란을 겪어야 할 것이라 가르치고, 각 교회에서 장로들을 택하여 금식 기도하며 저희를 그 믿는 바 주께 부탁하였다"(행 14:22~23).

바울과 바나바 일행의 선교 활동으로 각 도시마다 교회와 장로들이 세워졌으며, 모든 환난에도 불구하고 오직 믿음으로 굳게 서도록 권면하였다. 그들에게 유대교처럼 혹은 율법주의 유대 기독교인들처럼 할례를 행하도록 요구하거나 모세의 율법을 지켜야만 하나님의 백성이 될 수 있다고 가르치지 않았다. 오직 예수 그리스도를 구주로 믿으면, 이방인도 차별 없이 은혜로 구원을 받는다는 '이신칭의' 복음을 전했다.

선교단은 갈라디아 지역을 출발하여 험준한 산악 지대를 지나서 밤빌리아 지방의 버가 항에 도착하였다. 버가 항에서 복음을 전하고, 거기서 앗달리아 항구로 내려가서, 다시 안디옥으로 가는 배에 승선했다.

안디옥에 귀환한 바울과 바나바는 하나님이 선교지에서 행하신 모든 일과 이방인들에게 믿음의 문을 여신 것을 보고했다.

4절 바울의 복음과 율법 논쟁 (48~49년)

바울이 안디옥교회로 복귀하여 제자들과 함께 오래있었던(행 14:28) 기간 중에, 초대교회 내부에 잠복해 있던 사활적인 논쟁이 수면 위로 부상하고 있었다.

초대교회 안에는 유대인이든 이방인이든 차별 없이 오직 믿음으로 구원에 이른다는 '이신칭의' 복음을 주장하는 복음주의자들과, 주를 믿은 것 외에 이방인까지도 유대인처럼 할례를 행하고 모세의 율법을 준수해야 한다고 주장하는 유대 율법주의자들이 날카롭게 대립하고 있었다.

이는 기독교의 운명을 결정짓는 사활적인 문제였다. 기독교가 은혜의 종교로 예수 그리스도의 복음 위에 바로 서느냐, 아니면 율법의 종교로 유대교의 한 종파로 전락하느냐를 결정짓는, 기독교 역사상 가장 중요한 논쟁점이 있었다.

이 복음과 율법의 논쟁의 중심에 바울이 이방인의 사도로 자리를 잡고 있었다. 하나님은 그리스도의 복음으로 인류의 구속사를 완성하기 위해서 바울을 인도하여, 이 논쟁의 선봉에 세우셨던 것이다. 복음과 율법 논쟁과 관련해서, 그 당시 바울은 다음과 같은 세 가지 사건에 개입되어 있었다.

첫째, 안디옥교회에서 바울의 베드로 책망 사건이 있었다.

둘째, 바울이 전투적인 변증서신으로 갈라디아서를 작성하여 발송했다.

셋째, 예루살렘 공회의에 참석하여 바울의 '이신칭의' 복음을 공교회의 공식 교리로 확정하였다.

1. 바울의 베드로 책망 사건

갈라디아서 2장 11~14절에는 안디옥에서 바울이 베드로를 책망한 사건이 기록되어 있다. 바울은 "게바(베드로)가 안디옥에 이르렀을 때에 책망할 일이 있기로 내가 저를 면책하였노라"(갈 2:11)고 전하고 있다. 기독교 교회의 수장격인 베드로와 안디옥교회의 지도자 바나바를 바울이 그 면전에서 책망한 이 사건은, 그 자체만으로 이례적이고 충격적인 일이라고 할 수 있다.

바울이 베드로와 바나바를 면전에서 책망한 사건은, 그들이 식탁법(율법)을 위반한 사실을 이방인 신자들과 함께 식사하던 도중, 그 현장에서 유대 율법주의자들에게 발각되는 것을 두려워한 나머지 베드로와 바나바가 범한 외식을 배경으로 발생했다.

> "야고보에게서 온 어떤 이들이 이르기 전에 게바가 이방인과 함께 먹다가 저희가 오매 그가 할례자들을 두려워하여 떠나 물러가매, 남은 유대인들도 저와 같이 외식하므로 바나바도 저희의 외식에 유혹되었느니라"(갈 2:12~13).

당시 안디옥교회에 와 있었던 베드로가 이방인 신자들과 함께 식사를 하고 있던 중에, 예루살렘의 야고보가 보낸 어떤 이들이 불시에 당도하자, 유대 율법주의자들인 그 방문객들에게 유대인인 자신이 이방인 기독교도들과 함께 식사하는 모습을 보이지 않기 위해서 (율법의 위반이므로) 황급히 그 자리를 피하려는 외식을 범했던 것이다.

그 현장에 함께 있었던 바울은 베드로의 그러한 행동을 면전에서 책망했다.

> "그러므로 나는 저희가 복음의 진리를 따라 바로 행하지 아니함을 보고, 모든 자 앞에서 게바에게 이르되 네가 유대인으로서 이방을 좇고 유대인답게 살지 아니하면서 어찌하여 억지로 이방인을 유대인답게 살게 하려느냐 하

였노라"(갈 2:14).

안디옥의 이방인 신자들과 함께 식사하던 베드로와 바나바 등 유대인들이 야고보가 보낸 율법주의자들에게 그 현장이 발각되는 것을 두려워한 나머지 외식을 범하자, 바울은 그들의 잘못을 정면으로 지적한 것이다. 베드로와 바나바의 외식은 당시 기독교 지도자들의 태도가 이 문제와 관련해서 다분히 이중적인 태도를 취하고 있었음을 증언하고 있다.

이 사건은, 당시 초대교회 내에서 지도자들이 복음과 율법에 대하여 분명한 태도를 결정하지 못하고 애매한 태도를 취하고 있었음을 암시한다. 그러나 이방인의 사도 바울의 태도는 매우 단호하고 확실한 입장에서 있었다.

당시 교회지도자 중에서 오직 예수 그리스도를 믿음으로 구원에 이른다는 '이신칭의' 복음에 대한 비타협적인 단호한 태도를 분명히 하고 있는 사도는 바울이었다. 다메섹에서 특별하게 소명된 바울만이 '이신칭의' 복음에 대하여 유대 율법주의와 결코 타협할 수 없는 단호함을 견지하고 있었음을 설명해 주는 대목이다.

사도행전 10장에는 베드로가 가이사랴의 백부장 고넬료의 집에 초대되어 그 식솔들에게 세례를 베풀고 수일 동안 함께 지낸 일이 소개되고 있다. 그런데 사도행전 11장 1~18절에는 그 일에 대하여 예루살렘 교회의 할례자들(유대 율법주의자들)이 베드로에게 "네가 무할례자들의 집에 들어가 함께 먹었다"(행 11:3)며 유대 율법(식탁법)을 위반한 사실에 대하여 맹렬히 공박하는 내용이 소개되고 있다.

당시 베드로는 모든 경위를 상세히 해명한 후에, 율법주의자들로부터 "그러면 하나님께서 이방인에게도 생명 얻는 회개를 주셨도다"(행 11:18)라는 말과 함께 그들로부터 가까스로 양해를 얻을 수 있었다.

베드로의 고넬료 사건과 안디옥 사건은 당시 예루살렘 교회에서 유대 율법주의자들의 세력이 매우 크고 완고한 세력이었음을 짐작하게 해 준다. 이들이 바로 이방인 기독교인들에게 "너희가 모세의 법대로 할례를 받지 아니하면 능히 구원을 얻지 못하리라"(행 15:1)고 주장하는 자들이요, 아마도 바울이 "다른 복음을 전하는 자들"(갈 1:8)이라고 비난하며, 저주를 퍼부었던 바로 그 부류들이었을 것이다.

베드로의 신학적인 입장은 바울의 복음주의와 다른 것은 아니었다. 베드로도 바울과 동일하게 예수 그리스도를 믿음으로 구원을 얻는다는 복음주의 노선에 서 있었다. 그러나 베드로는 복음을 체계적으로 단호하게 변증하는 능력면에서 한계가 있었던 것으로 추측된다.

그처럼 베드로는 복음과 율법의 문제에 대하여 어느 정도 애매한 태도를 취하고 있었다. 그렇지만 이방인의 사도 바울을 당시 초대교회 지도자의 태도와 구별되는 단호하고 분명한 입장을 취하고 있었다.

다메섹 도상에서 특별하게 소명된 바울은 율법주의를 완전히 배제하고 오직 예수 그리스도를 믿음으로 구원에 이른다는 '이신칭의' 복음에 대한 계시적 확신 위에 굳게 서 있었다.

바울은 유대 율법주의자들과 어떤 종류의 타협도 거부하는 철저한 입장을 분명하게 견지하고 있었다. 이 점은 역사적으로 복음과 율법의 논쟁이라는 소용돌이 속에서 당시 교회의 리더십이 (교리적인 측면에서) 베드로로부터 바울로 바뀌어 가고 있음을 감지케 하는 대목이다.

유대인 중심의 초기 원시 기독교를 창설한 지도자로서 베드로의 역할은 그 지점에서 끝나가고, 이제 이방인의 세계를 향한 보편적 기독교를 확립하는 지도자로 이방인의 사도 바울이 역사의 지평 위로 떠오르고 있었던 것이다.

2. 갈라디아서 : 전투적 변증 서신

베드로 책망 사건을 유발시킨 "야고보에게서 온 어떤 이들"(갈 2:12)은 이방인 기독교인들도 예수를 믿는 것 외에 유대인들과 같이 할례를 행하고 모세의 율법을 지켜야 한다는 "다른 복음"(갈 1:8)을 전하고 다니는 유대 율법주의자들이었다.

바울이 갈라디아 교인들에게 "너희에게 전한 복음 외에 다른 복음을 전하면 저주를 받을 지어다"(갈 1:8)라고 선언했던 바로 그 자들이었다(갈 1:8). 이들은 예루살렘 교회를 본거지로 삼고 있던 유대인 기독교인들로서 초대교회 안에 유대 율법주의를 부식시켜 '다른 복음'을 세력화하려고 하던 자들이었다.[76]

유대 율법주의자들이 전한 "다른 복음"은 갈라디아 지방의 이방인 기독교인들에게 큰 혼란과 동요를 일으켰다. 얼마 전에 갈라디아 지역에 복음을 전하고 안디옥에 복귀한 바울과 바나바에게도 이들의 활동과 소식이 전해졌다. 이 소식을 전해들은 바울과 바나바는 몹시 당황스러워하였다.

그러던 중에 이들 유대 율법주의자들이 안디옥교회에도 찾아왔던 것이다. 이들은 안디옥교회의 이방인 기독교인들에게도 "너희가 모세의 법대로 할례를 받지 아니하면 능히 구원을 얻지 못하리라"(행 15:1)고 가르치기 시작했다. 이들이 할례와 율법을 구원의 조건으로 제시되자, 안디옥교회에서는 "적지 아니한 다툼과 변론이 일어났다"(행 15:2).

이와 같이 야기된 복음과 율법 논쟁의 소용돌이 속에서, 바울은 그가 얼마 전에 바나바와 함께 복음을 전하여 세운 갈라디아 지역의 교회들에게 갈라디아서를 써 보냈다. 그러므로 갈라디아서는 유대 율법주의자

---

76. 이한수, '갈라디아서', PP. 187~207 참조.

들이 전한 '다른 복음'(갈 1:8)에 대처하여, 바울과 바나바가 전했던 '이신칭의' 복음을 변증하기 위한 전투적인 서신으로 작성된 것이다.

갈라디아서는 최초의 바울 서신이요, 신약성경 중에서도 가장 먼저 작성된 전서이다. 그러므로 바울의 신학을 해석하는 출발점이라고 할 수 있다. 갈라디아서를 통해서 바울은 할례와 율법이라는 장벽을 헐어 버리고, 자유의 '이신칭의' 복음을 변증함으로서, 유대교의 울타리에서 해방시켜 온 인류를 구원하는 보편적 기독교를 확립하기 위한 토대를 구축했던 것이다.

1) 배경과 목적

갈라디아 지역에 대한 선교 여행을 마치고 복귀하여 안디옥에서 지내던 기간 중에 예루살렘 교회로부터 온 유대 율법주의자들을 영접하는 과정에서 '바울의 베드로 책망 사건'(갈 2:11~14)이 있었고, 그 사건이 있은 후 오래지 않은 시기에 바울과 바나바는 그들이 선교했던 남 갈라디아 지역의 교회들로부터 '다른 복음'(갈 1:6), 즉 할례와 율법의 준수를 요구하는 유대 율법주의자들의 훼방으로 인한 동요와 혼란이 일고 있다는 소식을 듣게 되었다.

그 소식을 들을 즈음에 또한 할례와 율법이라는 '다른 복음'을 전하고 다니던 문제의 유대 율법주의자들이 안디옥교회로 다시 찾아 온 것이다.[77] 유대 율법주의자들은 안디옥교회에 들려서 "모세의 법대로 할례를 받지 아니하면 능히 구원을 받지 못하리라"(행 15:1)고, 그들의 '다른 복음'을 안디옥 교회에도 가르치기 시작했다.

이들의 가르침으로 인해서 안디옥교회에서는 할례와 율법을 가르치는 율법주의자들과 '이신칭의' 복음을 전한 바울 및 바나바로 대표되는

77. 이한수, '갈라디아서' (서울: 선교횃불, 1997), PP.185~207 참조

복음주의자들로 대립되는 두 진영 사이에 적지 않은 변론이 일어났다 (행 15:2). 사도행전은 적지 않은 변론이라고 말하고 있으나, 그 본 뜻은 심각한 변론과 양보할 수 없는 다툼이 일어났음을 의미하는 것이었다.

갈라디아서는 바로 이러한 변론의 시기에 작성된 전투적인 변증서신이다. 그러므로 갈라디아서는 안디옥교회에서 '바울의 베드로 책망 사건' 이후, 사도행전 15장의 예루살렘 공회의에 대표를 파견하기 직전, 남 갈라디아교회들의 '다른 복음' 소식과 안디옥교회에서의 '적지 않은 변론'이 있었던 기간(49년)에 작성된 것으로 추정된다.

안디옥교회에서는 바울과 바나바가 지도자로 있었기 때문에 '적지 않은 변론'을 통해서 그들의 부당성을 변증할 수 있었으나, 그들이 얼마 전에 전도해서 세워진 갈라디아 지역의 교회들은 큰 혼란에 빠질 수밖에 없었다. 그래서 갈라디아 교인들에게 '다른 복음'의 부당성과 자신과 바나바가 전한 '이신칭의' 복음의 정당성을 변증하기 위해서, 바울은 전투적인 변증서신으로 갈라디아서를 써 보냈다.

이처럼 갈라디아서는 예루살렘 교회에 기원을 두고 있는 유대 율법주의자들의 '다른 복음'에 대항하여 바울의 '이신칭의' 복음을 변증하기 위한 목적으로 작성된 서신이다. 유대 율법주의자들은 다음 두 가지 관점으로 바울의 복음을 부정하며, 대신에 할례와 율법이라는 자신들의 '다른 복음'을 주장했다.

첫째는 이방인의 사도로 자처하는 바울의 사도직에 대한 권위와 그 정당성을 정면으로 부정했다. 사도직의 정당성이 부정된다는 것은 곧바로 바울의 가르침이 가지는 신적인 권위가 부정되는 것을 의미했다. 그러므로 바울은 자신의 사도직에 대한 정당성을 강력하게 변호하지 않을 수 없었다.

둘째는 유대 율법주의자들은 이방 기독교인들도 유대인과 동일하게 할례를 행하고 모세의 율법을 지켜야만 구원을 받을 수 있다고 가르쳤다. 이들은 아브라함의 할례 언약과 모세의 시내산 언약을 근거로 구원받은 하나님의 백성이 되려면 유대인처럼 할례를 행하고 또한 모세의 율법을 준수하는 것이 필수적이라고 주장했다.

따라서 바울과 바나바가 전한 '이신칭의' 복음과 유대 율법주의자들의 '다른 복음' 이라는 서로 대립하는 가르침으로 인해서 갈라디아 교인들은 큰 혼란에 빠질 수밖에 없게 되었다. 바울은 이에 대하여 지체 없이 신학적 변증을 해야 할 필요가 있었던 것이다.

이와 같이 갈라디아서는 이방 기독교인들에게도 유대인과 동일하게 할례와 율법을 요구한 유대 율법주의자들의 '다른 복음' 에 대항해서, 이방인 기독교도들은 할례와 율법에 관계없이 오직 예수 그리스도를 믿음으로 구원에 이른다는 '이신칭의' 복음을 강력하게 변증하는 전투적 서신으로 작성되었다.

2) 구조와 내용

갈라디아서의 내용은 크게 머리말(1:1~5), 바울의 신학적인 변증(1:6~5:12)과 윤리적인 권면(5:13~6:10), 결언(6:11~18)으로 구성되어 있다.

• 머리말(1:1~5) : 그리스도를 살리신 하나님 아버지로 말미암아 사도된 바울이 갈라디아 여러 교회들에게 문안한다.

• 제1부 바울의 사도적 변증(1:6~2:14) : 바울은 '다른 복음' 을 전하는 유대 율법주의자들의 가르침에 대항하여, 자신의 '이신칭의' 복음을 변증(2:15~5:12)하기 전에 자신의 사도직을 변호한다(1:6~2:14). 바울은 자신들이 전한 것 외의 다른 복음은 없다고 전제하며(1:6~10), 자신의 사도된 경위와 그 동안의 행적을 변증한다(1:11~2:14).

• 제2부 바울의 신학적 변증(2:15~5:12) : 이어서 바울은 '이신칭의' 복음을 변증하고 있다(2:15~5:12). 오직 믿음으로 구원에 이른다는 '이신칭의' 복음의 신학적 함축들을 요약하여 제시하고(2:15~21), 아브라

함의 가족을 혈통적인 자손으로 정의한 유대인들의 전통적인 해석을 거부하고, 오직 믿음으로 태어난 약속의 자녀들이 참된 아브라함의 가족이라고 급진적으로 재정의한다(3:1~4:31).

먼저 갈라디아 교인들의 구원이 율법의 행함이 아니라 믿음으로 받은 성령에 의한 것임을 논증하고(3:1~5), 아브라함이 하나님을 믿으매 그것을 의로 정하신 것처럼 오직 믿음으로 의롭게 됨을 성경을 통해서 논증하고(3:6~14), 인간의 공통된 관습에 근거하여 논증한다(3:15~18).

율법은 범법함을 인하여 그리스도가 오시기까지 몽학선생으로 주어진 것이며(3:19~25), 예수 그리스도가 오심으로 이제 그 기능과 역할이 변했고(3:26~29), 그 동안 율법 아래 있는 종의 신분에서 은혜 아래 있는 아들의 신분으로 전환된 것이다(4:1~11).

바울은 율법주의에 빠진 갈라디아 교인들에게 개인적으로 호소하며(4:12~20), 자유 하는 여자 사라의 자녀 곧 믿음으로 된 약속의 자녀(이삭), 계집종 하갈의 자녀 곧 육체를 따라 난 육신의 자녀(이스마엘)의 비유를 통해서 그리스도 안에서 성령을 따라 난 약속의 자녀들이 참된 아브라함의 가족임을 논증한다(4:21~31).

마지막으로 자유를 향한 하나님의 부리심과 그 안에서 사랑의 섬김으로 율법이 완성됨을 제시한다(5:1~12).

• <u>제3부 바울의 윤리적 권면(5:13~6:10)</u> : 신학적인 변증의 논리적인 귀결로 그리스도인의 참된 자유의 삶을 제시한다. 이는 율법에 매여 사는 것이 아니라 이제 그리스도를 믿는 믿음 안에서 성령을 따라 사는 것임을 밝힌다(5:13~24). 사랑은 율법의 완성이며(5:13~15), 성령을 좇아 행하면 육체의 소욕이 극복되고 성령의 열매를 맺게 된다(5:16~24). 성령의 실천적인 가치와 바람직한 생활 규범을 권면한다(5:25~6:10).

• <u>결론적 훈계와 마지막 축도(6:11~18)</u> : 육체를 자랑하는 자들을 따르지 말고 오직 그리스도의 십자가 외에 결코 자랑할 것이 없다. 자신의

몸에 예수의 흔적을 가진 바울은 마지막으로 축도한다.

3. 예루살렘 공회의 참석(49년, 3차)

초기 기독교 교회에 잠복되어 있던 최대의 신학적 쟁점이었던 복음과 율법의 문제가 안디옥교회에서 본격적으로 부각되어, 이제 초대교회의 피해 갈 수 없는 논점으로 표면화되었다.

이방인 기독교인들에게 "모세의 법대로 할례를 받지 아니하면 능히 구원을 얻지 못하리라"(행 15:1)고 가르친 유대 율법주의자들의 교리는 안디옥교회에서 결코 용납될 수 없는 '다른 복음' 이었다.

'이신칭의' 복음으로 바르게 가르쳐 굳게 세워진 안디옥교회에서 이들의 '다른 복음' 을 수용할 리가 없었다. 그래서 "바울과 바나바와 저희 사이에 적지 않은 다툼과 변론이 일어났다"(행 15:2). 사도행전에 적지 않은 다툼과 변론이라고 표현되어 있지만, 이는 매우 심각하고 사활적인 신학적 논쟁이었다는 것을 의미한다.

기독교 역사에서, 복음과 율법의 문제보다 더 중요하고 심각한 교리적 논쟁은 없었다. 이는 기독교가 오직 예수 그리스도를 믿음으로 구원에 이르는 은혜의 종교로 남느냐, 아니면 할례와 율법을 전제로 하는 유대교에 종속되느냐는 사활적인 쟁점이었다. 이 문제는 안디옥교회만의 문제가 아니라 모든 이방인의 교회에 해당되는 문제였다.

전후 사정을 감안 할 때, 바울과 바나바는 갈라디아교회로부터 이들의 '다른 복음'(갈 1:8)으로 혼란이 일어나고 있다는 나쁜 소식을 접하고, 그에 대한 대책을 마련하기 위해 고심하고 있던 시점에, 이 사건이 표면화된 것으로 추정된다. 바울과 바나바는 당연히 율법주의자들이 전하는 '다른 복음' 을 단호히 거부했다. 이 논쟁의 와중에 갈라디아서를 써 보냈다.

그런데 이 복음과 율법의 논쟁은 안디옥교회에서 결론을 내릴 수 있는 문제가 아니었다. 이 문제는 예루살렘의 공교회에 회부해서 공식적인 최종적 결론을 분명하게 매듭지어야 할 중차대한 문제로 부각되었던 것이다. 안디옥교회의 입장에서 물러설 수 있는 문제가 결코 아니었다. 이제 안디옥교회는 최종적으로 예루살렘 교회의 공적인 입장을 확인할 필요가 있게 된 것이다.

그래서 안디옥교회의 형제들이 "이 문제에 대하여 바울과 바나바와 및 그 중에 몇 사람을 예루살렘에 있는 사도와 장로들에게 보내기로 작정했다"(행 15:2). 복음과 율법의 논쟁을 종식시키기 위한 예루살렘 공교회의 최후의 결정을 요구하게 된 것이다.

당시 바울의 '이신칭의' 복음과 율법주의자들의 '다른 복음'의 대립으로 촉발된 이 논쟁은 그 결과에 따라서는 유대인 중심의 예루살렘 교회와 이방인 중심의 안디옥교회 사이에 심각한 균열을 일으킬 수 있는 초대교회의 사활적인 쟁점이었다.

1) 공회의의 진행 경과

바울과 바나바를 대표로 한 이방인 교회의 대표단은 안디옥에서 배편으로 이동하여 베니게(Phoenicia)[78]에 상륙하여 사마리아를 거쳐 가면서 이방인들이 주께로 돌아온 소식을 전하며 예루살렘에 도착하였다(3차 방문).[79]

대표단은 하나님이 자기들과 함께 하셔서 이방인들 가운데서 행한 모든 일을 보고하였다. 이는 바울과 바나바가 안디옥교회만을 대표하고

---

78. 베니게는 지중해 동쪽 연안에 있는 오늘날 레바논이다. 갈멜산 북쪽 약 200Km 지점에 위치하고 있으며, 구약시대에는 시돈, 두로로 불렀다.

79. 사도행전 15장의 공회의 참석은 바울의 회심 이후 세 번째 예루살렘 방문이었다. 첫 번째는 아라비아 3년 생활 후에 잠시 방문한 것이었고, 두 번째 방문은 안디옥교회에 청빈 된지 1년 후에 한 방문이었다.

있는 것이 아니라 각지에 흩어져 있는 모든 이방인의 교회를 대표하고 있음을 시사하는 내용이다.

예루살렘 교회의 바리새파 중에 믿는 율법주의자들이 먼저 일어나서 "이방인에게 할례를 주고 모세의 율법을 지키라고 명하는 것이 마땅하다"(행 15:5)는 주장을 펼쳤다. 이로 보건데 예루살렘 교회 내의 율법주의적인 유대 기독교인들이 적지 않은 세력을 형성하고 있었음을 짐작케 한다.

그리고 이들의 주장도 일관되고 확고한 것이었음을 알 수 있다. 이들이 바로 갈라디아 지방을 비롯한 이방의 각지에 돌아다니면서 이방인 교인들에게 할례와 율법이라는 '다른 복음'을 가르치고 있는 분란의 진원지였다.

이 일을 의논하려고 사도와 장로들이 한 자리에 모였다. 많은 토론이 있은 후에 베드로가 일어나서, 자신의 의견을 개진하였다.

> "형제들아 너희도 알거니와 하나님이 이방인들로 내 입에서 복음의 말씀을 들어 믿게 하시려고 오래 전부터 너희 가운데서 나를 택하시고 또 마음을 아시는 하나님이 우리에게와 같이 저희에게도 성령을 주어 증거 하시고 믿음으로 저희 마음을 깨끗이 하사 저희나 우리나 분간치 아니하셨느니라. 그런데 지금 너희가 어찌하여 하나님을 시험하여 우리 조상과 우리도 능히 메지 못하던 멍에를 제자들의 목에 두려느냐. 우리가 저희와 동일하게 주 예수의 은혜로 구원받은 줄을 믿노라"(행 15:7~11).

베드로가 율법주의를 거부하고 복음주의에 대한 분명한 지지를 표명한 것이다. 이어서 이방인 교회의 대표자로 참석한 바나바와 바울이 하나님께서 자기들로 말미암아 이방인 중에서 행하신 표적과 기사를 상세하게 보고하였다. 안디옥교회의 사정과 구브로 섬 및 남 갈라디아 지역에 대한 선교 결과를 보고하였다.

나아가서 바울과 바나바는 이방인들에게 할례와 율법의 이행을 요구하는 '다른 복음'의 부당성과 오직 믿음으로 구원에 이르는 '이신칭의' 복음의 정당성을 변증했다. 갈라디아서의 신학이 당시 바울이 전개한 논지였을 것이다.

공회의의 논의는 당시 예루살렘 교회의 수장이었던 예수님의 동생 야고보 사도에 의해서 결론 지어졌다. 그는 선지자들의 예언을 인용하여 논증한 다음과 같은 결론을 제시했다.

> "그러므로 내 의견에는 이방인 중에서 하나님께로 돌아오는 자들을 괴롭게 말고, 다만 우상의 더러운 것과 음행과 목매어 죽인 것과 피를 멀리하라고 편지하는 것이 가하다"(행 15:19~20).

야고보는 복음주의자들의 '이신칭의'를 근본교리로 받되, 유대 율법주의자들의 요구를 4가지 사항으로 한정하여 수용하는 타협안을 결론으로 제시한 것이다. 야고보의 타협안은 공회의의 결정으로 받아들여졌고, 또한 예루살렘 교회에서 사도와 장로들과 온 교회의 이름으로 편지를 작성하여 교회의 대표로 유다와 실라를 택하여 안디옥교회에서 온 바나바와 바울과 함께 이방인들에게 보내기로 결정되었다.

편지의 대상은 "안디옥과 수리아와 길리기아에 있는 이방인 형제들"(행 15:23)이었다. 그러나 사실상 모든 이방인 기독교도 전체에게 적용되는 보편적인 성격을 가진 서신 확정되었다.

2) 공회의의 결정 내용

사도행전 15장의 예루살렘 공회의가 편지로 작성한 결정문의 내용은 다음과 같다(행 15:23~29).

> (1) 우리 가운데서 어떤 사람들이 '우리의 시킨 것도 없이' 나가서 말로 너희를 괴롭게 하고 마음을 혹하게 했다(24절).

(2) 우리의 뜻을 바로 전하기 위해 유다와 실라를 보낸다(25~27절).

(3) 성령과 우리는 이 요긴한 것들 외에는 아무 짐도 지우지 아니 할 것이다(28절).

(4) 요긴한 것이란 우상의 제물과 피와 목매어 죽인 것과 음행을 멀리하라는 것이다(29절).

이러한 예루살렘 공회의 결정은 유대 율법주의자들에 의해서 주장된 율법의 준수를 "우상의 더러운 것과 음행과 목매어 죽인 것과 피를 멀리하는 것"으로 한정하고, 대신에 할례와 율법의 준수를 요구한 '다른 복음'을 기독교 공교회가 공식적으로 기각시킨 결정이었다.

결정문은 율법주의와 복음주의의 타협안의 성격을 가지고 있었지만, 바울의 '이신칭의' 복음이 공교회의 근본교리로 확정되었다는 점에서 중요했다. 그러므로 기독교 역사에 있어서 가장 중요한 신학적 결정이라고 해야 마땅할 것이다.

이로서 바울의 '이신칭의' 복음의 교리가 예루살렘 공회의를 통해서 기독교의 근본 진리로 확정되었다. 이는 '이신칭의'의 복음의 승리요, 바울의 신학적인 승리였다. 이로서 다메섹에서 이방인의 사도로 부름받은 그의 소명을 가로막고 있었던 유대 율법주의라는 큰 장애물이 제거 되었다.

초대교회의 주류에 속해 있지 못하고 변방에 속해 있던 이방인의 사도로 바울은 예루살렘 공회의 결정을 계기로 이제 초대교회의 중심부에 확고하게 자리를 잡게 되었다.

3) 교회 역사의 대전환

예루살렘 공회의의 결정은, 복음의 역사에 있어서 온 인류를 구원하는 보편적 기독교를 확립하기 위한 초석을 놓는 결정적인 전환점이 되었다.

기독교가 유대인들의 세계에서 온 인류의 보편종교로 확장되어 나감에 있어서, 결정적인 장애물은 할례와 율법의 준수라는 "막힌 담"(엡 2:14)의 역할을 하고 있던 유대 율법주의였다. 사도행전 15장의 예루살렘 공회의는 그 담을 헐어버리는 중대한 결정을 공식화하였다.

초대교회의 역사는 다음과 같은 3단계를 거치면서 유대인과 모든 이방인을 망라한 온 인류를 구원하는 보편적 기독교로 완성되는 과정을 밟아가고 있었다.

첫 번째는 예수님이 성육신하여 이 땅에서 성취하신 구속사역의 단계였다.

두 번째는 오순절 성령 강림을 계기로 베드로 등 12제자들이 중심이 되어 예루살렘과 온 유대와 사마리아와 그리고 디아스포라 유대인들 안에서 시작된 원시 기독교의 단계였다.

세 번째는 유대 율법주의의 막힌 담을 무너뜨리고 이방인 세계의 온 인류를 구원하는 보편적 기독교로 확장되던 단계였다.

예루살렘 공회의의 결정은 바로 세 번째 단계를 여는 결정적인 전환점이 되었다. 그러한 의미에서 사도행전 15장의 공회의 결정은 기독교 교회 역사의 대전환점이 되는 중요한 신학적 결정이었다.

만약 '이신칭의' 복음이 교회의 공식 교리로 확정하는데 실패하여, 유대 율법주의자들의 주장대로 이방인에게도 할례와 율법을 준수하도록 강요되었다면, 기독교의 역사는 완전히 달라졌을 것이다. 만약 그렇게 되었다면 기독교는 유대교의 한 분파로 전락하는 비극을 초래하고 말았을 것이다.

그러한 의미에서 복음의 역사에 있어서, 이 보다 더 중요한 신학적 결정은 없었다. 이 과정에서 바울은 주도적이고도 결정적인 역할을 감당했다.

예루살렘 공회의의 결정으로 유대인 세계에서 태동한 기독교가 이제 이방인의 세계로 급물살을 타고 흘러들어 갈 수 있게 되었다. 이방인들은 유대인들처럼 고통스럽게 할례를 행하거나 모세의 율법을 준수해야 한다는 율법주의의 멍에를 맬 필요가 없음이 확정되었다. 율법으로부터 자유로운 복음이 온 세상의 땅 끝까지 전파될 수 있게 된 것이다.

이를 계기로 예루살렘 교회와 12사도들이 주도했던 초기 유대인 중심의 원시 기독교 시대를 넘어서서, 이제 팔레스타인 밖의 이방인 세계 곧 온 인류 중심의 보편적인 기독교 시대가 열리게 되었다.

동시에 기독교 교회의 리더십도 예루살렘 중심의 베드로와 야고보 등 초기지도자들로부터 자연스럽게 이방인의 사도 바울에게로 그 중심축이 옮겨가고 있었다.

제 7 장

바울의 헬라 및 소아시아 선교 (50~57년)

1절 헬라지역 선교(50~52년)

2절 소아시아지역 선교(53~55년)

3절 헬라지역 순회선교(56~57년)

4절 마지막 예루살렘 방문(57년, 5차)

"이 일로 인하여
내가 예루살렘으로부터 두루 행하여
일루리곤까지 그리스도의 복음을
편만하게 전하였노라"(롬 15:19).

안디옥으로 복귀한 바울은 본격적인 선교 사역에 들어갔다. 바울은 이방인의 사도로서 할례와 율법 준수라는 전제 없이, 오직 예수 그리스도를 믿음으로 구원에 이르는 '이신칭의' 복음을 이방인들에게 전할 수 있는 기회를 적극 활용하기로 했다. 예루살렘 공회의에서 돌아온 50년부터 마지막으로 예루살렘에 복귀했던 57년까지 약 8년 동안에 걸쳐서, 바울은 헬라와 소아시아 지역을 대상으로 눈부신 선교 활동을 전개했다.

바울은 안디옥교회에서 바나바와 함께 45년부터 49년까지 약 5년 동안 공동목회를 했다. 그러나 예루살렘 공회의에서 돌아온 그 시점에서 바울의 바나바와의 공동목회는 종료되었다. 그 이유에 대하여, 사도행전은 1차 선교 여행 도중에 밤빌리아에서 중도에 예루살렘으로 돌아가 버린 마가 요한의 문제로 인해서 두 사도가 심히 다툰 까닭이라고 설명하고 있다(행 15:39).

이방인의 사도로 사명을 감당하도록 바울을 안디옥교회로 청빙하여 이끌어 주었던 바나바의 역할은 거기서 끝이 났다. 하나님은 이방인의 사도 바울로 하여금 그 사명을 감당하도록 하기 위해서 바나바를 그 앞에 인도자로 세우시고 사용하셨다. 누가는 바나바를 "착한 사람이요 성령과 믿음이 충만한 자라"(행 11:21)고 소개하고 있다.

바나바의 생질 마가는 후일에 베드로의 통역자로 '내 아들'(벧전 5:13)이라 칭함을 받았고, 바울과도 함께 동역(골 4:10)했으며, 우리에게 마가복음을 기록하여 남긴 교회의 중요한 인물이었다. 그러나 당시에는 마가로 인해서 바나바와 바울이 심히 다투어 헤어지게 되었고, 그래서 바나바는 마가를 데리고 구브로 섬으로 떠났고, 바울은 실라를 데리고 독자적인 선교활동을 하게 되었다.

이후 바울은 약 8년 동안에 걸쳐서 헬라 및 소아시아 지역에서 본격적인 선교 활동을 전개했다. 처음에는 유럽대륙인 마케도니아와 아가야 지역에서 약 3년 동안(50~52년, 2차)의 선교 활동을 했고, 잠시 예루살렘과 안디옥을 방문한 다음, 다시 에베소로 복귀하여 소아시아 지역에 대한 선교 활동과 헬라지역에 대한 순방 선교 활동을 약 5년 동안(53~57년, 3차) 실시했다.

바울은 로마서에서 그 동안 "예루살렘으로부터 두루 행하여 일루리곤(지금의 알바니아 지역)까지 그리스도의 복음을 편만하게 전하였다"(롬 15:19)고 쓰고 있다. 이 8년여의 헬라 및 소아시아에 대한 선교가 바울의 생애에 있어서 선교 활동의 절정기였다.

1절 헬라지역 선교 (50~52년)

바울은 실라(Silla)를 새로운 동역자로 택한 후에, 고향 다소 시절에 자신이 개척했던 "수리아와 길리기아 지역의 교회들을 다녀가며 굳게 하였다"(행 15:41). 수리아와 길리기아의 교회들은 바울이 안디옥교회에 청빙되기 이전 다소에서 10년여 동안의 무명시절에 전도하여 세운 교회들을 말하고 있다.

바울은 자신이 직접 선교하여 개척한 수리아와 길리기아의 지역교회들을 먼저 방문하고, 그 다음으로 1차 선교 여행 시에 세웠던 루가오니아 지방의 더베와 루스드라를 방문하여 교회들을 굳게 했다.

사도행전에서 누가가 '교회를 굳게 했다'는 의미는 바울이 예루살렘교회의 결정사항, 곧 사도와 장로들이 작성한 규례를 전하여 지키게 했음을 뜻한다. 누가는 "이에 여러 교회가 믿음이 더 굳어지고 수가 날마다 더하게 되었다"(행 16:5)고 전하고 있다.

루스드라에 도착해서 바울은 디모데(Timothy)를 제자로 받아들였다. 바울은 디모데가 유대인이므로 할례를 행하게 했다. 디모데는 루스드라와 이고니온에 있는 형제들에게 칭찬받는 청년이었으며, 부친은 헬라인이었지만 모친은 유대 여자였다.

바울은 디모데의 믿음을 "먼저 네 외조모 로이스와 네 어머니 유니게 속에 있더니 네 속에도 있는 줄을 확신한다"(딤후 1:5)고 회고하고 있다. 아마도 바울은 1차 선교 여행기간 또는 그 이전부터 디모데의 모친 및 외조모를 개인적으로 잘 알고 있는 관계였을 것이라는 추정된다.

1. 마케도니아 지역 선교 활동(50~51년)

바울은 루스드라에서 다시 브루기아와 갈라디아 땅으로 다녀가 무시아 앞에 이르러, 거기서 비두니아로 가고자 힘을 썼다(행 16:6~7). 당시 바울이 선교해야 할 목적지로 생각하고 있는 지역은 소아시아 지역이었다. 소아시아 지역을 건너뛰어서 유럽대륙인 헬라지역으로 바로 가고자 계획하지 않았다.

그러나 바울을 인도하시는 예수의 영 곧 성령께서 아시아에서 말씀을 전하지 못하게 하셨다. 무시아를 지나서 드로아로 내려갔는데, 드로아에서 밤에 바울에게 환상이 보였다(행 16:10). 드로아에서 바울이 본 환상은 마케도니아 사람 하나가 서서 바울에게 이르기를 건너와서 우리를 도우라는 것이었다. 이 환상을 보고 바울은 하나님이 자신에게 마케도니아로 건너가서 그들에게 복음을 전하라고 부르시는 줄로 인정하고, 그의 뜻에 순종하여 에게 해를 건너기로 했다.

드로아는 소아시아에서 유럽의 마케도니아로 들어가는 관문의 역할을 하던 항구 도시였다. 그렇게 해서 바울은 소아시아 지역을 건너뛰어 곧바로 유럽대륙의 헬라지역인 마케도니아와 아가야에 복음을 전하게 되었다.

1) 빌립보

소아시아의 드로아에서 바울 일행은 배를 타고 사모드라게를 경유하여 이튿날 마케도니아의 네압볼리 항에 도착하였다. 네압볼리 항에서 빌립보까지는 약 16Km가 된다. 빌립보(Philippo)는 마케도니아 지경의 첫 성이고, 로마의 직할 식민지였다.[80]

---

80. 빌립보는 B. C. 360년 마케도니아의 빌립 2세가 건설한 도시로, B. C. 168년 로마에 의해 정복당했고, B. C. 42년부터 로마 퇴역군인들을 주둔시켰다. 1세기 로마제국의 정복지는 1) 직할 통치령, 2) 위임 통치령, 3) 직할 식민지라는 세 가지 통치 조직을 가지고 있었다. 직할 통치령은 1) 로마총독이 직

이곳에는 유대인들이 살고 있지 않았다. 당시 누가도 바울 일행에 합류하고 있었다. 사도행전 16장 13절부터 '우리'라는 단어를 쓰고 있는데, 이는 누가 자신이 바울의 일행 중에 합류하여 함께 있었음을 의미한다.

빌립보에 수일을 머물다가, 안식일이 되자 바울 일행은 기도처를 구하려고 성밖으로 나갔다. 거기서 복음을 전하던 중에, 두아디라 성의 자주 장사 루디아(Lydia)라 하는 한 여인을 만났다. 그녀는 요한계시록의 일곱 교회 중의 하나인 루아디라성(계 2:17) 출신으로 옷에 물감을 들이는 자주 장사를 하는 유력한 여인이었다. 하나님을 공경하던 그녀와 그녀의 집이 다 바울의 복음을 듣고 세례를 받았다. 루디아는 바울 일행에게 "내 집에 들어와 유하라"(행 16:15)고 강권하여 자신의 집에 있게 하였다.

기도하러 가던 중에 바울 일행은 귀신들린 여종 하나를 만났다. 이 여자는 점을 쳐서 그 주인에게 돈을 벌어 주었다. 이 여종이 바울과 그의 일행을 좇아와서 따라다니며 "이는 하나님의 종으로 구원의 길을 너희에게 전하는 자라"고 여러 날을 외쳐댔다. 바울이 심히 괴로워하여 돌이켜 그 귀신에게 "예수 그리스도의 이름으로 내가 네게 명하노니 그에게서 나오라"(행 16:18)고 명했다. 그러자 그 귀신이 그 여종에게서 즉시 나갔다.

그렇게 되자 여종의 주인이 자기의 이익의 소망이 끊어진 것을 보고, 바울과 실라를 관원들에게 끌어갔다. 관원들은 여종의 주인이 "로마인인 우리가 받지도 못하고 행치도 못할 풍속을 전한다."는 고발을 듣고 죄도 정하지 않고, 두 사람의 옷을 찢고 매를 때려서 감옥에 수감하였다.

접 다스렸고, 2) 위임 통치령은 현지 왕들에게 위임하여 다스리게 했고, 3) 직할 식민지는 주로 로마 군대가 주둔하는 황제 직할령으로 다스려 졌다. 빌립보는 로마의 군대가 주둔하는 직할 식민지였다.

명령을 받은 간수는 바울과 실라를 옥에 가두고, 그 발을 착고에 든든히 채웠다. 밤중쯤 되어 바울과 실라가 기도하고 하나님을 찬미했다. 옥중의 죄수들이 듣고 있었는데, 홀연히 큰 지진이 나서 옥터가 움직이고 문이 곧 다 열리며 모든 사람의 매인 것이 다 벗겨지는 이적이 일어났다.

간수가 자다 깨어 옥문들이 열린 것을 보고 죄수들이 도망한 줄 생각하고 검을 빼어 자결하려 하자, 바울이 큰 소리로 "네 몸을 상하지 말라 우리가 다 여기에 있다"(행 16:28)고 제지하였다. 간수는 무서워 떨며 달려와 바울과 실라 앞에 부복하며 "선생들아 내가 어떻게 하여야 구원을 얻으리이까"라고 구원을 청했다.

바울은 "주 예수를 믿어라 그리하면 너와 네 집이 구원을 얻으리라"(행 16:31)고 가르쳐 주었다. 그리고 주의 말씀을 그 간수와 그의 집에 있는 모든 사람들에게 전할 수 있었다. 밤 그 시에 간수가 바울과 실라를 데려다가 그 맞은 자리를 씻기고 자기와 그 권속이 다 세례를 받은 후, 저희를 데리고 자기 집에 올라가서 음식을 차려 주고 저와 온 집이 하나님을 믿었으므로 크게 기뻐하였다.

옥터에서 발생한 지진과 간수의 집안이 다 구원받는 기적이 일어난 그 밤이 새자, 관원들이 간수에게 바울 일행을 석방하라고 지시하였다. 이때에 바울은 "로마 사람인 우리를 죄도 정하지 않고 공중 앞에서 때리고 옥에 가두었다가 이제는 가만히 우리를 내어 보내고자 하느냐"(행 16:37)고 관원들의 위법성을 지적하며 항의하였다.

관원들은 바울과 실라가 로마 사람이라는 말을 듣고 두려워하여 와서 권하여 데리고 나가 성에서 떠나기를 청하였다. 이에 두 사람이 옥에서 나와 루디아의 집에 들어가서 형제들을 만나보고 위로한 후에 빌립보를 떠났다.

이상은 사도행전 16장 11~40절의 내용이다. 누가는 바울이 빌립보에서 루디아와 그의 집, 그리고 간수와 그의 집이 구원에 이른 과정을 소개하고 있다. 이 작은 시작을 출발점으로 해서 유럽대륙의 최초 교회가 빌립보에 세워졌다. 그후 빌립보 교회는 바울과 매우 친밀한 관계를 맺게 되었다.

2) 데살로니가

바울 일행은 빌립보를 떠나서 암비볼리와 아볼로니아를 경유하여 데살로니가(Thessalonica)[81]에 도착했다. 데살로니가에는 빌립보와는 다르게 유대인들이 집단적으로 거주하고 있었고, 그들의 회당도 있었다. 누가는 여기서부터 바울 일행을 '우리'가 아닌 '저희'로 칭하고 있는데(행 17:1), 이는 그가 동행하지 아니 했음을 암시한다.

바울은 안식일에 자기의 규례대로 유대인의 회당에 들어가서 세 안식일 동안 성경을 가지고 강론을 했다. 바울은 성경의 뜻을 풀어 설명하기를 "그리스도가 해를 받고 죽은 자 가운데서 다시 살아야 할 것을 증명하고 예수가 곧 그리스도"(행 17:3)라고 전하였다. 강론을 들은 자들 중에 경건한 헬라인의 큰 무리와 적지 않은 귀부인들이 있었는데, 그들이 믿고 주를 좇았다.

그러나 유대인들은 경건한 헬라인의 큰 무리와 적지 않은 귀부인들이 믿게 된 것을 시기하여 괴악한 자들을 동원하여 떼를 지어 소동을 일으켰다. 그들은 바울 일행이 머물고 있던 야손의 집에 달려들어 그들을 끌어내려고 했다. 그러나 바울 일행을 발견치 못하고, 야손의 집과 형제를 잡아 읍장 앞에 끌고 가서 "가이사를 거역하여 예수를 임금이라고 한다"고 하며 그들을 고발했다.

---

81. 데살로니가는 터마만 북동쪽 끝에 위치해 있다. B. C. 315년 마케도니아 왕 카산더에 의해 새로운 도시로 면모를 갖추었고, B. C. 167년 로마의 속주로 편입되면서 마케도니아의 수도가 되었고, B. C. 42년 로마로부터 자유시의 특권을 부여받았다. 오늘날에는 인구 200만에 육박하는 그리스 제2의 도시이다.

무리와 읍장들이 이 말을 듣고 야손과 그 나머지 사람들을 잡고, 나중에는 보를 받고 풀어 주었다. 여기에는 바울과 실라가 데살로니가를 떠나는 조건이 포함되어 있었다. 그래서 밤중에 바울과 실라는 베뢰아로 떠나야했다. 바울의 복음에 대적하던 유대인들로 인해서 더 이상 머물러 있을 수 없었다.

그는 데살로니가에서 불과 3주 동안 강론을 통해서 복음을 전했다. 그러나 복음을 믿는 유대인들과 경건한 헬라인의 큰 무리와 적지 않은 귀부인들로 구성된 데살로니가교회를 개척할 수 있었다. 이후 바울은 그의 대리인인 실라와 디모데를 통해서, 그리고 데살로니가전서와 후서를 써 보냄으로서, 데살로니가교회를 관리할 수밖에 없었다.

[도표 4] **바울의 2차 선교 여행(50~52년)**

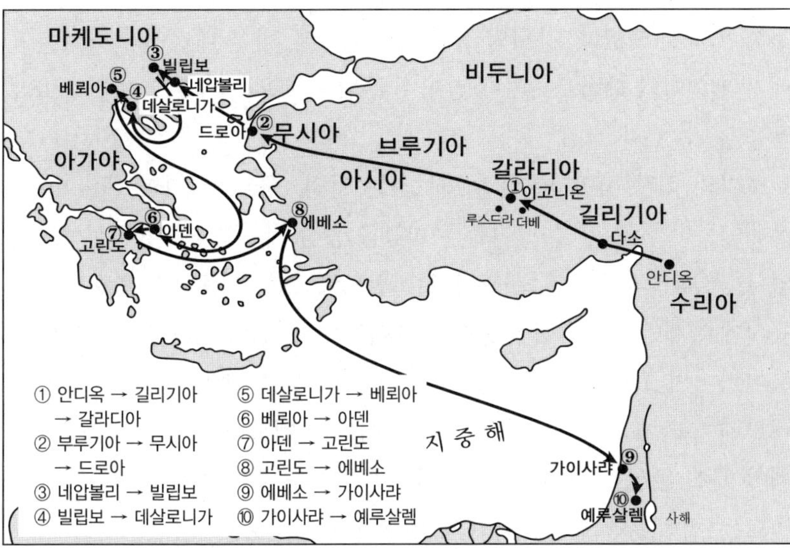

3) 베뢰아

유대인들의 박해로 인해서 바울 일행은 데살로니가를 떠나서 다시 베뢰아(Beroea)[82]로 피하게 되었다. 베뢰아에 도착해서도 바울은 바로 유대인의 회당에 들어가서 가르쳤다. 베뢰아 사람들은 데살로니가 사람보다 신사적이어서 간절한 마음으로 말씀을 받았다.

바울이 전한 복음을 듣고 이것이 그러한가 하여 날마다 성경을 상고하므로 믿는 사람이 많고 또 헬라의 귀부인과 남자가 적지 않았다. 이는 베뢰아의 유대인들이 데살로니가 유대인들처럼 괴악하지 않았음을 의미한다.

그러나 데살로니가의 유대인들이 베뢰아까지 원정을 왔다. 유대인들은 무리를 움직여 소동을 일으키게 했다. 베뢰아에서도 더 이상 복음을 전할 수가 없게 되었다. 그러자 형제들이 바울을 다시 바다가로 피신시키고, 실라와 디모데는 아직 거기 유하였다.

실라와 디모데는 바울이 아덴을 거처 고린도에 자리 잡은 다음 거기서 합류하게 되었다. 당시의 정황으로 보건데, 바울 대신에 실라와 디모데가 베뢰아와 데살로니가에 남아서 주님의 교회를 세우고 또한 지도했음을 알 수 있다.

로마의 직할 식민지였던 빌립보와는 달리, 데살로니가와 베뢰아에는 유대인들이 살고 있었고, 그들은 회당을 중심으로 공동체를 형성하고 있었다. 유대인의 회당은 선교의 접촉점으로 매우 유용하게 활용되었다. 동시에 유대인들의 극심한 반대를 초래하는 어려움을 당하기도 했다.

아가야의 고린도에 자리를 잡은 다음, 바울은 그의 대리자인 실라와 디모데, 그리고 그의 서신을 통해서 이들 마케도니아 지역의 교회들에 대한 목회 관리를 맡겨야 했다. 이처럼 마케도니아 지역에 대한 바울의 선교는 빌립보와 데살로니가와 베뢰아에서 종료하고, 아가야(그리스)

---

82. 베뢰아는 데살로니가에서 서편으로 80Km 떨어진 마케도니아의 성읍으로 해안으로부터 40Km 정도 내륙에 위치하고 있다.

지역으로 이동하였다.

2. 아가야 지역 선교 활동(51~52년)

바울은 베뢰아를 떠나 배를 타고 아가야(Achaia)[83]의 아덴(아데네)으로 이동하였다.

거기서 실라와 디모데가 오기를 기다리는 동안, 아덴의 온 성에 우상이 가득한 것을 보고 마음이 심히 분해졌다. 유대인의 회당에서는 유대인과 경건한 사람들을 상대로 변론하였고, 아덴의 저자 거리에서는 날마다 만나는 사람들을 상대로 변론하였다. 아덴 선교는 불가피하게 설득적인 변론 중심의 지성적인 선교사역이 되었다.

1) 아덴

아덴(Athene)[84]는 소크라테스, 플라톤, 아리스도텔래스와 같은 철학자들을 배출한 유력한 도시였다. 그러한 전통 위에서 철학과 사상에 관한 대중적인 연설과 토의가 성행하고 있었다.

아덴에서 바울은 어떤 쾌락주의자(Epicurean)[85]와 스토아학파(Stoics)[86] 철학자들과도 쟁론을 벌렸다. 이들은 바울이 예수와 또 몸의 부활의 전함을 듣고, 외국의 새로운 종교와 사상으로 간주하고, 바울을 아레오바고로 초대하여 강론하도록 기회를 주었다.

바울은 아레오바고(Areaopagus)[87]에서 아덴 사람들에게 다음과 같

83. Achaia는 당시 그리스가 B.C.146년 로마의 지배 하에 들어간 다음 그 지역에 대한 행정 명칭이었고, 그 수도가 고린도에 있었다.
84. 아덴은 고대 그리스의 유명한 도시국가로, 당시 정치, 경제, 문화의 중심지였다.
85. 쾌락주의는 사모스 섬 태생의 그리스 철학자 에피쿠로스(B .C. 341~270)에 의해 설립된 철학의 일파로서, 감각적 쾌락, 또는 행복을 최고의 덕목으로 삼고 있다. 여기서 쾌락은 육체적 쾌락이라기보다는 육적인 욕망을 억제함으로써 누리게 되는 마음의 행복을 말한다.
86. 스토아학파는 제논(B. C. 335~263)을 시조로 한 그리스의 철학의 일파로 헬레니즘 시대의 그리스 철학을 대표했다. 스토아학파는 이성의 우월성을 강조하며 이성에 기초한 덕을 최고선으로 여겨

은 요지의 설교를 했다.

(1) 아텐은 범사에 종교성이 많은 곳이다. 너희가 알지 못하고 위하는 그것을 내가 알게 하겠다(행 17:22~23).
(2) 만유를 지으신 하나님은 만민에게 생명과 호흡과 만물을 친히 주시는 자이시다. 그는 사람의 손으로 지은 전각에 계시지 않고, 무엇이 부족하여 사람의 손으로 섬김을 받는 그런 분이 아니시다(행 17:24~25).
(3) 하나님은 인류를 한 혈통으로 지으셨으며, 우리 각 사람에게서 멀리 떨어져 계시는 분이 아니시다(행 17:26~27).
(4) 우리가 하나님을 힘입어 살며 기동하며 존재하고 있다. 그러므로 신은 금이나 은이나 돌에다 새긴 것들과 같이 여길 존재가 아니다(행 17:28~29).
(5) 너희는 회개하라. 하나님이 공의로 심판할 날을 작정하시고, 예수 그리스도를 죽은 자 가운데서 다시 살리신 것으로 모든 사람에게 믿을 만한 증거를 주셨으니, 너희는 복음을 믿어라(행 17:30~31).

바울의 설교를 듣고 사람들은 부활을 비웃기도하고, 혹은 네 말을 다시 듣겠다 하며 떠나 버렸다. 몇 사람이 바울을 친하여 믿었는데, 그 중에 아레오바고 관원 디오누시오, 다마라하는 여자와 또 다른 사람들이 있었다.

바울의 아레오바고의 설교는 그 뿐이었다. 실로 실망스럽고 미미한 반응이었다. 이에 대하여 F. F. 부르스는 다음과 같이 논평하고 있다.[88)]

"아데네에서는 바울에게 아무런 폭행도 가해지지는 않았다. 그러나 그의 증거를 정중하게 환대하며 오락거리로 삼는 것은 폭행보다 더 난처한 일이었

서 정조적인 요소는 억제하고 엄격하고 금욕적인 도덕을 강조했다.
87. 아레오바고는 아덴 복서쪽에 있는 높이 115m의 석회암 언덕으로 아덴 최고의 재판소가 있던 곳이다.
88. F. F. Bruce, op.cit., 262.

다. 적어도 폭행을 가하는 것은 하나님의 증거를 듣고 어떤 영향을 받았음을 나타내는 것이기 때문이다. 그의 선교 사역에 있어서 아데네는 어느 다른 도시보다 고무적이지 못했다."

2) 고린도

바울은 큰 실망을 안고 아덴에서 배를 타고 겐그리아 항에서 내려 고린도로 선교지를 옮겼다. 당시 아가야의 수도였던 고린도(Corinth)는 그리스 본토 중부와 펠로폰네소스 반도를 잇는 지협에 위치한 도시였다. '그리스의 빛' 이라 불릴 정도로 학문과 문화가 발달했으며 상업과 무역이 번성했으나, 종교적으로는 헬라의 다신교가 주류를 이루고 있는 도시였다.

고린도전서 2장 3절에서 바울은 "내가 너희 가운데 거할 때에 약하며 두려워하며 심히 떨었노라"고 도착 당시의 심정을 토로하고 있다. 마케도니아에서는 핍박으로 몸을 피해야 했고, 아데네에서는 그의 복음 증거가 점잖게 외면당하는 아픔을 겪어야 했다. 고린도에 도착했을 때, 바울은 생계를 걱정해야 할 판이었다.

(1) 고린도교회 개척

바울은 고린도에서 아시아 본도 출신의 유대인 아굴라(Aquila)와 그의 부인 브리스길라(Priscilla)를 만나게 되었다. 바울이 빌립보에서 만나 도움을 받았던 루디아처럼, 이 부부는 고린도에서 바울에게 큰 도움을 준 귀중한 동역자였다.

글라우디오 황제(41~54년)가 로마에서 크리스토스 논쟁으로 분란을 일으킨 유대인들을 추방한 사건으로, 아굴라와 부리스길라 부부가 이달리아로부터 고린도에 들어오게 되었다. 이들의 생업은 장막을 만드는 일이었다.

자비량 선교사인 바울은 고린도에 도착하여 장막을 만드는 자신의 직업을 따라 우선적으로 일자리를 찾아 나섰다. 장막을 만드는 일자리를 찾는 과정에서 아굴라와 부리스길라 부부가 경영하는 장막 짓는 회사에 들어가게 되었고, 그렇게 해서 바울은 이들 부부를 만나게 되었다.

바울이 만난 이 부부는 장막을 짓는 동업자였을 뿐만 아니라, 복음을 전하는 선교사업에도 뜻을 함께 할 수 있는 귀중한 동역자였다. 실로 여호와 이레 하나님께서 바울을 위해서 준비해 둔 협력자들이었다. 고린도에서 아굴라와 부리스길라 부부를 만나 자리를 잡게 된 바울은 그의 습관을 따라 안식일마다 유대인의 회당에 들어가 강론하고 유대인과 헬라인들을 상대로 권면하였다.

그러다가 실라와 디모데가 마케도니아로부터 고린도에 도착하자, 바울은 하나님의 말씀에 붙잡혀 유대인들에게 '예수가 그리스도라' 밝히 증거 하기 시작하였다. 십자가에서 죽은 나사렛의 예수가 그리스도라고 복음을 전하자, 고린도의 유대인들도 데살로니가처럼 극심하게 대적하며 훼방하기 시작하였다.

바울이 예수가 그리스도라는 복음을 선포하면 그에 대한 유대인들의 대적과 훼방으로 유대인의 회당에서 소동이 발생하는 것은 하나의 일반적인 패턴을 이루고 있었다. 그러한 상황에서 바울은 언제나 유대인으로부터 이방인에게로 넘어 가는 선교의 경로를 따르고 있었다.

고린도에서도 바울은 훼방하는 유대인들에게 "너희 피가 너희 머리로 돌아갈 것이요 나는 깨끗하니라 이후로는 이방인에게로 가리라"(행 18:6)고 선언하고, 유대인의 회당을 떠나서 헬라인들을 대상으로 복음을 전하기 시작하였다.

당시 바울의 전형적인 선교 방식은 일단 유대인의 회당에 들어가서 율법과 선지자의 말씀을 따라 예수가 그리스도라는 복음을 먼저 증거하고, 그에 대한 유대인들의 반발과 훼방에 의해서 이방인들에게로 가는 수순을 밟아 가는 것이었다. 바울이 회당에서 '예수가 그리스도다' 라고 복음을 전파할 때, 다메섹 이전의 바울 자신처럼 그에 대적하는 유대인들이 일어나 훼방하는 과정에서, 사람들은 복음을 믿고 따르는 무리와 대적하는 무리로 극명하게 분리되는 과정을 밟았다.

바울이 '내가 이방인에게로 간다'고 선포할 때, 거기에는 믿는 유대인과 유대인 회당에 나오는 경건한 이방인들 또는 개종한 이방인들의 대다수가 바울의 복음을 따라서 새로운 그리스도의 교회를 형성하는 토대가 되었다. 유대인들의 극심한 핍박에도 불구하고, 바울이 어느 도시에 가든 먼저 유대인의 회당으로부터 복음을 전파하기 시작한 이유가 거기에 있었다. 즉 그 방법이 초기 믿는 자들을 모으는 가장 효과적인 방법이었는데, 이는 하나님께서 그리스도의 복음을 위해서 미리 준비해 두신 길이였다.

회당에서 쫓겨난 바울은 회당 옆에 있는 디도 유스도라고 하는 사람의 집에 들어가 자리를 잡았다. 그는 하나님을 공경하는 사람이었다. 또 회당장 그리스보가 온 집으로 더불어 주를 믿었고, 수다한 고린도 사람들도 듣고 믿어 세례를 받았다. 점차로 믿고 따르는 자들이 늘어나고 있었다. 그렇게 해서 고린도교회가 든든히 세워져 나갔다.

그즈음 밤중에 주께서 환상 가운데 바울에게 나타나시어 "두려워하지 말며 잠잠하지 말고 말하라 내가 너와 함께 있으매 아무 사람도 너를 대적하여 해롭게 할 자가 없을 것이니, 이는 이 성 중에 내 백성이 많음이니라"(행 18:9~10)는 계시의 말씀을 주셨다. 주님의 말씀에 순종하여 바울은 일 년 육 개월 동안 고린도에 상주하며 그곳에 교회를 세웠다.

(2) 바울 고발 사건

로마의 철학자 세네가의 형제 갈리오가 아가야 총독이 되었을 때에, 고린도의 유대인들이 일제히 일어나서 바울을 고소하였다. 이는 유대인들이 산헤드린의 지시에 따라 바울을 로마 당국에 고소했음을 암시한다. 고소한 사유는 "율법을 어기고 하나님을 공경하라고 사람들을 권한다"는 죄목이었다.

재판 자리에 세워진 바울이 자신을 변론하기 위해 입을 열려고 할 때에, 갈리오 총독은 유대인들에게 다음과 같이 말하였다. "너희 유대인들아 만일 무슨 부정한 일이나 괴악한 행동이었으면 내가 너희 말을 들어주는 것이 가하다. 그러나 만일 문제가 언어와 명칭과 너희 법에 관한 것이면 너희가 스스로 처리하라. 나는 이러한 일에 재판장 되기를 원치 아니하노라"(행 18:14~15).

그리고 로마 총독 갈리오는 재판 자리에서 유대인들을 쫓아내었다. 유대인들이 회당장 소스데네를 잡아 재판 자리 앞에서 때렸지만, 갈리오 총독은 그 일이 유대인의 종교 문제라는 이유로 상관하지 않았다. 갈리오 총독의 이 같은 처리 방침은 이후 바울의 선교 활동에 매우 중요한 의미를 갖는 결정이었다.

> "갈리오가 바울에 대한 고소를 기각한 것은 중대한 선례가 되어 바울에게 유리한 영향을 끼쳤다. 갈리오가 유대인들의 주장대로 바울에게 반역죄를 선고했더라면 영향력 있는 총독이 행한 그러한 불법적인 통치는 로마제국의 모든 지방 총독들에게 하나의 선례로 받아들여졌을 것이고, 그렇게 되었으면 바울의 사도적인 사역은 막대한 방해를 받게 되었을 것이다."[89)]

이 사건은 갈리오 총독의 처리 방침에 따라 로마제국의 영토 내에서 바울의 선교 사역이 불법이 아니라는 것을 공식적으로 천명하는 전화위복의 계기가 되었다.

---

89. Ibid., 269.

3. 데살로니가전후서

고린도에서 일년 육 개월 동안 머무르면서, 바울은 마케도니아 지역의 교회들도 함께 돌보고 있었다. 바울은 데살로니가에서 약 3주간을 머무르며 전도하였고, 예기치 않은 사건으로 베뢰아로 도피하였다가 실라와 디모데를 그곳에 남겨두고 떠날 수밖에 없었다.

그리고 자신은 혼자서 아데네로 떠나야 했었다(행 17:14~15). 바울은 데살로니가에서의 짧은 체류에 대하여 복음 전도를 시작만하고 완성하지 못했기 때문에 매우 안타까워했다. 바울이 아데네에서 사역하는 동안 디모데가 도착하여 그후의 소식을 전해 주었다.

그후에 고린도에 도착하여 상주하고 있는 동안, 바울은 데살로니가전서와 후서를 써서 데살로니가교회에 보냄으로서, 데살로니가 교인들을 지도하고자 했다.

1) 배경과 목적

바울은 마음으로는 데살로니가로 돌아가고 싶었지만 "사단이 그를 막고 있어서"(살전 2:18) 그렇게 할 수 없었다. 바울은 자기를 대신하여 디모데를 다시 데살로니가로 되돌려 보내었다(살전 3:3). 디모데와 실라는 상당한 기간 동안 데살로니가에 머물면서 바울을 대신하여 마케도니아 지역의 교회들을 돌보고 있었다.

바울은 아데네에서 잠시 사역을 하다가 그곳을 떠나 큰 항구 도시 고린도로 이동하였다. 고린도에서 사역하는 동안, 그곳에서 마케도니아로부터 실라와 디모데 두 사람이 돌아와 만나게 되었다(행 18:5). 이들로부터 데살로니가교회의 고무적인 소식을 전해 듣고 바울은 모든 걱정을 씻어 버렸다(살전 3:6~9).

그는 데살로니가교회의 진보를 칭찬하고 감사하면서 다른 한 편으로는 그들을 더 가르칠 목적으로 데살로니가전서를 써서 디모데 편에 보냈다. 그리고 얼마 있다가 곧 데살로니가 후서를 써서 보낸 것 같다. 두 편지는 서로 차이점이 있지만, 서로 깊은 연관성을 가지고 있다.

데살로니가전서에는 곧 가까이 올 종말에 대한 기대가 기록되어 있다(살전 4:13~5:11). 전서를 읽은 데살로니가 교인들이 아마도 바울 사도의 편지 내용을 오해하고, 그로 인해 주님의 재림을 열광적으로 기대하고 있었던 것 같다(살후 2:2).

데살로니가 후서는 주님의 재림에 앞서 다른 여러 가지 일들이 일어날 것을 염두에 두고 조심스럽게 그리고 참을성 있게 미래를 기대하도록 충고하고 있다(살후 2:1~12). 따라서 데살로니가 후서는 전서로 인해서 야기된 오해와 그로 인한 혼란을 교정하려는 목적으로 쓰여 졌다고 볼 수 있다.

2) 구조와 내용

(1) 데살로니가전서

데살로니가전서는 서언 및 인사(1:1), 데살로니가 교인들에 대한 바울의 기쁨과 감사(1:2~3:13), 그리스도의 재림을 중심으로 바울의 교훈과 권고(4:1~5:24), 마지막으로 결언과 인사로(5:23~28) 구성되어 있다.

• 서언 및 인사(1:1) : 바울은 실라와 디모데와 함께 공동의 이름으로 데살로니가인의 교회에 편지하고 있다.

• 제1부 바울의 기쁨과 감사(1:2~3:13) : 바울은 데살로니가교회가 박해를 받으면서도 마케도니아와 아가야에서 모든 믿는 자의 본이 되었음을 칭찬하고(1:2~10), 사도로서 목숨을 걸고 복음을 전하기 위해 최선을 다한 자신의 사역을 변호하고(2:1~12), 유대주의의 잘못을 비판하고 교회의 동일성을 강조하며(2:13~16), 그간의 사정을 돌아보면서 바울 사도는 데살로니가 성도들과의 긴밀한 교제를 간절히 소망하고 있다

(2:17~3:13).

• 제2부 바울의 교훈과 권고(4:1~5:24) : 바울은 성도들이 거룩하고 부지런하여 하나님을 기쁘게 하는 삶을 살도록 권고하며(4:1~12), 주의 재림과 종말론적인 소망을 언급하며 근신하여 깨어 있을 것을 당부하고(4:13~11), 종말을 기다리는 성도의 생활을 언급하고 있다(4:12~24).

• 결언과 인사(5:23~28) : 마지막으로 모든 형제들에게 이 편지를 읽어 들이도록 당부한다.

(2) 데살로니가 후서

데살로니가 후서는 전서가 발송되고 나서 몇 개월 후에 보내졌다.

후서의 구조는 머리말(1:1~2)에 이어서, 주 내용으로 박해를 견디는 성도들에 대한 감사와 격려(1:2~12) 재림의 날에 대한 바울의 교훈(2:1~17)과 교회에 대한 바울의 실천적인 권면(3:1~15)을 제시하고, 마지막 인사와 축도로(3:16~18) 구성되어 있다. 후서의 중심 주제는 전서에서 언급한 종말론적 소망에 대한 데살로니가 교인들의 오해를 바로잡는 것이다.

• 머리말(1:1~2) : 전서와 같이 바울과 실라와 디모데의 공동 명의로 데살로니가교회에 편지한다.

• 주의 재림에 대비한 생활(1:3~3:16) : 환난 받는 데살로니가의 성도들을 격려하며 주의 재림 시에 주 안에서 영광을 받을 것을 격려하고(1:3~12), 주의 재림이 있기 전에 먼저 적그리스도가 출현할 것이며(2:1~12), 심판의 그날에 성도들은 영광을 받을 것(2:13~17)이므로, 그날을 소망하며 기도생활에 힘쓰면서(3:1~5), 성도들은 일상생활에 있어서 흔들림이 없이 건전하게 성실히 살아 갈 것을 권면하고 있다(3:6~15).

• 결언(3:17~18) : 마지막으로 데살로니가 교인들의 평강을 기원한다.

4. 예루살렘 귀환여행(52년, 4차)

고린도에서 일 년 육 개월 동안을 사역한 후에, 바울은 고린도교회의 형제들에게 작별을 고하고, 예루살렘으로 귀환 길에 올랐다. 바울의 귀환 길에 브리스길라와 아굴라 부부가 동행하였다.

고린도에서 15Km 동쪽에 있는 겐그레아 항에 도착하여 바울은 일찍이 서원이 있어서 율법에 따른 결례를 따라서 머리를 깎았다. 바울은 이방인 기독교인들에게 율법으로부터 자유할 것을 가르쳤지만, 그러나 자신은 유대인으로서 율법의 서원을 기꺼이 준수하고 있었다.

바울 일행은 겐그레아에서 배를 타고 바다를 건너 소아시아에 도착하여 소아시아의 중심도시인 에베소에 들렀다. 함께 간 일행을 에베소에 머물게 한 다음, 바울은 곧바로 유대인의 회당에 들어갔다. 거기서 복음을 증거하며 유대인들과 변론하였다. 이때의 변론은 온건한 가운데 진행되었던 것 같다. 큰 소동이 일어나지 않았고, 여러 사람이 더 오래 있기를 청하기까지 하였다.

바울은 에베소에 잠시 머물다가 곧 작별을 고했다. 에베소 사람들에게 "만일 하나님의 뜻이라면 너희에게로 돌아오겠다"(행 18:21)는 약속을 남기고, 예루살렘으로 귀환하는 배에 올랐다.

바울과 동행했던 브리스길라와 아굴라 부부는 에베소에 남았다. 그들은 장막을 만드는 사업가로서, 아마도 에베소로 사업을 확장하면서 동시에 바울의 소아시아 지역에 대한 선교 사역을 도울 목적을 가지고 에베소로 동행한 것으로 추정된다.

바울이 예루살렘으로 떠난 후에 브리스길라와 아굴라 부부는 에베소에서 알렉산드리아 출신의 유대인 아볼로를 만났다. 아볼로(Apollos)는 학문이 많고 성경에 능하며 일찍 주의 도를 배워 열심히 예수에 관한 것을 자세히 말하며 가르치는 사람이었다(행 18:24).

그러나 아볼로는 세례 요한의 세례만 아는 사람이었다. 아굴라와 브리스길라 부부는 아볼로가 유대인의 회당에서 말하는 것을 듣고, 그를 데려다가 하나님의 도를 더 자세히 가르쳐 주었다. 브리스길라와 아굴라 부부는 아볼로가 아가야로 건너가고자 하는 것을 알게 되었고, 그래서 아볼로를 아가야로 건너가도록 권장하며, 아볼로를 영접하도록 고린도교회에 소개했다.

그렇게 해서 아볼로는 아굴라와 브리스길라의 소개로 에베소에서 아가야로 건너가서, 바울이 개척한 고린도교회의 후임 목회자가 되었다. 아볼로는 바울의 후임 목회자로 고린도교회를 맡아 사역하게 되었으며, 그가 사역하고 있는 동안 고린도교회는 별문제를 일으키지 않고 있었다.

한편 바울은 소아시아의 에베소를 떠나서 팔레스타인의 가이사랴에 상륙하여, 거기서 다시 예루살렘으로 올라가 교회에 들렸다. 그는 예루살렘의 교회에 들러서 교회지도자에게 자신의 헬라지역에서의 선교 활동에 대한 상세한 결과를 보고하였을 것이다.

이번 예루살렘 방문은(52년) 다메섹 회심 후 바울의 네 번째(4차) 방문이었다. 예루살렘 공회의 참석으로부터 약 3년만의 방문이었다. 예루살렘 방문을 끝낸 다음 바울은 수리아의 안디옥으로 이동하였고, 안디옥교회에서 얼마동안 머물러 있었다. 이 방문은 안디옥교회에 대한 바울의 마지막 방문이 되었다.

2차 선교 여행을 떠나면서 바나바와 헤어진 바울은 신분적으로 안디옥교회에 소속된 파송 선교사의 신분이 아니라, 독자적으로 이방인의 사도로서 선교 활동을 했던 것으로 평가된다. 당시 바울은 이방인의 사도로서 안디옥교회의 파송 선교사의 신분이라기보다는 예루살렘 교회와 직접 관계를 맺고 독립적으로 활동한 선교사였다고 보는 것이 더 합당하다.

바울이 먼저 예루살렘 교회를 직접 방문하여 마케도니아와 아가야 지역에 대한 선교 결과를 보고하고, 그 다음으로 안디옥교회에 들린 이유도, 그가 안디옥교회의 파송 선교사 신분이 아니라 이방인의 사도로서 예루살렘교회와 독자적인 관계를 맺고 있는 독립선교사였다는 사실과 결코 무관한 것이 아니었다.

2절 소아시아 지역 선교 (53~55년)

예루살렘과 안디옥에서 다시 에베소로 복귀한 바울은 53년부터 55년까지 소아시아를 대상으로 선교 활동을 전개하였다. 통상 바울의 제3차 선교 여행으로 불려지는 기간은 53년부터 57년까지를 망라하고 있다. 그 중 전반기(53~55년)는 소아시아지역 선교를 했고, 후반기(55~57년)는 헬라지역 순방 선교를 했다. 여기서는 먼저 에베소를 거점으로 한 전반기의 소아시아 지역 선교를 다루고자 한다.

1. 소아시아 내륙 여행

수리아의 안디옥을 출발한 바울은 소아시아의 에베소까지 육로를 이용하여 험준한 내륙지역을 여행했다.

누가는 사도행전에서 바울의 여행을 "갈라디아와 브루기아 땅을 차례로 다니며 모든 제자들을 굳게 했다"(행 18:23)고 아주 간략하게 기술하고 있다. 그러나 안디옥에서 에베소까지 먼 거리를 육로를 따라 험준한 내륙지역을 여행했다는 것은, 당시의 여행 환경을 고려할 때, 상당히 오랜 시간과 적지 않은 수고와 많은 일들이 있었음을 시사한다.

갈라디아 지역은 1차 여행시의 선교지(이고니온, 루스드라, 더베)였고, 바울이 2차 여행시 방문하여 제자로 삼은 디모데의 고향 루스드라가 있는 지방이다. 확실한 언급은 없지만, 바울은 디모데를 데리고 함께 여행했고, 디모데의 집도 방문했을 것이다.

바울 일행은 비시디아 안디옥을 거쳐 거기서 대략 200여 Km 이상 떨어진 험준한 타우루스 산맥의 산악 지역을 넘어서, 브루기아 지방에 도착했다. 브루기아(Phrygia) 땅은 소아시아의 중부 내륙에 있는 광대한 고원(900~1,000m)지대로서 골로새, 히에라볼리, 라오디게아와 같은 유명한 도시들이 있는 지방이다.

우리는 골로새서(4:13~17)를 통해서 바울이 이 지역의 지도자 에바브라와 그 지역의 교회들에 대해서 잘 알고 있음은 물론 깊은 관계가 있었음을 알 수 있다. 그러므로 바울이 브루기아 지방을 여행하는 동안, 그 지역에 대한 선교 활동을 했을 것으로 보는 것이 합당할 것이다.

사도행전은 바울이 안디옥에서 출발하여 에베소에 이르는 복귀 여행을 단 한 절로 간단히 기록하고 있지만, 그 내용은 우리가 아는 것보다 훨씬 더 풍부한 여러 가지 활동이 있었음을 암시한다.

2. 에베소에 도착한 바울

에베소(Ephesus)[90]에 도착한 바울은 53년부터 55년까지 약 3년 동안에 걸쳐서 선교 활동을 했다. 바울의 에베소 선교 사역은 비단 그 도시뿐만이 아니라 소아시아 지역 전체를 대상으로 하는 광역 선교를 병행하고 있었다.

우선 에베소교회를 개척하면서, 무엇보다도 두란노서원의 강론에 집중했다. 두란노서원의 강론 사역은 소아시아 전역은 물론 헬라지역을 망라한 복음 전도를 위한 말씀의 일꾼들을 육성하여, 그들을 통한 광역 선교를 가능케 한 토대가 되었다.

동시에 바울은 성령께서 역사하시는 큰 능력을 행사하고 있었다. 에

90. 에베소는 소아시아의 서쪽 해안에 위치한다. 북쪽의 헤르무스 강 하구에 있는 서머나와 남쪽의 메안더 강 하구에 위치한 밀레도의 중간을 흐르는 카이스터 강 하구에 있다. 에베소는 당시 아시아주 최대의 도시로서, 세계 7대 불가사의 가운데 하나인 아데미 신전이 있었다. 이 신전은 A.D. 262년 고트족에 의해서 훼손되어 오늘날에는 거의 흔적을 찾아 볼 수 없다.

베소에서 바울은 성령의 나타나심과 그 능력으로 효과적인 전도를 할 수 있었다. 에베소와 소아시아 지역의 토착적인 영적 세력을 제압하는, 성령의 힘에 의한 능력전도가 이루어지고 있었다.

이처럼 바울은 말씀과 성령에 의한 선교 사역을 능력 있게 전개할 수 있었다. 불과 3년이라는 짧은 기간 동안에 에베소는 물론 그 주변의 소아시아 전역에 대한 광역 선교를 바울이 마무리할 수 있었던 비밀은 바로 그의 말씀과 성령에 의한 능력 있는 사역 때문이었다.

1) 에베소교회 개척

오랜 여행 끝에 에베소에 도착한 바울은 곧 아볼로가 고린도교회의 후임 목회자로 파송된 사실을 알게 되었고, 곧 아볼로의 제자 12명을 만날 수 있었다. 바울이 그들에게 "너희가 믿을 때에 성령을 받았느냐"고 물었는데, 그들은 "아니라 우리는 성령이 있음도 듣지 못하였노라"고 대답하는 것이었다(행 19:2).

아볼로의 제자들은 세례 요한의 세례만 알고 있었다. 바울은 그들에게 주 예수의 이름으로 세례를 주었다. 바울이 안수하매 성령이 그들에게 임하시므로 방언도 하고 예언도 했다.

바울은 에베소에서도 그의 전형적인 선교 방식대로 먼저 유대인의 회당에 들어갔다. 유대인의 회당에서 석 달 동안을 담대히 하나님의 나라에 대하여 강론하면서 권면하였다. 다른 지방에서와 같이 에베소에서도 마음이 굳어 순종치 않는 유대인들이 들고 일어났다.

다메섹 이전의 바울과 동류인 유대인 반대자들은 무리 앞에서 그가 전한 그리스도의 복음을 비방하기 시작했다. 그러나 큰 소동이 일어나지는 않았다. 에베소의 유대인들은 마케도니아와 아가야 지방의 유대인들보다는 온건했던 것으로 보인다.

바울은 곧 복음에 반대하는 유대인들을 떠나서, 제자들을 따로 모아서 에베소교회를 개척하였다. 여기에는 성령 세례를 받은 아볼로의 열두 제자, 예수를 그리스도로 영접한 유대인과 회당에 참여하고 있던 적지 않은 경건한 헬라 이방인들이 모두 포함되었을 것이다.

어느 도시에 가든지 초기 그 지역교회의 토대를 구성한 무리들은 바로 이들이었다. 이렇게 모여진 초기의 결신자 무리를 토대로 토착 교회를 개척해 나갔던 것이다.

2) 두란노서원에서의 강론사역

바울은 유대인들의 회당을 떠나 믿는 제자들을 따로 세웠다. 이들이 에베소교회의 개척자들이 되었다. 바울은 이들을 대상으로 두란노서원에서 날마다 강론하였다. 두란노서원의 강론은 2년 동안이나 매일 지속되었다.

오순절 성령 강림 이후 발생한 신약교회에 있어서, 바울의 두란노서원은 아마도 최초의 신학교였다고 말할 수 있을 것이다. 바울은 제자들에게 성경에 계시된 율법과 선지자를 통해서 예수가 그리스도라는 복음의 진리를 체계적으로 강론하였다.

두란노서원에서는 갈라디아서에서 제시한 '이신칭의' 의 복음을 근본으로 바울의 모든 신학적인 진리가 체계적으로 모두 강론되었을 것으로 추정된다. 우리는 두란노서원의 강론 사역을 통해서 바울의 신학이 완성도를 높여 갔다고 말할 수 있을 것이다.

중요한 것은 두란노서원에서 바울이 2년 동안이나 누구를 대상으로 무든 내용을 날마다 강론했느냐는 점이다. 누가는 "이 같이 두 해 동안을 하매 아시아에 사는 자는 유대인이나 헬라인이나 다 주의 말씀을 듣더라"(행 19:10)고 기록하고 있다. 그러므로 아시아에 있는 유대인이나 헬라인을 구별하지 않고 특별히 현지의 토착 기독교 지도자들을 양성하기 위한 강론 사역이었던 것이다.

사도행전 20장에는 바울이 예루살렘으로 귀환하는 여행 중에 밀레도에서 에베소의 장로들을 청하여 행한 고별 설교가 소개되어 있다.

> "아시아에 들어온 첫날부터 지금까지 내가 항상 너희 가운데서 어떻게 행한 것을 너희도 아는 바니 곧 모든 겸손과 눈물이며 유대인의 간계를 인하여 당한 시험을 참고 주를 섬긴 것과 유익한 것은 무엇이든지 공중 앞에서나 각 집에서나 꺼림이 없이 너희에게 전하여 가르치고 유대인과 헬라인들에게 하나님께 대한 회개와 우리 주 예수 그리스도께 대한 믿음을 증거했다."(행 20:18~21).

이들 에베소의 장로들 대부분이 두란노서원에서 날마다 바울의 강론을 들었던 제자들이었을 것이라는 추론이 가능하다. 두란노서원에서 수강한 신학생들은 에베소뿐만 아니라 소아시아의 여러 도시들과 심지어 마케도니아 및 그리스의 도시들에서 온 제자들도 상당수 포함되어 있었다.

당시 바울의 선교단은 상당히 큰 규모의 맨 파워(man power)를 형성하고 있었다. 선교 현장에서 관계를 맺은 제자들이 적지 않았겠지만, 그보다 두란노서원의 강론을 통해서 양성된 지도자들이 더 많았을 것이라는 개연성을 고려하지 않을 수 없다. 두란노서원의 강론 사역은 평신도들을 위한 과정이라기보다는 신학적으로 전문성을 갖춘 현지의 토착 지도자들을 양성하는 사역이었을 가능성이 더 많다고 생각한다.

바울이 50년부터 57년까지 약 8년여 동안에 헬라지역(마케도니아와 아가야)과 에베소를 중심으로 한 소아시아지역의 선교 활동을 아무런 의심 없이 마무리 짓고, 자신이 정한 새로운 선교지인 로마와 스페인(서바나)으로 떠나려고 결심할 수 있었던 배경에는 두란노서원의 강론 사역을 통해서 양성한 지도자들에 대한 신뢰가 있었던 것으로 추정된다.

그 당시 이러한 바울의 자신감은 최소한 다음 두 가지 배경을 전제로 했을 것이다. 첫째는 바울 자신의 선교 활동을 통해서 이 지역에 대한 복음의 기초가 어느 정도 굳건히 세워져 있다고 판단했기 때문이었을 것이고, 둘째는 자신이 떠난 후에도 현지의 토착 지도자들이 능히 지속적으로 바울이 전한 복음 사역을 잘 감당할 수 있도록 충분히 준비되어 있다고 믿을 수 있었기 때문이었을 것이다.

3) 성령에 의한 능력전도

두란노서원의 강론사역을 통해서 진리의 말씀을 전한 바울은 다른 한편으로 성령의 나타나심으로 강력한 권능을 행사하는 능력전도를 행할 수 있었다. 에베소에서 "주의 말씀이 힘이 있어 흥왕하여 세력을 얻었다"(행 19:20). 바울의 전도는 두란노서원의 강론을 통한 말씀사역과 함께, 그를 통해서 역사하시는 성령의 권능이 강하게 나타남으로 인한 능력전도가 이루어지고 있었다.

에베소에서 고린도교회에 써 보낸 고린도전서에서 바울은 성령의 은사에 관하여 다음과 같이 언급하고 있다.

> "어떤 이에게는 성령으로 말미암아 지혜의 말씀을, 어떤 이에게는 같은 성령을 따라 지식의 말씀을, 다른 이에게는 같은 성령으로 믿음을, 어떤 이에게는 한 성령으로 병 고치는 은사를, 어떤 이에게는 영들 분별함을, 다른 이에게는 각종 방언 말함을, 어떤 이에게는 방언들 통역함을 주시나니"(고전 12:8~10).

성령이 충만한 바울은 에베소에서 이 모든 은사를 능히 행사하고 있었다. 이방인의 사도 바울이 에베소에서 행한 능력에 관하여 사도행전은 "하나님은 바울의 손으로 희한한 능을 행하게 하셨다 심지어 사람들이 바울의 몸에서 손수건이나 앞치마를 가져다가 병든 사람에게 얹으면 그 병이 떠나고 악귀도 나갔다"(행 19:11~12)고 소개하고 있다.

영적인 능력대결에게 성령의 권능이 나타남으로 강력한 치유와 축사의 능력이 행해지고 있었다. 이처럼 에베소에서 바울은 말씀과 함께 또한 성령의 능력으로 선교할 수 있었다. 그와 같이 성령의 능력이 나타나자, 돌아다니며 마술하는 어떤 유대인들까지도 시험적으로 악귀 들린 자들에게 "내가 바울의 전파하는 예수를 빙자하여 너희에게 명하노라"고 하며 다녔다.

그 중에 유대의 한 제사장 스게와의 일곱 아들도 이 일을 행했는데, 악귀가 대답하기를 "예수도 내가 알고 바울도 내가 알거니와 너희는 누구냐"라고 하며 악귀 들린 사람이 그 두 사람에게 뛰어올라 억제하여 이김으로, 저희가 상하여 벗은 몸으로 그 집에서 도망하는 사건이 발생하기도 했다. 성령의 능력의 나타나심으로 복음이 불길처럼 번져 나가고 있었다.

> "에베소에 거하는 유대인과 헬라인들이 다 이 일을 알고 두려워하며 주 예수의 이름을 높이고 믿은 사람들이 많이 와서 자복하여 행한 일을 고하며 또 마술을 행하던 많은 사람이 그 책을 모아 가지고 와서 모든 사람 앞에서 불사르니 그 책값을 계산한즉 은 오만이나 되었다"(행 19:17~19).

책값이 은 오만이나 되는 마술하는 책을 불사를 정도였다면, 당시 바울을 통해서 성령의 역사에 의해서 나타나고 있던 영적인 능력의 왕성함이 얼마나 강력했는지 가히 짐작할 수 있는 일이다.

3. 바울의 소아시아 광역 선교

바울의 소아시아 지역 선교는 에베소 중심의 거점 선교 방식이었다. 구브로 섬과 갈라디아 지역 선교 여행 시(1차), 바울과 바나바는 선교 대상 도시들을 차례로 순방하면서 복음을 전했다. 그리고 2차 선교 여행의 초기 마케도니아 지역에서도 1차 여행과 같이 선교지를 순방하는 방식으로 복음을 전했다.

그러나 고린도에서는 일 년 육 개월 동안 그곳에 상주하면서 복음을 전했다. 소아시아 지역에 대한 바울의 선교전략은 에베소를 거점으로 상주하면서, 그 주변의 도시들에 대한 광역의 선교 활동을 병행하는 방식이었다.

선교 대상 도시를 찾아다니던 순방 선교로부터 소아시아 지역의 중심지인 에베소에 선교 본부를 두고, 그 영향권 내에 있는 주변 도시들에 대한 선교를 병행하는 거점 선교 전략으로 전환하여, 이를 소아시아 전역에 적용했던 것으로 추정된다.

로마의 옥중에서 골로새 교회에 보낸 바울의 서신은 사도행전을 기록한 누가가 언급하지 않은 바울의 광역 선교 활동에 관한 정보를 제공한다.

"그(에바브라)가 너희(골로새)와 라오디게아에 있는 자들과 히에라볼리에 있는 자들을 위하여 많이 수고하는 것을 내가 증거하노라. 사랑을 받는 의원 누가와 또 데마가 너희에게 문안하느니라. 라오디게아에 있는 형제들과 눔바와 그 여자의 집에 있는 교회에 문안하고 이 편지를 너희에게서 읽게 하고 또 라

[도표 5] **바울의 소아시아 선교와 계시록의 일곱 교회**

오디게아로서 오는 편지를 너희도 읽으라. 아킵보에게 이르기를 주 안에서 받은 직분을 삼가 이루라고 하라"(골 4:13~17).

골로새와 히에라볼리와 라오디게아를 망라하고 있는 부르기아 땅은 에베소로부터 동쪽으로 약 175~200여 Km 정도 멀리 떨어진 지방이다. 바울은 이 곳을 방문했을 뿐만 아니라, 에베소에 상주하는 기간 동안에도 깊은 관계를 맺고 있었음이 분명하다.

지도를 통해서 에베소를 중심으로 시계 방향으로 반경 200Km 이내에 요한계시록의 일곱 교회, 즉 해안을 따라 북쪽으로 서머나와 버가모, 거기서 내륙으로 두아디라, 그리고 두아디라에서 남쪽으로 차례로 사데와 빌라델비아와 라오디게아가 있음을 보게 된다.

바울이 이들 교회를 세웠다고 단정할 수는 없지만, 그러나 결코 무관하지는 않았을 것이다. 뿐만 아니라 바울은 에베소에서 마케도니아와 그리스 지역에 대해서도 디모데, 디도 등 그의 대리자들을 통해서 또는 편지를 매개로 해서 광역 선교 활동을 하고 있었다. 우리는 고린도전후서를 통해서 바울이 그들에게 어떻게 관심을 쏟고 지도했는지를 간접적으로나마 짐작할 수 있다.

바울이 3년여 동안 에베소에 상주하고 있는 동안, 에베소 뿐만이 아니라, 그 주변의 소아시아 주변 도시는 물론 헬라지역의 교회들까지 관심을 가지고 광역 선교 활동을 하고 있었다. 이러한 바울의 선교전략은 여러 가지 수단에 의해서 구현되었다. 그는 자신을 대신하는 동역자들을 통해서 광범위한 선교사역을 병행할 수 있었다.

바울에게는 많은 동역자들이 있었다. 실라와 디모데와 에라스도(행 19:22)와 디도(고후 8:16)와 에바브라(골 4:12)와 에바브로디도(빌 2:25)와 소스데네(고전 1:1)와 아볼로와 같은 많은 동역자들이 있었다. 바울이 두란노서원에서와 같은 지도자 양성 교육 과정을 통해서 수많은 현지 토착 지도자들을 양육했다는 사실을 주목해야 할 것이다.

사도행전 20장 4절에는 예루살렘으로 귀환하는 동행자의 명단이 기록되어 있다. “베뢰아 사람 부로의 아들 소바더와 데살로니가 사람 아리스다고와 세군도와 더베 사람 가이오와 및 디모데와 아시아 사람 두기고와 드로비모라”, 이들은 모두 바울의 선교 사역을 도왔던 동역자들이었다.

그뿐만이 아니라 빌립보의 루디아, 고린도의 아굴라와 부리스길라와 같이 물질로 후원하던 사람들, 그리고 이름 없이 수고한 많은 인물들이 있었다. 바울은 이처럼 큰 규모의 동역자 그룹을 거느리고 있었다. 이처럼 바울은 자신의 동역자들을 통해서 에베소를 거점으로 하는 소아시아 지역에 대한 광역 선교를 병행할 수 있었던 것이다.

특히 각 교회들에게 써 보낸 그의 서신서는 가장 강력하고 효과적인 선교 수단이었다. 바울이 직접 방문하지 못하는 상황에서, 자신의 편지를 보내어 가르치고 지도하기를 게을리 하지 않았다. 바울은 현재 신약성경에 수록된 서신서보다 더 많은 편지를 써 보냈다. 그 증거로 고린도 교회에 보낸 분실된 편지들과 라오디게아 교회에 보낸 분실된 편지를 들 수 있을 것이다.

4. 에베소에서의 아데미 소동

에베소와 소아시아 지역의 선교는 책값이 은 오만이나 되는 마술하는 책을 불사를 정도로 대단히 왕성하게 전개되었다. 두란노서원의 강론을 통해서 수많은 제자들이 양육되어 소아시아 각 지역으로 확산되어 나갔고, 성령이 역사하는 강력한 능력이 나타남으로 인해서, 이 지역에서 복음은 왕성한 힘을 얻게 되었다.

말씀과 성령의 역사로 소아시아 전역에 복음이 왕성하게 전파되면서,

마침내 토착적인 영적 세력과의 영적인 대결도 피할 수 없는 상황이 되었다. 그 결과 토착적인 영적 세력에 의한 바울에 대한 박해도 치열해졌다.

바울은 고린도 교인들에게 "형제들아 우리가 아시아에서 당한 환난을 너희가 알지 못하기를 원치 아니하노니 힘에 지나도록 심한 고생을 받아 살 소망까지 끊어지고 우리 마음에 사형 선고를 받은 줄 알았으니"(고후 1:8~9)라고 쓰고 있다. 또한 "내가 범인처럼 에베소에서 맹수로 더불어 싸웠으면 내게 무슨 유익이 있느뇨"(고전 15:32)라고 말하고 있는데, 이는 바울이 복음 전도와 관련하여 에베소에서 모종의 심한 핍박을 받았음을 암시해 주고 있다.

마침내 바울의 선교 활동에 대한 대적들의 핍박이 아데미 소동으로 사건화되었다. 사도행전(행 19:23~41)은 바울이 마케도니아와 아가야를 망라하는 유럽의 헬라지역에 대한 순회 선교 여행을 떠나기 직전에 에베소에서 일어난 아데미 소동에 대하여 비교적 상세히 소개하고 있다.

에베소는 아데미 여신 숭배의 중심지였다. 당시 에베소에 있던 아데미 전각은 세계 7대 불가사의 중의 하나로 고대 사회에서 유명했다. 아데미 여신의 은감실을 만드는 데메드리오라고 하는 자가 주동이 되어 바울의 복음 전파로 인해서 그들의 영업이 천하게 되고 아데미 여신의 전각도 경홀히 여김을 받게 되었다고, 그들의 동업자들을 선동하여 큰 소동을 일으키는 사건이 발생하였다.

이러한 아데미 소동은 당시 바울의 복음이 에베소와 소아시아에서 얼마나 흥왕하고 급속하게 그 세력이 커졌는지를 짐작하게 하는 대목이다. 아데미 소동은 "바울이 에베소뿐 아니라 거의 아시아 전부를 통하여 허다한 사람을 권유하여"(행 19:26) 우상을 만들거나 섬기지 못하게 함으로서 그들의 생업에 손해를 끼쳤다는 이유에서 발생했다.

바울이 에베소에 도착하여 불과 3년여 동안에 복음이 얼마나 신속히 효과적으로 전파되었으면, 토착적인 아데미 숭배 신앙이 이처럼 위협을 받게 되었는지를 짐작하게 한다. 에베소의 온 도시가 요란하여 바울과 함께 다니던 마케도니아 사람 가이오와 아리스다고를 잡아 가지고 일제히 연극장에 달려들어서, 사람들이 이 말 혹은 저 말로 외치면서 소동을 일으켰다.

바울은 백성들 가운데로 들어가서 변론하려고 했으나, 그러나 제자들과 아시아 관원 중에 바울의 친구들이 있어서 미리 알려주면서 만류하여 들어가지 못하게 했다. 유대인들이 무리 가운데서 알렉산더를 내세워 아마도 바울과는 자신들이 무관하다는 변명을 하려고 했던 것 같다. 그러나 그가 유대인인 줄을 알고 무리가 '크다 에베소 사람의 아데미여' 라고 두 시간 동안이나 소리쳤다.

이때에 로마 당국의 서기장이 등장하여 그들을 안돈시키고 설득하기 시작했다. 서기장은 그들에게 총독들도 있고 재판 날도 있으니 실정법상의 죄가 있으면, 로마법을 따라 적법하게 고소하라고 설득하였다. 그리고 이러한 불법 집회에 관하여 보고할 정당한 재료가 없다고 말함으로서, 그 모임을 흩어지도록 했다.

로마 통치자인 서기장의 설득은 수년전 고린도에서 아가야 총독 갈리오의 판결(행 18:12~17)에 준하는 결정으로 간주할 수 있을 것이다. 로마제국 내에서 바울의 복음 전도가 로마제국의 관리들에 의해서 불법이 아니라는 점이 다시 한번 확인된 샘이다. 이처럼 당시 바울의 복음 전도를 핍박한 세력은 로마제국이 아니었다. 도리어 로마는 법적인 보호자 역할을 해주고 있었다.

당시 그레코-로만 세계에서 바울에 대한 핍박자는 다메섹 이전에 유대교와 율법에 열심이었던 바울 자신과 같은 동족 유대인들이었고, 또 각 지방과 족속 안에서 역사하는 영적인 사단세력이었다. 이들은 "세상 풍속을 좇고 공중의 권세 잡은 자"(엡 2:2), 곧 지금도 불순종의 아들들 가운데 역사하는 토착적 우상 숭배자들의 영이었다.

3절 헬라지역 순회 선교 (56~57년)

에베소를 중심으로 소아시아 지역을 대상으로 복음을 전한 바울은, 그후 55년 가을부터 57년 봄까지 헬라지역을 대상으로 하는 순방 선교 여행을 했다.

55년 에베소를 떠나 헬라지역 순방 선교 여행에 들어가기 전에, 바울은 마케도니아와 아가야를 순방하고 난 다음에는 "내가 예루살렘에 갔다가 로마도 보아야 하리라"(행 19:21)는 자신의 결심을 밝히고 있다. 로마와 서바나로 떠나려면, 먼저 이 지역교회들을 마지막으로 순방하여 굳게 해둘 필요가 있었던 것이다.

당시 바울은 디모데와 에라스도 두 사람을 마케도니아 지방에 앞서 보냈고(행 19:22), 자신은 아데미 소동으로 발목이 붙잡혀 에베소에 더 머물러 있을 수밖에 없는 상황에 처해 있었다. 아데미 소동이 진정된 후에, 바울은 에베소에서 마케도니아로 건너가기 위해서 소아시아의 드로아로 이동할 수 있었다.

드로아에 도착한 바울은 얼마간 머물러 있다가, 거기서 다시 마케도니아로 항해하여 순방 선교의 여행길에 오를 수 있었다. 이번 여행은 이방인의 사도로 소명된 바울에게 있어서, 예루살렘을 경유하여 로마와 스페인으로 떠나려는 자신의 새로운 선교 비전을 내다보면서, 그 동안 안디옥교회를 떠난 후 약 8년(50~57년)에 걸쳐서 소아시아와 헬라지역을 대상으로 전개된 선교 사역을 마무리 짓는다는 의미를 가지고 있었다.

그런데 에베소에서 헬라지역을 대상으로 순방 선교 여행을 떠나려는 그 즈음에, 바울은 먼저 해결해야 할 까다로운 난제에 직면해 있었다.

그것은 다름이 아니라 아가야 지역의 고린도교회 문제였다.

1. 고린도전서 : 두 번째 편지

고린도교회는 바울이 2차 선교 여행 시, 1년 6개월 동안이나 상주하면서 많은 노력을 들여서 개척한 아가야 지역의 중심교회였다.

에베소에 머물러 있던 3년 기간(52~55년) 중에도, 바울은 소아시아 지역교회뿐만이 아니라 자신이 선교해서 세운 마케도니아 및 아가야 지방의 이방인 교회들을 함께 돌보고 있었다. 그런데 고린도교회에서는 여러 가지 복잡한 문제들이 계속해서 일어나고 있었다.

고린도교회는 바울이 직접 개척했고, 아볼로를 보내어 목회하도록 했으며(행 19:1), 디도와 디모데 그리고 에라스도, 그리스보, 가이오, 스데바나 등 바울의 동역자들이 여러 모양으로 활동하고 있었다. 그러나 고린도교회에는 좋지 않은 문제들이 계속 발생했고, 여전히 사정은 호전되지 않고 있었다.

바울은 이 문제들을 해결하고자 그가 직접 짧은 기간 한차례 방문하기도 했고(고후 13:1), 그의 대리자를 보내기도 했으며, 그들 편에 편지를 써 보내기도 했다.

이 과정에서 바울이 고린도교회에 써 보낸 편지는 모두 다섯 편이었다. 그 중에서 지금까지 전해져 내려오는 서신은 신약성경에 수록된 고린도전서(두 번째 편지)와 후서(네 번째 편지)뿐이다. 나머지는 유실되어 전해져 내려오고 있지 않다. 첫째(A)와 둘째(B:고린도전서)와 셋째(C) 편지는 바울이 에베소에 있는 기간(52~55년) 중에 써 보낸 편지이고, 넷째(D:고린도후서)와 다섯째(E)는 바울이 헬라지역 순방 기간(55~57년) 중에 써 보낸 편지였다. 지금 알아보고자 하는 고린도전서는 에베소에 머물던 마지막 시기에 쓰여 진 서신이다.

1) 배경과 목적

아가야의 도시 고린도교회의 문제는 성적 부도덕과 성도간의 송사 문제, 예배시의 무질서와 잘못된 성찬식, 무절제한 성령의 은사 활용으로 인한 혼란과 부활에 대한 오해 등 신학적이며 도덕적인 문제와 함께 교회 내부에 발생한 파당과 분열이라는 실재적인 문제들이었다.

바울은 첫 번째 편지를 써서 보냄(고전 5:9)으로서 문제를 수습하고자 했으나, 그 편지로 고린도교회의 문제가 해결되지 않고 있었다. 고린도교회에서 에베소로 복귀한 아볼로가 전해 준 소식(고전 16:12)과 고린도교회의 글로에의 집에서 온 소식(고전 1:11)은 바울을 심각하게 고뇌하도록 만들었다. 그래서 급한 데로 우선 디모데를 고린도에 보내어 당면한 사태를 수습하도록 했다(고전 4:17).

그런데 문제를 수습하도록 고린도교회에 보낸 디모데가 에베소에 복귀하기도 전에, 고린도교회로부터 편지를 가진 대표단(고전 16:17, 스데바나와 브드나도와 아가이고)이 바울에게 도착하여 새로운 소식들을 전해 주었다. 그후에 디모데가 돌아와서 전해 준 자세한 보고를 통해서 바울은 고린도교회의 문제의 심각성을 깊이 있게 파악할 수 있게 되었다. 그러한 인식을 토대로 바울은 두 번째 편지인 고린도전서를 작성하여, 다시 디모데를 고린도교회로 보냈다(고전 16:10).

고린도전서를 써 보낸 목적은 먼저 보낸 첫 번째 편지(A)에 대한 오해를 바로 잡고, 고린도교회 내부의 분쟁에 대하여 충고하고, 교회의 무질서와 도덕적인 타락 그리고 신학적인 혼란에 대한 해답을 주기 위한 것이었다.

고린도전서는 당시 헬라 문화권 안에 세워진 토착교회들이 직면하고 있는 여러 가지 실제적인 문제들의 실상을 생생하게 전해 주고 있다. 그러한 의미에서 고린도전서는 초대교회의 역사 연구에 중요한 자료라고 할 수 있다.

그러나 이 편지에 수록된 내용들은 고린도교회라는 특정 교회의 문제만이 아니었다고 생각된다. 사실상 이방 문화권에 복음이 전파되어 세워진 모든 토착교회가 직면하고 있는 일반적인 문제로 보는 것이 더 합당할 것으로 사료된다.

2) 구조와 내용

고린도전서는 머리말(1:1~9), 고린도교회의 분열에 대한 충고(1:10~6:20)와 고린도교회의 도덕적인 타락과 신학적인 혼란에 대한 사도적 권면(7:1~15:58)을 내용으로 하고, 마지막으로 구제와 개인 계획 및 작별인사(16:1~24)로 구성되어 있다.

• 머리말(1:1~9) : 바울은 형제 소스데네와 함께 공동의 명의로 고린도 교인들에게 편지한다.

• 제1부 교회 분열에 대한 충고(1:10~4:21) : 고린도전서의 첫 번째 주제는 교회 분열에 관한 문제였다. 바울은 고린도교회의 분열 소식을 듣게 된다. 바울이 떠난 후에 에베소에서 아볼로를 천거하여 후임 목회자로 보냈다. 그러나 고린도전서를 쓸 당시에는 아볼로도 에베소에 돌아와 있는 상태였다.

고린도에서 온 글로에의 집 사람으로부터 "나는 바울에게, 나는 아볼로에게, 나는 게바에게, 나는 그리스도에게"(고전 1:12) 속한 자라고 주장하는 파당적인 분열이 있다는 소식을 듣게 되었다. 여기서 '게바에게' 속한 자들은 베드로를 따르는 자들이라는 의미이다. 바울은 이 편지에서 "게바와 같이 자매된 아내를 데리고 다닐 권이 없겠느냐"(고전 9:5)는 말을 하고 있는 것으로 보아, 그 동안 베드로가 고린도교회를 다녀갔을 개연성을 배제할 수 없다.

아무튼 고린도교회 안에는 파당적인 분열이 있었고, 이에 대하여 그

원인을 진단하고 해결을 위한 대안을 논하여 권면하고 있다. 바울은 분열의 원인이 하나님의 지혜인 복음과(2:6~3:4), 어리석은 인간의 지혜를 혼동하는 데서 비롯됨을 밝히고 있다. 오직 그리스도만이 교회의 진정한 주인이심을 분명히 밝히고, 복음의 전파자들은 참 주인이신 그리스도께 충성하는 하나의 공동 책임을 갖는다는 점을 명확히 밝히고 있다. 그러한 의미에서 바울 자신의 사역을 오해하지 말도록 간곡히 당부한 것이다.

• 제2부 도덕적인 타락과 신학적인 혼란에 대한 사도적 권면(5:1~15:58) : 고린도전서의 또 다른 중심 주제는 교회의 도덕적인 타락과 신학적인 혼란에 대하여 사도적인 권능으로 하나님의 말씀을 전하는 것이다. 교회의 도덕적인 타락과 신학적인 혼란은 서로 깊은 상관성을 가지고 있는 문제다. 고린도교회는 특별히 헬라 영지주의라는 영과 육을 분리하는 이원론적 사고와 헬라식의 다신교적인 풍토 속에서 도덕적 타락과 신학적 혼란이 매우 심각한 상황에 처해 있었다. 바울 사도는 고린도교회 내에서 발생한 근친상간과 성도들 간의 소송문제를 거론하며 그리스도의 지체로서 성도들의 성결한 생활을 강조하고 있다(5:1~6:20). 더불어 고린도 교인들이 제기하는 성도의 결혼 문제(7:1~40)와 우상 제물 문제(8:1~11:1)와 예배의 원리 및 성령의 사역에 관한 문제(11:2~14:40)와 부활의 교리(15:1~58)에 대한 질문에 답함으로써 고린도교회의 당면한 문제에 대한 해답을 제시하고 있다.

• 결언 및 인사(16:1~24) : 바울은 마지막으로 예루살렘 교회를 위한 헌금 문제(16:1~4)와 앞으로의 계획을 말하고(16:5~6), 인사와 부탁을 하고 있다.

2. 헬라지역 순방 여정

누가는 사도행전을 기록하면서, 바울의 마케도니아와 아가야 순회 선교 여행을 아주 간략하게 다음과 같이 기록하고 있다.

> 에베소의 "소요가 그치매 바울이 제자들을 불러 권한 후에 작별하고 떠나 마케도니아로 가니라 그 지경으로 다녀가며 여러 말로 제자들에게 권하고 헬라에 이르러 거기 석 달을 있다가 배 타고 수리아로 가고자 할 그때에 유대인들이 자기를 해하려고 공모하므로 마케도니아로 다녀 돌아가기를 작정하니" (행 20:1~3).

이것이 누가가 이 헬라 지역 순회 선교 기간 동안(56~57년)의 바울의 행적을 전하는 기록의 전부다. 그러나 이 기간은 에베소를 떠난 55년 가을부터 마케도니아와 일루리곤(Illyricum)[91]을 다녀서 고린도에 도착하여 3개월 동안 머물렀던 57년 초까지 일 년이 넘는 순회 여행 기간을 망라하고 있다.

성경은 이 기간의 행적에 대하여 거의 아무런 정보도 제공하지 않고 있다. 따라서 이 부분을 재구성하기 위한 추론이 불가피한 상황이다. F. F. 부르스(Bruce)는 이 기간의 행적에 대하여 다음과 같이 말하고 있다.

> "마케도니아를 출발해서 마지막으로 고린도에서 삼 개월을 보낸 그 기간 사이에는 누가의 간략한 설명에서 추출해 낼 수 있는 것보다 상당히 더 긴 시간차가 있었던 듯하다. 이 사이의 기간이 여덟 달 정도 된다고 할지라도 지나친 추정은 아닐 것이다. 바울은 이 기간 중에 초반의 몇 달을 고린도후서에 언급

91. 일루리곤은 바울이 전도한 지방 중 가장 서쪽에 있는 지역이다. 마케도니아의 북쪽, 드라기아의 서쪽에 해당되는 아드리아 바다의 동쪽 지방으로, 지금은 달마디아(롬15:19)가 공식 이름이고, 현재 알바니아에 속한 지역이다.

되고 있는 대로 고린도와 마케도니아와 아시아 지방의 곳곳을 왕래하며 사역하는 일로 보냈을 것이다. 이렇게 따져볼 때 바울이 마케도니아 서부지역과 일루리곤으로 여행하기까지 얼마간의 공백기가 있게 된다."[92)]

[도표 6] **바울의 헬라지역 순회 3차 선교 여행(56~57년)**

에베소에서의 사역을 마칠 무렵(55년 가을)부터 고린도교회에 도착하여 (57년 초) 보낸 기간의 바울의 행적에 대하여, F. F. 부르스는 시험적으로 다음과 같은 여정을 제안하고 있다.[93)]

① **55년 봄** : 바울이 고린도를 힘겹게 방문하고 돌아와서, 디도 편에 엄중한 편지(세번째 편지, C)를 써 보냈다.

② **55년 여름** : 바울이 에베소를 떠나서 아시아의 드로아로 이동했다.

③ **55년 늦여름** : 드로아에서 바울이 고린도에 보낸 디도가 돌아오기를 기다리고 있었다. 바울이 죽음의 위협에 처했다.

---

92. F. F. Bruce, op.cit,, 336.
93. Ibid., 337.

④ **55년 10월** : 바울이 드로아를 떠나 마케도니아로 이동했다. 거기서 디도를 만나서 소식을 전해 듣고, 고린도교회에 다시 화해의 편지(네번째 편지, D)인 고린도후서를 써 보냈다.

⑤ **55년 겨울~56년 봄** : 바울은 마케도니아에 머물면서, 마지막으로 고린도교회의 참견자들에게 책망의 편지(다섯번째 편지, E)를 써 보냈다.

⑥ **56년 여름** : 바울이 마케도니아 북부지역에 인접한 일루리곤(현재의 알바니아 지역)을 방문하여 선교 활동을 했다.

⑦ **56년 가을** : 일루리곤에서 다시 마케도니아로 이동하여 선교 활동을 했다.

⑧ **57년 1~3월** : 마케도니아에서 아가야의 고린도에 도착하여, 거기서 3개월 동안 머물렀다.

3. 고린도후서 : 네 번째 편지

헬라지역에 대한 순회 선교 여행을 떠나기 직전에 바울을 끈질기게 괴롭힌 난제는 여전히 고린도교회 문제였다. 고린도교회는 바울이 직접 개척했고, 아볼로를 보내어 목회하도록 했으며(행 19:1), 디도와 디모데, 에라스도, 그리스보, 가이오, 스데바나 등 바울의 동역자들이 여러 모양으로 활동을 하였다.

그리고 두 번째 편지 고린도전서를 써 보냈음에도 불구하고, 교회 내부의 복잡한 문제들이 해결되지 않고 있었다. 그래서 바울은 55년 봄에 자신이 직접 고린도를 힘겹게 방문했다. 바울 자신이 고린도교회 문제를 해결하기 위해서 직접 시간을 내어서 험하고 먼 항해를 통해서 아가야의 고린도를 방문한 것이다.

그런데 고린도교회를 방문한 바울은 오히려 교회 내에 침투한 소수의 유대주의 거짓 교사들에 의해서 도리어 굴욕을 당하고 돌아와야 했다. 이들 거짓 교사들의 정체는 바울의 안디옥 시절에 '다른 복음'을 전하던 유대 율법주의자의 아류에 속하는 무리들이었던 것으로 추정된다.

예루살렘에 기반을 두고 있었던 이들 유대주의 거짓 교사들은 바울의 사도직과 그의 복음의 정당성을 부정하며 공격하였다. 이들은 바울이 예루살렘의 12사도 및 장로들과 다르다는 명분을 내세워 바울의 사도직에 대한 합법성을 부인하며 공격했다.

그들의 주장처럼 바울이 그리스도의 사도가 아니라면, 그가 전파한 복음도 정당한 가르침이 될 수 없는 것이다. 이들은 기독교를 파괴하기 위해서 고린도교회에 침투한 유대주의 거짓 교사들이었다.

1) 배경과 목적

자신이 개척하여 세운 고린도교회에서 유대주의 거짓 교사들에게 굴욕을 당하고 에베소로 돌아온 바울은 고린도교회에 다시 엄중한 편지를 써서 디도 편으로 보냈다. 이 편지(세 번째, C)는 유실되어 현재 남아 있지 않다.

네 번째 편지인 고린도후서에 의하면(고후 2:6, 2:9, 7:12), 이 편지(C)는 매우 준엄한 내용의 경고를 담은 편지였던 것 같다. 그후에 디모데와 에라스도 두 사람을 마케도니아 지방에 앞서 보내고(행 19:22), 바울 자신은 에베소에 더 머물러 있는 동안에 아데미 소동이 일어나서 지체할 수밖에 없는 사정이었다.

에베소의 아데미 소동이 진정되고 난 다음, 바울은 55년 여름에 에베소를 떠나 마케도니아로 가는 항구 도시 드로아로 이동했다. 그 즈음에 바울은 죽음의 위험에 처했다고 한다. 무엇 때문에 죽음의 위험에 처하게 되었는지 알 수는 없으나, 고린도후서에서 바울은 "힘에 지나도록 심한 고생을 받아 살 소망까지 끊어지고 우리 마음에 사형 선고를 받은 줄 알았으니"(고후 1:9)라고 쓰고 있다.

바울은 55년 늦여름까지 드로아에서 고린도교회로부터 디도가 오기를 기다렸으나 만나지 못하자, 그 해 10월 즈음에 마케도니아로 항해했고 마케도니아에 도착하여 고린도로부터 디도가 오기를 기다리고 있었다. 바울은 당시 상황에 대하여 다음과 같이 쓰고 있다.

> "우리가 마케도니아에 이르렀을 때에도 우리 육체가 편치 못하고 사방으로 환난을 당하여 밖으로는 다툼이요 안으로는 두려움이라 그러나 비천한 자들을 위로하시는 하나님이 디도의 옴으로 우리를 위로 하셨으니"(고후 7:5~6).

이는 매우 어려운 상황 속에서 디도를 기다리고 있었음을 전해 주는 내용이다. 드디어 디도가 도착하여 고린도교회가 자체적으로 바울을 대적하던 유대주의자들을 징계하고, 당면한 문제들을 수습해 나가고 있다는 긍정적인 소식을 듣게 되었다. 바울은 고무적인 소식을 듣고, 마케도니아에서도 고린도후서 곧 화해의 편지(네 번째 D)를 써서 다시 디도 편에 보냈다.

2) 구조와 내용

디도로부터 고린도교회의 성도들이 근심하며 회개하고 또한 스스로 문제를 해결하고자 노력하고 있다는 긍정적인 소식을 전해 듣고, 기쁜 마음으로 화해와 위로의 뜻을 전하고 싶었던 바울은 다시 고린도교회에 자신의 사도직에 대한 변호를 주제로 하는 편지 곧 고린도후서를 써 보냈다.

이 편지의 주제는 이방인의 사도로서 바울 자신의 자기변호라고 할 수 있다. 개인적인 이해관계나 자존심의 문제로서가 아니라 바울 자신의 사도권이 확립되지 않고서는 이제까지 자신이 전한 복음의 정당성이 인정될 수 없기 때문에, 자신의 사도권을 확증하고자 했던 것이다.

따라서 고린도후서는 바울의 자서전적인 고백과 개인의 풍부한 감정과 주관적인 체험이 많이 반영된 개인적 서신으로 작성되었다. 고린도후서에는 다른 어떤 서신보다도 바울의 개인적인 신상정보가 많이 포함되어 있다. 신학적이거나 조직적인 글이기 이전에 복음 사역과 관련된 자기 변호적인 내용을 많이 수록하고 있다. 그래서 이방인의 사도로서 바울의 고통과 심정을 깊이 읽을 수 있는 서신이기도 하다.

고린도후서의 구조는 문안과 감사(1:1~11), 바울의 방문계획 변경과 사도로서의 복음 사역(1:12~6:13), 사도적 권면과 예루살렘 교회 헌금 호소(6:14~9:15), 바울의 사도권에 대한 해명(10:1~12:13), 그리고 방문계획과 맺는말(12:14~13:14)로 구분할 수 있다.

• 문안과 감사(1:1~11) : 바울은 디모데와 공동 명의로 편지했다. 바울은 자신이 겪은 환난 후에 받는 위로를 언급하고 있다.

• 제1부 바울의 방문계획 변경과 사도로서의 복음 사역(1:12~6:13) : 고린도 교인들을 향한 바울의 진실(1:12~14)을 이야기하고, 두 번째 방문이 지체됨을 해명(1:15~24)하고, 바울을 근심케 한 자를 용서할 것을 권고하며(2:1~11), 자신이 드로아에서 디도를 만나지 못하고 마케도니아로 떠난 사실을 언급하고 있다(2:12~13).

이어서 자신의 복음 사역에 관하여 그리스도의 향기(2:14~17), 새 언약의 영광(3:1~18), 새 언약의 사도로서 사역 자세(4:1~6), 낙심하지 말 것(4:7~18), 하늘의 장막과 땅의 장막(5:1~10), 새로운 창조와 새로운 피조물(5:11~21), 은혜로운 직분(6:1~10)을 차례로 논함으로서 자신의 사도직을 변명하면서, 고린도 교인들에게 마음을 넓혀서 자신을 영접할 것을 요구하고 있다(6:11~13).

• 제2부 사도적 권면과 예루살렘교회를 위한 헌금 호소(6:14~9:15) : 고린도 교인들에게 비신자와 짝하지 말 것을 당부하면서(6:14~7:1), 마음으로 영접할 것을 당부하며, 디도를 만남으로 고린도 교인들의 화해의 기쁜 소식을 듣고 바울이 받은 위로를 언급하고 있다(7:2~16).

이어서 예루살렘 교회를 위한 헌금에 관하여 마케도니아 교인들의 모범(8:1~5), 고린도교회에서도 정성껏 헌금할 것을 권하며, 디도 일행을 파견함과 가난한 성도들을 위하여 연보할 것을 권하고 있다(8:6~9:15).

• <u>제3부 바울의 사도직에 대한 해명</u>(10:1~12:13) : 바울은 자신의 적대자들에 대한 변호와 경고의 차원에서 자신의 사도직을 자서전적으로 해명하고 있다. 바울은 참된 영적 권위(10:1~11), 선교 구역 문제(10:12~18), 거짓 사도들에 대한 경계(11:1~15), 이방인의 사도로서 바울의 수고와 자랑(11:16~33), 바울의 삼층천의 신비로운 체험과 계시(12:1~10)를 설명하며, 자신이 지극히 큰 사도들보다 조금도 부족하지 않으며, 고린도교회야말로 바로 바울 자신의 사도적 권위에 대한 표증이라고 말한다.

• <u>방문계획 및 맺는말</u>(12:14~13:14) : 마지막으로 바울은 재물이 아니라 고린도 교인을 원하며(12:14~19), 세 번째 방문에 대한 염려와 두려운 일을 열거하며 경고하고(12:20~13:10), 마지막으로 축도(13:11~14)하고 있다.

4. 일루리곤 방문과 고린도 도착

바울은 55년 여름에 에베소를 떠나 '아시아의' 항구 도시 드로아에 도착하여, 드로아에서 늦은 가을에 다시 '헬라의' 마케도니아로 이동하였다. 고린도후서에 의하면, 당시 바울은 아시아에서 극심한 환난 가운데 죽을 고생을 했던 것 같다.

> "형제들아 우리가 아시아에서 당한 환난을 너희가 알지 못하기를 원치 아니하노니 힘에 지나도록 심한 고생을 받아 살 소망까지 끊어지고 우리 마음에 사형 선고를 받은 줄 알았다"(고후 1:8~9).

무슨 일로 그와 같은 환난을 당하게 되었는지 그 내용을 알 수는 없다. 늦은 가을이 되어서 바울은 드로아를 출발하여 마케도니아 지역으로 이동해서, 거기서 겨울을 보냈다. 우리는 2차 선교 여행시의 여행 경로를 고려해 볼 때, 바울이 빌립보와 데살로니가 등 지역교회를 순방하며 교회들을 굳게 세우면서, 그가 아직 복음을 전하지 못한 지역에 대한 선교 여행을 계속했을 것으로 추정된다.

바울이 마케도니아 지역의 교회들에 대한 순방 선교 여행은 대략 56년 전반기(1~6월)로 추정할 수 있다. 당시 바울은 헬라지역의 미전도 지역에 대한 선교 사역을 마무리 지은 다음, 그후에는 예루살렘을 경유하여 로마와 스페인으로 떠나려는 계획을 가지고 있었다. 바울로서는 미전도 지역에 대한 마지막 순방 선교에 온 힘을 쏟은 한편, 또한 자신이 직접 개척한 교회들을 방문해 마지막으로 당부할 메시지를 전하고자 했다.

우리는 사도행전 20장(18~35)의 밀레도에서 행한 바울의 고별 설교를 통해서 당시에 바울이 교회들에 전한 메시지를 유추해 볼 수 있을 뿐이다. 56년 여름에 바울은 마케도나아의 북쪽 지역을 경유하여 아드리아 해를 끼고 있는 일루리곤(지금의 알바니아 지역)에 도착하여 선교 활동을 했다.

로마서 15장 19절에서 바울은 "이 일로 인하여 내가 예루살렘으로부터 두루 행하여 일루리곤까지 그리스도의 복음을 편만하게 전하였노라"고 말하고 있다. 그러나 사도행전은 일루리곤에 대한 언급을 전혀 하지 않고 있다. 고린도에서 쓴 로마서에 바울이 일루리곤을 언급한 것은 당시 자신이 바로 직전에 그 곳을 직접 순방하고 돌아 왔음을 암시한다.

당시 바울이 선교 여행을 했던 일루리곤은 마케도니아의 북쪽에 위치한 지역으로, 현재 알바니아에 해당되는 지역을 말한다. 일루리곤의 동쪽 해안은 아드리아 해를 연해 있으며, 그 맞은편에 바로 바울이 가기를 소망하고 있던 이탈리아 반도가 있었다.

마케도니아로부터 일루리곤 지방에 들어가기 위한 순방 선교 여행의 경로는 육로를 따라 이루어졌을 것이다. 그러나 일루리곤에서 고린도까지의 귀환 경로는 육로를 따라 마케도니아에 복귀하여 아가야의 고린도에 도착했는지, 아니면 일루리곤에서 마케도니아 및 아가야의 연안 해로를 따라 고린도로 직접 왔는지, 그 경로를 상세히 알 수는 없다.

F. F. 부르스는 일루리곤에서 육로를 따라 마케도니아에 귀환하여 다시 아가야의 고린도에 도착한 것으로 설정하고 있다.[94] 그러나 마케도니아에서 일루리곤까지 육로를 따라 들어갔음은 분명하지만, 복귀 시에는 일루리곤에서 마케도니아를 경유하여 아가야의 고린도에 도착할 때까지 바울 일행은 내륙의 육로와 연안의 해로를 이용하여 고린도로 복귀했을 개연성도 배제할 수 없다.

일루리곤까지 선교 여행을 하면서, 아드리아 해를 사이에 두고, 바다 건너 있는 이탈리아 반도를 (마음의 눈으로) 바라보면서, 바울은 로마로 향하고 있는 자신의 새로운 선교 비전을 심중에서 깊이 헤아리고 있었다.

마케도니아에서 그 북방에 위치한 일루리곤까지 순방한 시기는 56년 후반기로 추정되고, 일루리곤에서 마케도니아를 경유하여 아가야의 고린도에 도착한 시기는 57년 초였을 것으로 추정된다.

바울은 57년 초에 고린도교회에 도착하여 삼 개월 동안 머물렀다(행 20:3). 바울이 고린도교회에 도착했을 때는 대체로 고린도교회의 문제가 다 해소되고 안정적인 상황을 회복한 상태였다.

고린도교회에 머무는 3개월 동안에 바울은 로마서를 쓰는데 온 힘을 집중하였다. "온 교회의 식주인 가이오"(롬 16:23)의 집에서 "편지를 대서하는 더디오"(롬 16:22)의 도움을 받아 바울은 그 3개월 동안에 로마서를 완성하는데 집중하였다.

---

94. Ibid. P. 339.

그리고 “겐그리아의 교회의 일군으로 있는 자매 뵈뵈”(롬 16:1) 편으로 로마 교회에 보냈다. 로마서에서 바울은 뵈뵈(Phoebe)를 “여러 사람과 나의 보호자”(롬 16:2)라고 소개하고 있다. 그녀는 아마도 유력한 동역자 중의 한 사람이었다.

마케도니아와 일루리곤과 아가야 지역에 대한 매우 힘든 순회 선교 여행을 마치고, 방금 고린도교회에 도착한 바울은 만사를 제처 놓고 로마서를 쓰기 위해서 온 힘을 집중했는데 이는 당시 바울의 관심이 온통 로마와 서바나로 향하고 있었음을 짐작케 하는 대목이다.

이방인의 사도로서 바울의 마음은 “뒤에 있는 것은 잊어버리고 앞에 있는 것을 잡으려고”(빌 3:13) 벌써 로마제국의 심장부인 로마와 당시 세계의 땅 끝이었던 서바나(스페인)를 향한 새로운 선교 열정으로 불타고 있었다.

5. 로마서 : 완성된 ‘이신칭의’ 복음

로마서는 바울서신 중에서도 ‘이신칭의’ 복음을 완성된 형태로 제시한 최고의 서신이다.

다메섹 도상에서 회심(32년)하여 이방인의 사도로 소명되어서 고린도교회에서 로마서를 쓰던 그 시점(57년 초)에 이르기까지, 25년 동안 바울이 전한 ‘이신칭의’ 복음, 즉 할례나 율법의 준수라는 전제 없이 오직 예수 그리스도를 믿음으로 구원에 이르는 그의 ‘이신칭의’ 복음을 완성된 형태로 제시하고 있는 서신이다.

3차 선교 여행의 마지막 도착지였던 고린도교회에서, 바울은 그 동안 자신이 헬라 및 소아시아 지역에서 전파한 복음을 그가 직접 방문하여 전하지 못한 다른 지역의 모든 이방인들을 염두에 두고서, 혹은 장차 그들을 직접 대면하여 이 복음을 전할 것을 기대하면서, 그들에게 자신의

'이신칭의' 복음을 전하려는 목적을 가지고 로마서를 작성했다.

바울이 다메섹의 회심(32년)으로부터 로마서를 쓴 시점(57년)까지 약 25년 동안 이방인의 사도로서 그가 완벽하게 해석한 '이신칭의' 복음을 완성된 형태로 집대성한 로마서는 바울서신의 최고봉이며, 또한 성경 중에서도 가장 중요시되는 책 중에 하나다.

로이드 존스(D. M. Lloyd-Jones) 목사는 그의 로마서 강해 설교에서 "기독교 교회 역사와 기독교회의 가장 주목할 만한 지도자들의 생애에 있어서 로마서만큼 중요한 역할을 한 책이나 성경의 다른 부분은 없었다."고 언급하고 있다.[95]

어거스틴이 개종한 것은 로마서 13장의 마지막 몇 절을 읽음으로써 되어진 것이고, 마틴 루터가 종교개혁의 깃발을 든 것도 로마서 1장 17절의 '이신칭의' 복음의 진정한 의미를 깨달은 데서 출발했으며, 존 칼빈의 하나님의 절대주권사상은 로마서 11장 36절의 말씀에 근거하고 있다.

1) 배경과 목적

로마서는 바울이 50년부터 57년까지 약 8년 동안의 소아시아 및 헬라지역에 대한 눈부신 선교 사역을 종료하고 새로운 선교지로 떠나기로 계획하고 있던 이방인의 사도가 자신이 직접 방문하지 못하고 있는 다른 지역의 이방인들을 위해서 쓴 서신이다.[96]

사도행전 19장에는 "바울이 마케도니아와 아가야로 다녀서 예루살렘에 가기를 경영하여 가로되 내가 거기 갔다가 후에 로마도 보아야 하리라"(행 19:21)고 말했다는 기록이 나온다. 이는 에베소를 떠나서 헬라지

---

95. 로이드 존즈, '로마서 강해' 제1권, 서문강 역(기독교 문서선교회, 1976), p. 15.
96. 최종상, POUL as Apostle to the Gentiles, "이방인의 사도가 쓴 로마서" 신대현 옮김, (서울, 아가페 출판사, 2003). 참조.

역에 대한 마지막 선교 여행을 떠나기 전에, 이미 바울은 예루살렘을 경유하여 로마로 가려는 새로운 선교계획을 가지고 있었음을 언급한 내용이다.

로마서를 쓴 시점에 이르러, 바울은 그리스도의 복음을 "예루살렘으로부터 행하여 일루리곤까지" 편만하게 전했다고 자신 있게 말할 수 있게 되었다. 불과 8년(50~57년)이라는 짧은 기간에 복음의 불모지였던 소아시아와 헬라지역에 교회들을 개척하여 '이신칭의' 복음으로 뿌리를 내려 자생할 수 있도록 한 선교업적은 실로 놀라운 일이라고 하지 않을 수 없다.

이제 바울은 소아시아 및 헬라지역의 선교 사역을 마무리 짓고, 로마와 스페인을 목표로 하는 새로운 선교 비전 및 계획을 추진하고 있었다. 그는 자신을 "헬라인이나 야만인이나 지혜 있는 자나 어리석은 자에게 다 내가 빚진 자"(롬 1:14)로 여겼다.

당시 바울의 복안은 이방인들에 대한 복음의 빚을 갚기 위해서, 그 동안 사역해 온 소아시아 및 헬라지역을 벗어나서, 로마제국의 수도 로마를 경유하여 당시 세계의 서쪽 끝인 스페인까지(롬 15:23), 더 나아가서 땅 끝까지 복음을 전하려는 원대한 선교비전이었다.[97)]

문명화된 헬라인이든 미개한 야만인이든 차별 없이 모든 인류가 구원받도록 복음을 전해야 한다는 순전한 '사랑의 빚'(롬 13:8)을 가지고 있던 이방인의 사도 바울의 선교 비전은 당시 세계의 땅 끝을 품고 있었다. 바울은 당시 자기에게 알려진 세계, 곧 지중해를 둘러싼 로마제국을 한 바퀴 빙 돌면서 복음을 모든 이방인들에게 전도하려고 계획했던 것으로 유추할 수 있다.[98)]

---

97. 김세윤, '예수와 바울', (서울: 도서출판 제자, 1995), PP. 389~390 참조.
98. 김세윤, '예수와 바울', P. 421.

로마 교회는 바울이 세운 교회가 아니었다. 로마 교회의 기원은 모호하고 불분명하다. 전승에 의하면 베드로에 의해 세워졌다고 하나, 확인할 길이 없는 전승일 뿐이다. 가장 개연성이 있는 견해는 오순절 날에 예루살렘에서 회심한 로마의 유대인들이(행 2:10) 로마로 돌아온 후에 그들의 회당에서 예수를 그리스도로 믿는 그들의 신앙을 전했고, 믿는 자들을 중심으로 기독교 공동체 곧 로마 교회가 형성되었다는 주장이다.[99)]

로마서 16장에는 바울이 개인적으로 친분관계에 있는 로마에 사는 적지 않은 성도들을 알고 있음을 증언하고 있으나 로마서를 쓸 당시까지 바울은 로마에 가본 적이 없었다. 그러므로 로마서는 바울서신 중에서 이례적인 서신이다. 로마서를 제외한 다른 서신들, 곧 갈라디아서, 데살로니가전후서, 고린도전후서는 바울이 직접 전도하거나 관계를 맺고 있던 교회를 지도하기 위해서 쓴 편지들이었다. 그러나 로마서는 직접적인 관련이 없이, 다만 이방인의 사도로서 자신의 사명을 실천하려는 특별한 의도와 목적을 가지고 작성되었다는 점에서 이례적이다.

로마서에 의하면 바울의 선교지는 로마가 아니라, 로마제국의 서쪽 끝인 스페인이었다. 바울은 '남의 터 위에 건축하지 않는다' 는 분명한 선교의 원칙을 가지고 있었다(롬 15:20). 이미 교회가 세워져 있는 로마를 남의 터라고 생각하고, 바울은 로마에 오래 머물러 있으려는 생각을 하지 않고 있었다.

바울은 당시 로마 세계의 끝으로 여겨진 서바나(스페인)를 최종 목적지로 생각하고, 잠시 경유지인 로마에 들려서, 다만 로마 교회에 자신의 '이신칭의' 복음을 전하기를(롬 1:11) 간절히 원하고 있었다. 그후, 거기

99. 이한수, '로마서' , (서울: 이레서원, 2002), p.28.

서 로마의 교인들이 서바나로 보내주기를 희망하며(롬 15:24), 먼저 로마서를 써 보냈던 것이다.

이처럼 바울은 로마서를 자신보다 앞서 보냄으로서, 장래의 일을 도모하려는 의도를 내포하고 있었다. '이신칭의' 복음의 정수를 완성된 형태로 작성한 로마서는 바울 자신이 직접 방문하여 전하지 못하고 있는 모든 세계의 이방인들에게 그가 바르게 해석한 복음을 전하기 위해서 쓴 서신이다.

로마서를 통해서 바울은 "나로 이방인을 위하여 그리스도 예수의 일군이 되어 하나님의 복음의 제사장 직무를 하게 하사 이방인을 제물로 드리는 것이 성령 안에서 거룩하게 되어 받으심 직하게"(롬 15:16), 그리고 "그리스도께서 이방인들을 순종케 하기 위하여 나로 말미암아 말과 일이며 표적과 기사의 능력이며 성령의 능력으로 역사하신 것"(롬 15:18)으로, 그가 받은 은혜를 그가 직접 접하지 못하는 모든 이방인들에게 전하기를 간절히 소망하고 있었다.

2) 구조와 내용

로마서는 이방인의 사도 바울이 전하고 있는 '이신칭의' 복음과 그와 관련된 하나님의 섭리와 구원받은 성도의 삶을 내용으로 하고 있다. 로마서의 구조를 다음과 같이 나눌 수 있을 것이다.

• 머리말(1:1~17) : 바울은 로마에 방문하여 참된 구원을 주는 '이신칭의' 복음 전하기를 원한다.

• 제1부 인간의 타락상과 하나님의 심판(1:18~3:20) : 아담의 타락으로 인한 인류의 타락성은 심각하다(1:18~32). 진노하시는 하나님의 심판은 율법 아래 있는 유대인이나 율법 없이 살고 있는 이방인이나 다 동일하게 임한다(2:1~3:8). 하나님의 율법 앞에 의로운 자는 하나도 없다(3:9~20). 율법으로는 의롭다할 육체가 아무도 없고, 다만 죄를 깨닫게

할 뿐이다.

• <u>제2부 '이신칭의' 복음에 의한 구원의 과정 및 결과(3:21~8:39)</u> : 예수 그리스도께서 오심으로 이제는 '오직 그를 믿음으로' 의롭게 된다(3:21~31). '이신칭의'의 구원은 아브라함의 믿음으로 증명된 것이다(4:1~25). 그리고 의롭다함을 받은 성도는 하나님과 화해를 이루고(5:1~11), 그리스도 안에서 참된 하나님의 백성이 되어 궁극적으로 영생에 이른다(5:12~21). 구원받은 성도는 그리스도와 연합하여 죄를 이기고 의로운 삶을 살게 된다(6:1~23). 성도는 이제 율법이라는 죄와 사망의 법에서 해방되어 복음이라는 생명의 성령의 법을 따른다(7:1~8:4). 성령을 받은 성도는 하나님의 자녀가 되고 후사가 되었다. 이 모든 구원의 역사는 하나님의 주권과 섭리에 의해서 이루어지기 때문에 어떤 경우에도 예수 그리스도의 사랑 안에 있는 성도의 구원은 확실한 것이다(8:4~39).

• <u>제3부 유대인과 이방인의 구원사적인 관계(9:1~11:36)</u> : 참 이스라엘은 육신의 자녀가 아니라 약속의 자녀들이다(9:1~18). 이스라엘 중에서도 하나님의 뜻을 행하는 '남은 자'만이 구원에 이른다(9:19~29). 이스라엘은 하나님께 열심이 있었으나, 참 지식을 좇지 않았다(9:30~10:3). 하나님은 유대인이든 이방인이든 그리스도를 믿는 자들을 구원하신다(10:4~11:24). 이러한 구원사는 하나님의 심오한 경륜에 의해서 진행되고 있다(11:25~36).

• <u>제4부 그리스도 안에서 새 생활과 규범(12:1~15:13)</u> : 바울은 신학적인 논증에 이어서 그리스도 안에서 구원받은 성도들이 실천해야 할 새 생활과 그 규범을 제시한다.

• <u>끝맺음(15:14~16:27)</u> : 마지막으로 바울의 새로운 선교 비전과 앞으로의 계획, 그리고 로마교회의 도움과 그가 알고 있는 로마 교회의 교인들에 대한 문안을 다루고 있다.

4절 마지막 예루살렘 방문 (57년, 5차)

바울은 헬라 및 소아시아 지역을 대상으로 지난 8년 동안의 선교활동을 마무리 짓고, 이제 로마 및 서바나 지역으로 떠나려는 새로운 선교계획을 실행에 옮기기 위해서 일단 예루살렘을 방문하기로 했다.

예루살렘을 방문하여 그동안 이방인 교회에서 모금한 부조금을 전달하고, 또한 교회지도자에게 자신이 새로운 선교지역으로 떠난 이후 현지의 이방인 교회와 예루살렘 교회 간의 합법적인 관계를 보장해 둘 필요가 있었다. 이번 방문은 다메섹 회심 이후 다섯번째 방문이고, 결과적으로는 마지막 방문이 되었다.

1. 바울이 직면한 위협과 도전

예루살렘으로 복귀하기로 한 57년 당시, 바울은 유대인들로부터 생명의 위협을 받고 있었다. 그는 유대 율법주의자들이 주장하는 할례와 율법의 준수를 단호히 배격하고, 오직 믿음으로 구원에 이른다는 '이신칭의' 복음을 전파한 이방인의 사도였다.

이방인들에게 할례의 고통과 율법의 멍에를 지우지 않고, 오직 예수 그리스도를 믿기만 하면 누구든지 값없이 차별 없이 구원에 이른다는 자유의 '이신칭의' 복음을 전파했다. 이러한 바울의 복음 전파는 이방인의 세계에서 오랜 가뭄 끝에 내린 단비처럼 엄청난 환영을 받고 있었다.

그 결과로 이방인의 세계에서 할례와 율법을 요구하는 유대교는 사실상 그 설 자리를 잃어버리고 말았다. 배타적인 율법종교인 유대교는 이방인들로부터 완전히 외면당하고 또한 철저히 고립되었다. 그 대신에 기독교 복음은 열렬히 환영을 받으면서 마른 들풀에 번진 불길처럼 이방인 세계로 번져 나가고 있었다.

그로 인해서 바울은 그의 동족인 유대인들로부터 큰 미움을 사게 되었다. 유대교에서 전향한 바리새파 유대인 바울은 그의 동족들로부터 누구보다도 심각한 증오의 대상으로 지목되고 있었다.

1) 신변적인 위협

에베소를 거점으로 소아시아 지역을 선교하면서도(53~55년), 바울은 유대인들의 박해를 피할 수 없었다. 에베소의 아데미 소동은 현지인이었던 은장색 데메드리오가 주동한 소요였지만, 그 아데미 소요에서 유대인들은 알렉산더를 권하여 바울에게 불리한 영향력을 행사하려고 했었다(행 19:33).

당시 에베소와 소아시아에서 당한 바울의 고난이 모두 유대인들 때문이었다고 단정할 수는 없지만, 대부분 유대인들이 관련된 박해였다고 보아도 무리가 없을 것이다.

바울은 고린도전서에서 "바로 이 시간까지 우리가 주리고 목마르며 헐벗고 매 맞으며 정처가 없다"(고전 4:11)고 했으며, 고린도후서에서는 "힘에 지나도록 심한 고생을 받아 살 소망까지 끊어지고 우리 마음에 사형 선고를 받은 줄 알았다"(고후 1:9)고 말하고 있다. 바울은 이처럼 소아시아에서 심한 고난을 당했다.

헬라지역 순방 여행으로부터 고린도교회에 도착하여 3개월 동안 머물었던 바울은 그곳에서 배를 타고 바로 수리아를 경유하여 예루살렘으로 가고자 했었다. 그러나 "그때에 유대인들이 자기를 해하려고 공모하므로 마케도니아로 다녀 돌아가기로"(행 20:3) 했다.

이처럼 유대인들은 바울이 가는 곳마다 쫓아다니며, 그의 선교 활동을 핍박했다. 이제 헬라 및 소아시아 지역의 선교를 마무리 짓고, 예루살렘을 향해 가고 있는 바울은 예루살렘에 들어가면 자신의 신변이 위험하다는 사실을 여러 경로를 통해서 알고 있었다.

그는 유대인들이 자신을 공적 제1호로 지목하여 기회만 있으면 죽이려고 한다는 이야기를 듣고 있었다. 밀레도에서 에베소의 장로들에게 바울은 "보라 이제 나는 심령에 매임을 받아 예루살렘으로 가는데 거기서 무슨 일을 만날는지 알지 못하노라"(행 20:22)고 설교하고 있다.

또한 교회의 제자들도 그의 예루살렘 방문이 매우 위험하다는 사실을 잘 알고 있었다. 전송을 나온 제자들은 한결같이 예루살렘에 들어가는 것이 매우 위험하다는 사실을 말해 주면서, 예루살렘 방문을 극구 만류했다. 두로에 상륙하였을 때에도 그곳의 제자들은 성령의 감동으로 바울더러 "예루살렘에 들어가지 말라"(행 20:4)고 만류했다.

예루살렘에서 가까운 가이사랴에 도착해서는 선지자 아가보도 바울의 결박을 예언했다. 모든 사람들이 한결같이 그토록 만류했지만, 바울은 "나는 주 예수의 이름을 위하여 결박 받을 뿐 아니라 예루살렘에서 죽을 것도 각오"(행 21:13)했다는 단호한 결의를 표명하면서, 형제들의 간곡한 만류를 뿌리쳤다.

당시 바울의 복음 전파를 방해한 자들은 그의 혈육인 유대인들이었다. 로마 당국은 바울의 선교 활동에 대한 방해자라기보다는 도리어 법적인 보호자의 역할을 하고 있었다. 고린도에서 아가야 총독 가이오의 판결이나, 에베소의 아데미 소동에서 서기장이 취한 조치는 당시 로마 제국 내에서 바울의 복음전파활동이 불법이 아니라는 점을 확인해 주고 있을 뿐이었다.

바울에 대한 유대인들의 증오심은 매우 커서, 가는 곳마다 그를 쫓아다니며 핍박했다. 바울은 "저희가 하나님께 열심은 있으나 지식을 좇은 것이 아니다"(롬 10:2)라고 말하면서, 이들의 구원에 관하여 "나의 형제 곧 골육의 친척을 위하여 내 자신이 저주를 받아 그리스도에게서 끊어질지라도 원하는 바"(롬 9:3)라고 하며 매우 안타까워했다.

바울의 생애에 있어서 가장 큰 고통은 바로 유대인들의 완고한 불신이었다. 다메섹 이전의 자신과 같은 유대인들의 모든 행동을 그는 충분히 이해하고 있었다. 그래서 유대인들의 심한 핍박을 받으면서도, 바울은 자신의 동족인 유대인들을 결코 증오하지는 않았다.

2) 거짓 사도들의 훼방

예루살렘 교회 공회의(행 15장) 후에도 유대 율법주의자들은 바울의 '이신칭의' 복음에 대항하여 모든 이방인 기독교인들에게도 할례를 행하고 율법을 준수하도록 해야 한다는 입장을 고수하고 있었다. 복음과 함께 율법의 준수를 구원의 조건으로 내세우고 있던 율법주의자들에 대하여, 바울은 '다른 복음' 을 전하는 자들(갈 1:8)이라고 규정했다.

안디옥 시절에 바울은 율법주의에 대항하여 오직 믿음으로 구원을 받는다는 '이신칭의' 복음을 변증하기 위해서 맹렬히 투쟁했다. 사도행전 15장의 예루살렘 공회의의 최종 결정은 이방인 기독교도들에게 '우상의 제물과 피와 목매어 죽인 것과 음행을 멀리하도록 하라' 고 요구하되, 유대인과 같은 할례와 율법의 준수를 요구하지 않는다는 타협안의 성격을 가지고 있었다.

그러나 바울은 율법의 행위와 무관하게 오직 믿음으로 구원에 이른다는 '이신칭의' 복음을 타협 없이 전하고 있었다. 공회의 결정 후, 바울은 '이신칭의' 복음으로 헬라와 소아시아 지역에서 약 8년 동안에 걸쳐서 눈부신 선교 성과를 거두고 있었다.

예루살렘 교회의 유대 율법주의자들은 바울의 '이신칭의' 복음에 의한 선교 활동을 여러 가지 형태로 방해하며 제동을 걸고 있었다. 에베소에 있던 바울은 그가 개척한 고린도교회에서 그가 떠난 후에 끊이지 않고 일어났던 혼란의 배후에는 바로 유대 율법주의자들 곧 거짓 사도들의 훼방이 있음을 잘 알고 있었다.

> "저런 사람들은 거짓 사도요 궤휼의 역군이니 자기를 그리스도의 사도로 가장하는 자들이니라 이것이 이상한 일이 아니라 사단도 자기를 광명의 천사로 가장하나니 그러므로 사단의 일군들도 자기를 의의 일군으로 가장하는 것이 또한 큰 일이 아니라 저희의 결국은 그 행위대로 되리라"(고후 11:13~15).

고린도교회 내에 형성된 파당 중에는 게바(베드로)파를 자처하는 무리들도 있었다(고전 1:12). 베드로는 바울과 동일한 복음주의 노선을 지지하고 있었기 때문에, 고린도교회의 게바파로 알려진 분파주의자들은 베드로 사도를 빙자하여 유대 율법주의를 정당화하면서 '다른 복음' 즉 할례와 율법을 전파하고자 했던 유대 율법주의자들이었을 것이다.

바울은 이들을 "광명의 천사를 가장하는 사단의 무리"(고후 11:15), "저주를 받을 자"(갈 1:8)라고 분명히 선언하고 있다. 예루살렘 교회에 침투해 들어 온 유대 율법주의자들은 할례와 율법이라는 '다른 복음'을 끈질기게 요구하는 유대교의 근본 입장을 결코 포기하려 하지 않았다.

당시 예루살렘 교회의 지도자였던 주의 형제 야고보나 베드로, 요한과 같은 사도들은 분명히 바울과 동일하게 '이신칭의' 복음을 근본교리로 받고 있었다. 그러나 예루살렘 교회에 침투한 율법주의자들은 기독교의 '이신칭의' 복음을 율법종교인 유대교에 종속시키려는 간악한 목적을 가지고 그들의 주장을 관철시키고자 했던 것이다. 이들이 바로 '거짓 사도들'이었다.

당시는 유대교와 기독교가 분명하게 구별되지 않는 과도기였다. 그래서 유대교에 속한 '거짓교사들'은 기독교 공동체에 가만히 들어와서 이방인 기독교인들도 유대인처럼 할례와 율법의 이행을 전제로 하는 '다른 복음'을 끝까지 고집하고 있었다. 이는 곧 기독교의 유대교화를 목적으로 한 것이다.

이처럼 유대 율법주의자들이 기독교 교회에 침투해 들어와서 예루살렘 교회의 일각을 장악하고 있었고, 이들은 사실상 예수 그리스도의 복음을 유대교에 종속시키려는 불순한 목적으로 교회에 침투해 들어온 '거짓 사도들' 이었다.

이들은 바울의 복음 전파에 대적하는 최대의 방해꾼들이었다. 이들은 기독교와 유대교가 완전히 분리되는 마지막 순간에 유대교로 복귀한 무리들이었다. 그렇기 때문에 바울은 이들을 '광명의 천사를 가장한 사단' 으로 정죄했던 것이다.

2. 바울의 예루살렘 방문 목적

예루살렘에 들어가면 자신이 매우 심각한 위협에 직면할 것이라는 사실을 잘 알고 있었음에도, 바울은 "나는 주 예수의 이름을 위하여 결박 받을 뿐 아니라 예루살렘에서 죽을 것도 각오하였노라"(행 21:13)고 비장한 결심을 밝히면서 생명의 위협을 무릅쓰면서까지 예루살렘을 방문하고자 한 이유는 무엇이었는가?

바울은 고린도에서 곧바로 로마로 떠날 수도 있는 상황이었다. 예루살렘에는 자신을 죽이려는 유대인들의 위협이 있었고, 예루살렘 교회에는 바울에 대해서 결코 호의적이지 않았던 유대 율법주의자들도 버티고 있었다. 그러함에도 불구하고 바울이 예루살렘 행을 구태여 강행 하게 된 이유는 무엇이었을까?

우선적으로 예루살렘 교회의 지도자들에게 그 동안 자신이 행한 선교 결과를 보고할 필요가 있었다. 동시에 이방인 교회에서 모금한 부조 헌금을 직접 전달하면서, 그가 헬라 및 소아시아 지역에서 선교하여 수립된 이방인 구원 및 그 교회의 합법성을 확보해 둘 필요가 있었다.

예루살렘에서 이러한 문제들이 원만하게 해결되어야만, 소아시아 및 헬라지역에서의 임무를 종결하고, 자신의 다음 선교지인 로마로 떠날 수 있다고 생각했다.

1) 부조금 전달

바울이 예루살렘 성도들에게 전달하고자 했던 구제 헌금은 그의 3차 전도 여행기간 중에 쓰여 진 서신들마다 언급되었다는 사실로 미루어 볼 때(고전 16:1~4, 고후8~9장), 그에게 있어서 매우 중요한 프로젝트였다.

로마서의 전술에 의하면(롬 15:22~29), 바울은 이방 교회들을 통해서 거둔 구제 헌금을 예루살렘의 가난한 성도들에게 전달해준 후에, 로마로 가서 그곳의 성도들과 잠깐 교제를 나누고, 그들의 후원을 받아 스페인으로 떠날 계획임을 밝히고 있다.

예루살렘 교회를 위한 헌금 모금 문제는 바울이 고린도전서에서 처음으로 언급하고 있다. "성도를 위하는 연보에 대하여는 내가 갈라디아교회들에게도 명한 것 같이 너희도 그렇게 하라"(고전 16:1). 당시 에베소에 있었던 바울은 고린도교회나 갈라디아교회들을 포함한 모든 이방인의 교회들에게 예루살렘 교회를 위한 연보를 하도록 모금을 요구하고 있었다.

고린도후서에서 바울은 자신의 편지를 전달했던 디도를 칭찬하면서 "저는 동일한 주의 영광과 우리의 원을 나타내기 위하여 여러 교회의 택함을 입어 우리의 맡은 은혜의 일로 우리와 동행하는 자라"(고후 8:19)고 소개하고, "이것을 말함은 우리가 맡은 이 거액의 연보로 인하여 아무도 우리를 훼방하지 못하게 하려 함"(고후 8:20)이라고 언급하고 있다.

당시 디도를 비롯한 바울의 동역자들은 연보 모금 활동에 관여하고 있었다. 고린도 교인들에게 "내가 너희를 위하여 마케도니아인들에게 아가야에서는 일 년 전부터 예비하였다 자랑하였는데 과연 너희 열심이 퍽 많은 사람들을 격동시켰느니라"(고후 9:2)고 언급하면서, "인색함으로나 억지로 하지 말고"(고후 9:7) 하나님 앞에서 즐거운 마음으로 "너희가 전에 약속한 연보를 미리 준비케 하도록 권면"(고후 9:5)하고 있다.

바울은 예루살렘을 방문하고(4차) 에베소로 돌아오면서, 당시(52년)의 열악한 사정을 살피고 예루살렘 교회를 도우려는 모종의 결심을 했다. 이는 예루살렘 교회와 이방인 교회 사이의 유대를 견고히 하고, 당시 모든 사정이 열악했던 예루살렘 교회를 실질적으로 돕는 방법이기도 했다. 따라서 바울의 연보 모금 사업은 53년 에베소로 복귀한 다음부터 곧바로 지속적으로 추진된 사업이었다.

3차 선교여행기간 중에 바울은 모든 이방인 교회들에게 연보 모금에 적극 동참하도록 독려했다. 연보 모금에 관한 바울의 명분은 돌감람나무인 이방 기독교인들이 참감람나무인 유대인들에게 접붙임이 되어 구원에 이르렀으므로(롬 11:17), "만일 이방인들이 그들의 신령한 것을 나눠 가졌으면 육신의 것으로 그들을 섬기는 것이 마땅하다"(롬 15:27)는 논리였다.

부조 헌금이 바울에게 중요했던 이유는 그것이 단순한 구제 헌금 전달을 넘어서 바울에 의해서 세워진 이방 교회들과 팔레스타인에 있었던 유대 교회들 사이의 끊어진 관계를 잇는 계기가 된다고 보았기 때문이었다.[100] 바울은 예루살렘의 사도들이 이방인 교회에서 모금한 헌금을 기꺼이 받아들여 이방과 유대 교회들 사이에 깊은 유대관계가 세워지기를 간절히 고대하고 있었다.

소아시아 및 헬라지역에 개척한 바울의 이방인 교회와 유대인이 중심이 되어 있던 예루살렘 교회 간에는 그 당시 적지 않은 긴장이 내연하고 있었다. 예루살렘 교회의 그리스도인들은 아직도 율법을 중시하는 유대교적인 입장을 중시하고 있었다. 바울 자신은 유대인으로서 율법을 무

---

100. 이한수, '로마서', PP. 24~25.

시하지 않았지만, 그러나 그는 누구보다도 확고하게 율법에 의존하지 않는 새로운 페러다임, 즉 '이신칭의'의 복음을 아무 거리낌 없이 과감하게 전파하는 이방인의 사도로 활약하고 있었다.

당시 바울의 선교는 헬라 및 소아시아 전역에서 날로 큰 영향력을 증대시키며 확산되어 가고 있었다. 반면에 예루살렘 교회는 날로 그 사정과 형편이 어려워지고 위축되어 가는 형편이었다. 그러한 상황에서 바울은 예루살렘 교회를 돕기 위해 부조금을 모으는 사업을 열심히 전개했다. 거기에는 어려움을 돕고자 하는 목적과 함께, 예루살렘 교회와 이방인 교회 간의 미묘한 긴장과 갈등을 적극적으로 해소하려는 바울의 배려 또한 크게 작용하고 있었던 것으로 평가된다.

2) 이방인 구원 문제

안디옥 시절(46년) 바나바와 함께 예루살렘 교회를 방문(2차)했을 당시에도, 바울은 부조 헌금을 전달하면서, 자신이 받은 계시와 자신이 소명된 이방인의 사도직을 공인받고자 했었다. 이번 예루살렘 방문에서도(5차) 바울은 이방인 교회들의 부조헌금을 전달하면서, 이방인 구원의 합법성과 교회의 정통성을 확증 받으려는 의도을 가지고 있었다.

(1) 구원의 합법성 문제

50년부터 57년 사이 약 8년 동안 전개된 바울의 이방인 선교는 실로 눈부신 성과를 거두었다. 그러나 예루살렘 교회에는 바울의 이방인 선교에 대한 합법성 문제에 이의를 제기하는 유대 율법주의자들의 미묘한 저항이 소멸되지 않고 있었다. 유대 율법주의자들은 할례와 율법을 포기한 이방 기독교인들을 하나님의 백성으로 인정할 수 없다는 입장에 서서, 이방 기독교인들의 구원의 합법성에 이의를 제기하는 태도를 취하고 있었다.

그러한 유대 율법주의자들의 주장이 받아들여진다면, 이방인들의 구원은 그 합법성을 상실하게 되는 것이고, 그로서 바울의 모든 선교 활동은 헛수고가 되고 마는 일이었다. 그러므로 이 문제는 이방인 교회가 서느냐 무너지느냐 하는 사활적인 성격을 가진 문제였다. 바울로서는 로마로 떠나기 전에 최종적으로 이방인 구원의 합법성 문제를 다시 한번 분명하게 확증해 둘 필요가 있었던 것이다.

고린도교회에 보낸 서신들은 이 문제의 심각성을 반영해 주고 있다. 바울은 이들을 "거짓 사도, 궤휼의 역군, 그리스도의 사도로 가장하는 자, 광명의 천사를 가장한 사단"(고후 11:13~14), "다른 복음을 전하는 자"(갈 1:8)로 공박하고 있다.

문제는 이들이 예루살렘 교회에 뿌리를 내린 무시할 수 없는 세력을 형성하고 있다는 점이었다. 바울이 소아시아 및 헬라지역을 떠나서 로마로 가려는 57년 당시까지도 이방인 구원의 합법성 문제에 이의를 제기하는 율법주의자들이 남아 있었다.

그 동안 모금한 부조금을 예루살렘 교회에 전달하면서, 동시에 바울은 예루살렘의 교회지도자들에게 이방인의 구원의 합법성을 분명하게 확증받기를 원했고, 이방인으로부터 받은 그 헌금에 답하는 영수증으로서, 이 합법성에 대한 인정을 얻기를 소망했다.[101]

(2) 교회의 정통성 문제

이방인 구원의 합법성 문제는 곧바로 이방인 교회의 정통성 문제였다. 만약 구원의 합법성이 인정될 수 없다면, 이는 헬라와 소아시아 지역에 세워진 모든 이방인 교회들의 정통성이 곧바로 부정되는 사태를 초래하게 된다.

그러므로 새로운 선교지로 떠나기 전에, 바울은 이 문제를 확실하게

---

101. 최종상, '이방인의 사도가 쓴 로마서' , P. 16.

해둘 필요가 있었다. 자신의 선교로 세워진 이방인 교회들의 정통성을 예루살렘 교회의 지도자들로부터 확인받고, 또한 이방인의 교회들이 모교회인 예루살렘 교회와 정당한 관계를 맺도록 조치해 둘 필요가 있었다. 바울이 떠난 후에 이방인 교회들의 정통성이 부정되거나 훼손될 경우, 그 영향은 심각할 수밖에 없는 중요한 문제였기 때문이었다.

바울이 개척한 이방인 교회의 조직은 대체로 한 도시에 하나의 교회(지교회)가 있었고, 그 밑에 여러 개의 가정교회(구역)들이 있었다. 당시의 교회란 오늘날과 같은 건물형태의 교회보다 복음을 믿는 성도들의 모임을 의미하고 있었다. 에베소 주변의 소아시아 광역에 당시 지역교회(노회) 형태의 장로회가 있었는지는 불명확하다.[102)]

바울은 헬라 및 소아시아 지역에 세워진 모든 이방인 교회들을 하나의 교회 조직으로 묶어서 단일 조직체로 연합시키려는 의도를 가지고 있지 않았다. 그의 소망은 이방인 교회들이 예루살렘 교회와 정상적인 관계를 맺도록 해줌으로서, 자신이 다른 선교지로 떠난 후에도 예루살렘 교회를 모교회로 하는 기독교 교회의 일원으로서 바른 관계를 맺게 되기를 희망하고 있었던 것이다.

3. 마지막 예루살렘 복귀 여정

바울은 예루살렘을 향한 마지막 여행길에 올랐다. 헬라 및 소아시아 지역에 대한 선교를 종료하고, 새로운 선교지 로마와 스페인으로 떠나려는 계획을 가지고, 이제 예루살렘을 향한 마지막 여행길에 올랐다. 그는 고린도에서 석 달을 보내고 마케도니아로 이동하여, 마케도니아의 빌립보에서 아시아의 드로아로 이동하여 예루살렘으로 귀환하기 위한 여행길에 올랐다.

---

102. 디모데전서 4장 14절의 '장로의 회'는 그 가능성을 암시하고는 있지만, 바울이 떠나던 그 당시로서는 그러한 광역교회가 있었는지 확실히 말할 수 없다.

1) 바울의 예루살렘 방문단

57년 봄 고린도교회에서 석 달 동안을 보낸 바울은 거기서 바로 수리아로 가는 배를 타고 예루살렘으로 가고자 했다. 그러나 그때에 유대인들이 바울을 해하려고 공모했기 때문에 마케도니아로 다녀서 돌아가기로 했다(행 20:3).

마케도니아에 도착한 바울은 아시아까지 함께 갈 선발대로 디모데와 제자들을 먼저 보내어 아시아의 드로아에서 기다리게 했다. 선발대에 포함된 사람은 디모데 외에 "베뢰아 사람 소바더, 데살로니가 사람 아리스다고와 세군도, 더베 사람 가이오와 아시아 사람 두기고와 드로비모"(행 20:4) 등이었다.

당시 바울은 구제 헌금을 안전하고도 합당한 방식으로 예루살렘 교회에 전하기 위해서 이들을 동행시켰다. 이들은 바울과 함께 동행 하여 예루살렘 교회에 연보를 전하고 예루살렘 교회와 자신들의 교회 사이에 교류 관계를 맺을 수 있도록 보내진 지역교회의 대표단이었다.

이처럼 예루살렘 귀환여행에는 구제 헌금을 전달할 각 지역교회의 대표단이 바울과 함께 동행하고 있었다. 사도행전은 이들이 먼저 드로아로 가서 '우리를' 기다렸다고 말하고 있다. 여기서 누가는 '우리' 라는 말을 다시 쓰기 시작하고 있는데, 이는 누가가 여기서부터 바울 일행에 동행하고 있었다는 의미다.

누가는 드로아에서부터(행 20:5) 로마에 도착하기까지(행 28:16) '우리' 라는 표현으로 바울과 동행하고 있다. 사도행전은 누가가 동행했던 바울의 귀환여행과 로마까지의 이동 여정에 대하여 비교적 상세하게 전해 주고 있다(행 20:5~28:16).

바울은 무교절 후에 마케도니아의 빌립보(네압볼리항)에서 배편으로 떠나 닷새 만에 아시아의 드로아에 상륙하였다. 이틀이면(행 16:11) 도착할 수 있었던 항해 길이 닷새나 걸린 것은 힘든 항해였음을 말해 준다.

2) 드로아의 철야 예배

소아시아의 드로아에서 바울은 예루살렘 귀환여행의 동행자들과 합류했다. 드로아에서 이레(7일)를 머물렀는데, 기간 중 안식 후 첫날(주일)에 모든 형제들이 떡을 떼기 위해 모였다. 당시 안식일은 토요일이었고, 안식 후 첫날은 일요일 곧 주님이 부활하신 주일에 해당된다. 그러므로 이때부터 예수님이 부활하신 주일에 예배로 모인 것을 알 수 있다.

드로아에 있는 성도들이 다 한 자리에 모여서 음식을 함께 나누어 먹고, 바울의 강론 설교를 들었다. 이는 당시 예배의 핵심이 모든 성도가 한 자리에 모여서 함께 떡을 떼고 설교를 듣는 것이었음을 의미한다.

다음날 떠나기 전에 그 자리에서 바울은 밤늦게 까지 강론을 계속하였다. 이 지역의 복음 사역을 마무리 짓고 떠나는 입장에서 바울은 밤중 늦게 까지 오랜 시간 동안 설교를 계속했다.

밤늦은 그 시각, 설교를 듣던 중에 삼층 난간에서 졸던 유두고라는 청년이 아래로 떨어지는 사고가 발생했다. 바울은 그를 곧 살려 내었다. 유두고를 살려낸 다음에도, "올라가 떡을 떼어 먹고 오래 동안 곧 날이 새기까지 이야기하고"(행 20:11) 아침이 되어 드로아를 떠났다.

순회 방문 기간 중에 바울이 행한 설교는 각 지역마다 드로아에서처럼 밤늦게까지 오랫동안 행해졌던 것으로 추정된다. 사도행전에 수록된 바울의 설교는 그가 행한 긴 설교 내용을 간략하게 요약한 것이지, 바울의 긴 설교 내용을 전부 수록한 것으로 볼 수는 없다.

신약성경에 수록된 바울 서신 13권은 심오한 내용을 아주 간결하게 집약해서 표현하고 있다. 그렇지만 바울이 선교지에서 행한 설교는 서신서처럼 간결하고 짧은 메시지로 행한 것이 아니었다. 드로아에서처럼 밤을 새울 정도로 긴 설교를 행하는 경우가 많았을 것으로 추측된다.

바울은 고린도 교인들로부터 "그 편지는 중하고 힘이 있으나 그 몸으로 대할 때는 약하고 말이 시원치 않다"(고후 10:10)는 비평을 듣고 있었다. 스스로도 "내가 비록 말에는 졸하나 지식에는 그렇지 아니하다"(고후 11:6)고 변명을 하고 있는 것으로 보아서, 바울은 달변의 설교자는 아니었던 것 같다.

[도표 7] **마지막 예루살렘 귀환여행(57년)**

3) 밀레도에서의 고별 설교

일행은 드로아에서 배에 짐을 싫고 먼저 이동하고, 바울은 걸어서 앗소까지 이동하여 거기서 합류하여 승선하였다. 앗소에서 다시 미둘레네까지 배편으로 이동하여 이튿날 기오 앞에 오고, 그 이튿날 사모 섬에 들리고, 또 그 다음날 밀레도에 도착했다.

바울은 될 수 있는 대로 오순절 안에 예루살렘에 도착하고자 서둘러 가고 있었다. 그때문에 귀환 길에 그의 소아시아 선교 중심지였던 에베소를 들리지 않고, 대신 사람을 보내어 밀레도에서 에베소의 장로들을 만나도록 청하였다.

밀레도에 모인 에베소교회의 장로들에게 행한 바울의 고별 설교는 지난 8년 동안(50~57년) 헬라와 소아시아 지역의 선교 사역을 끝내고 새로운 계획을 추진하기 위해서 예루살렘으로 떠나면서, 바울 자신이 세운 각 지역의 교회들에게 당부한 고별 설교 메시지를 담고 있다.

그러므로 사도행전 20장 18~35절에 수록된 밀레도 설교는 바울이 지난 8년 동안 선교했던 각 지역의 모든 교회들에 행한 고별 설교를 요약한 것으로 보는 것이 합당할 것이다.

(1) 추억과 회상(행 20:18~21) : "아시아에 들어온 첫날부터 지금까지 내가 항상 너희 가운데서 어떻게 행한 것을 너희도 아는 바니, 곧 겸손과 눈물이며 유대인의 간계를 인하여 당한 시험을 참고 주를 섬긴 것과 유익한 것은 무엇이든지 공중 앞에서나 각 집에서나 거리낌이 없이 너희에게서 전하여 가르치고, 유대인과 헬라인들에게 하나님께 대한 회개와 우리 주 예수 그리스도께 대한 믿음을 증거한 것이라."

(2) 각오와 결심(행 20:19~24) : "보라 이제 나는 심령에 매임을 받아 예루살렘으로 가는데 거기서 무슨 일을 만날는지 알지 못하노라. 오직 성령이 각 성에서 내게 증거 하여 결박과 환난이 나를 기다린다 하시나, 나의 달려갈 길과 주 예수께 받은 사명 곧 하나님의 은혜의 복음 증거 하는 일을 마치려 함에는 나의 생명을 조금도 귀한 것으로 여기지 아니하노라."

(3) 고별의 심정(25~27) : "보라 내가 너희 중에 왕래하며 하나님 나라를 전파하였으나 지금은 너희가 다 내 얼굴을 다시 보지 못할 줄 아노라. 그러므로 오늘 너희에게 증거 하노니 모든 사람의 피에 대하여 내가 깨끗하니 이는 내가 꺼리지 않고 하나님의 뜻을 다 너희에게 전하였음이라."

(4) 교회 수호(28~31) : "너희는 자기를 위하여 또는 양 떼를 위하여 삼가라. 성령이 저들 가운데 너희로 감독자를 삼고 하나님이 자기 피로 사신 교회를 치게 하셨느니라. 내가 떠난 후에 흉악한 이리가 너희에게 들어와서 그 양 떼

를 아끼지 아니하며 또한 너희 중에서도 제자들을 끌어 자기를 좇게 하려고 어그러진 말을 하는 사람들이 일어날 줄을 내가 아노니, 그러므로 너희가 일깨어 내가 삼년이나 밤낮 쉬지 않고 눈물로 각 사람을 훈계하던 것을 기억하라."

(5) 충성 당부(32~35) : "지금 내가 너희를 주와 및 그 은혜의 말씀께 부탁하노니 그 말씀이 너희를 능히 든든히 세우사 거룩케 하심을 입은 모든 자 가운데 기업이 있게 하시리라. 내가 아무 은이나 금이나 의복을 탐하지 아니하였고, 너희 아는 바에 이 손으로 나와 내 동행들의 쓰는 것을 당하여 범사에 너희에게 모본을 보였노니, 곧 이같이 수고하여 약한 사람들을 돕고 또 주 예수의 친히 말씀하신 바 주는 것이 받는 것보다 복이 있다 하심을 기억하여야 할지니라."

밀레도에서 에베소교회의 장로들에게 고별 설교를 끝내고, 바울은 무릎을 꿇고 저희 모든 사람과 함께 기도하였다. 모두가 다 크게 울며 바울의 목을 끌어안고 입을 맞추고 다시 그의 얼굴을 보지 못하리라 한 말을 인하여 더욱 근심하였다. 그리고 항구까지 따라 나와서 배를 타고 떠나는 바울을 전송하였다.

4) 밀레도에서 예루살렘까지

밀레도를 출항한 바울의 일행은 고스로 가서, 이튿날 로도에 이르러, 거기서부터 바다라로 가서, 베니게로 건너가는 배를 만나서 타고 가게 되었다. 구브로 섬을 왼편으로 두고 길리기아의 다소와 수리아의 안디옥을 비껴서 행선하여 베니게의 두로에 도착하여 거기서 짐을 풀고 상륙하였다.

두로에 상륙하여 제자들을 찾아 이레(7일)를 머물렀다. 두로에 사는 제자들이 바울에게 예루살렘에 들어가지 말도록 만류하였다. 떠날 때 저희가 그 처자와 함께 부두까지 따라 나와 무릎을 꿇고 기도하고 서로 작별했다.

바울의 일행이 승선하여 두로에서 돌레마이에 이르러 형제들에게 안부를 묻고 그들과 함께 하루를 지냈다. 이튿날 항해하여 팔레스타인의 가이사랴에 상륙하였다. 가이사랴에는 일곱 집사 중의 한 사람인 전도자 빌립이 처녀로 예언하는 그의 네 딸과 함께 살고 있었다. 바울은 빌립의 집에 들어가서, 여러 날을 함께 지내고 있었다.

그때에 아가보라 하는 한 선지자가 유대로부터 내려왔는데, 바울은 안디옥 시절부터 그를 알고 있었다(행 11:28). 아가보는 바울의 띠를 사용하여, 그가 예루살렘에 들어가면 유대인들에게 결박되어 이방인들에게 넘겨질 것이라는 예언을 했다. 아가보의 예언을 들은 모든 사람들이 바울에게 예루살렘에 올라가지 말도록 울며 권유하였다.

그러나 바울은 "너희가 어찌하여 울어 내 마음을 상하게 하느냐 나는 주 예수의 이름을 위하여 결박 받을 뿐 아니라 예루살렘에서 죽을 것도 각오하였노라"(행 21:13)는 단호한 결심을 밝힌다. 바울의 결심이 그처럼 확고한지라, 거기 있는 모든 사람들이 "주의 뜻이 이루어지이다"하고, 더 이상 권유하기를 그쳤다.

여러 날이 지난 후에, 바울 일행은 가이사랴에서 다시 행장을 준비하여 예루살렘으로 올라갔다. 가이사랴의 몇 제자가 바울 일행에 합세했다. 그 중에 오랜 제자 구브로 사람 나손이 포함되어 있었다. 예루살렘에 있는 나손의 집에서 일행이 유하기 위함이었다.

예루살렘에 이르니, 그곳의 형제들이 바울 일행을 기꺼이 영접하여 주었다. 그 이튿날에 바울은 그의 일행들과 함께 예루살렘 교회에 들어갔다. 예루살렘 교회의 야고보와 장로들이 바울 일행을 영접하였다. 바울은 예루살렘 교회지도자에게 문안하고, 함께 동행 했던 이방인 교회의 대표단을 소개했다. 그리고 그들이 가지고 온 구제 헌금을 정중하게 전달했다. 또한 하나님이 자기의 봉사로 말미암아 이방 가운데서 하신 일을 낱낱이 보고했다.

그 동안의 선교 결과를 상세히 보고했을 뿐만이 아니라, 그가 앞으로 추진하고자 하는 새로운 선교 계획을 설명했을 것이다. 그리고 무엇보다도 바울이 새로운 선교지로 떠난 다음에 헬라와 소아시아 지역의 교회들을 잘 돌보아 줄 것을 당부했을 것이다.

제 8 장

바울의 체포와 옥중 사역 (57~62년)

1절 예루살렘에서 체포

2절 바울의 가이사랴 옥중변론(58~59년)

3절 바울의 로마압송(59년 말)

4절 바울의 로마옥중 사역(60~62년)

5절 바울의 옥중서신

"내가 이제 너희를 위하여 받는 괴로움을 기뻐하고
그리스도의 남은 고난을 그의 몸된 교회를 위하여
내 육체에 채우노라"(골 1:24).

예루살렘에서 바울은 곧 유대인들에게 체포되었다. "사람이 마음으로 자기의 길을 계획할지라고 그 걸음을 인도하는 자는 여호와시다"(잠 16:9). 바울이 마음으로 자기의 길을 계획한 것은 예루살렘에서 연보를 전하고 당면한 문제들을 해결한 다음, 새로운 선교 비전을 추진하기 위해서 로마와 사바나로 떠나는 것이었다. 그러나 하나님은 이방인의 사도 바울을 옥중 사역으로 인도하셨다.

유대인들에게 체포된 바울은 예루살렘에서 곧 가이사랴로 이송되어 2년 동안 옥중 생활을 했고, 이어서 로마 황제의 재판을 받기 위해서 로마제국의 심장부인 로마로 들어가서, 거기서 2년 동안 옥중 사역을 하게 되었다.

죄수의 신분으로 감옥에 고정된 바울은 예루살렘의 산헤드린 유대교 지도자들 앞에서, 팔레스타인을 통치하던 가이사랴의 로마 총독과 왕과 고위 관리들 앞에서 예수 그리스도의 복음을 변증했으며, 나아가서 당시 세계를 지배하던 로마제국의 심장부에 들어가서 감옥으로 찾아오는 방문객을 대상으로 '이신칭의' 복음을 전할 수 있었다.

감옥에 수감된 바울의 행보는 사람의 눈으로는 초라해 보이고 고통스러워 보이는 일이었다. 그러나 바울의 옥중사역이야 말로 훗날 로마제국 전체 나아가서 인류역사의 중심에 예수 그리스도의 교회를 굳건히 확립하는 결정적인 토대를 마련하는 계기가 되었다는 사실에 놀랄 뿐이다.

하나님은 사람이 생각할 수 없는 방법으로 땅 끝까지 바른 복음이 전파되어 온 인류를 구원하는 보편적인 기독교 교회를 확립하기 위해서 이방인의 사도 바울의 계획과는 달리 그의 몸을 고정시켜 옥중에서 복음을 전하도록 인도하셨던 것이다.

1절 예루살렘에서 체포 (57년 말)

예루살렘 교회를 방문했을 때, 교회의 지도자들은 율법에 열심 있는 유대인들이 바울을 죽이려고 한다는 사실을 알려주었다. "네가 이방에 있는 모든 유대인을 가르치되 모세를 배반하고 아들들에게 할례를 하지 말고 또 규모를 지키지 말라"(행 21:21)고 가르쳤다는 악 소문이 돌고 있으며, 스데반처럼 바울을 죽이고자 한다는 신변적인 위협을 알려 주었다.

또한 교회지도자은 유대인들의 오해를 해소하기 위해서 "서원한 네 사람이 우리에게 있으니 저희를 데리고 함께 결례를 행하고 비용을 내어 머리를 깎게 하라 그러면 모든 사람이 그대에게 대하여 들은 것이 헛된 것이고 그대도 율법을 지켜 행하는 줄을 알 것이다"(행 21:23~24)라는 충고를 통해서 유대인들의 위험을 피할 방도를 가르쳐 주기도 했다.

이러한 교회의 지도자들의 충고를 받아 들여 바울은 이튿날 결례를 행하고 성전에 들어가서 각 사람을 위하여 제사를 드리고 결례의 만기된 것을 고하였는 의식을 행했다.

1. 성전에서 체포된 바울

결례의 만기가 되자, 아시아에서 온 유대인들이 성전에서 바울을 보고 모든 무리를 충동하여 그를 붙잡고 외치기 시작했다. "이스라엘 사람들아 도우라 이 사람은 각처에서 우리 백성과 율법과 이곳을 훼방하여 모든 사람을 가르치는 그 자인데 또 헬라인을 데리고 성전에 들어가서 이 거룩한 곳을 더럽게 하였다"(행 21:28)고 외쳤다.

유대인들은 거룩한 성전에 이방인을 데리고 들어갔다는 성전 모독죄로 무고하여 결례를 마치고 성전에서 나오는 바울을 잡았다. 그러자 온 성이 소동하여 유대인들이 달려와서 바울을 잡아 성전 밖으로 끌고 나가자, 성전 문들이 곧 닫혔다. 율법에 의하면 성전 모독죄는 사형이었다.

그러나 바울은 이방인을 성전에 들인 사실이 없었다. 이들은 다만 바울이 예루살렘 성내에서 에베소 사람 드라비모와 함께 있는 것을 보고는 바울을 죽이려는 의도를 가지고 성전 모독죄로 무고한 것이다. 흥분한 군중에 의해서 바울은 돌에 맞아 죽을 형국에 처했다.

이처럼 유대인들이 성전 밖에서 바울을 죽이려고 할 때에 온 성이 소란하다는 보고가 당시 예루살렘의 로마군 치안 책임자 천부장 글라우디오 루시아에게 알려졌다. 천부장은 즉시 군사들을 거느리고 현장에 출동하였다.

곧바로 로마군에 의해서 바울에 대한 유대인들의 집단 폭행은 제지되었고, 바울은 결박되어 로마군의 안토니 요새 영문으로 이끌려갔다. 천부장과 로마군이 출동하지 않았더라면, 바울은 유대인들의 집단 폭행에 의해서 죽을 수밖에 없는 위급한 상황이었다. 그러나 적시에 출동한 로마군에 의해서 구출되었다.

바울은 영문 안으로 끌려 들어가기 전에 천부장에게 유창한 헬라말로 자신은 유대인이며 길리기아의 다소성의 시민임을 밝히고, 뒤따라 온 무리들에게 변론할 수 있는 기회를 얻어 내었다.

바울이 층대 위에 서서 백성들에게 손짓하여 크게 종용히 한 후에 "부형들아 내가 지금 너희 앞에서 변명하는 말을 들어라"(행 22:1)고 하자, 바울이 히브리 방언으로 말함을 듣고 군중들이 더욱 조용해졌다. 이때에 바울이 변론한 내용(행 21:3~21)의 요지는 다음과 같다.

(1) 자신은 다소에서 나서 예루살렘에서 자라 가말리엘 문하에서 율법의 엄

한 교훈을 받았고 유대교에 열심이 있어 누구보다도 기독교를 핍박하던 사람이었다(3~5절).

(2) 기독교도들을 핍박하기 위해서 예루살렘의 대제사장의 공문을 얻어 가지고 다메섹으로 가던 도상에서 직접 부활하신 예수님을 만나게 되었으며, 그 분이 바로 조상 대대로 유대인들이 대망하던 메시야 곧 사람으로 오신 참 하나님이시라는 것을 알게 되었다. 나는 그의 증인이다(6~16절).

(3) 자신은 예루살렘에 돌아와서 이 사실을 전하고자 하였으나, 성전에서 기도할 때에 주님이 나타나시어 "떠나가라 내가 너를 멀리 이방인에게로 보내리라" 하셨다(17~21절).

기회를 얻은 바울은 그 동안 자신이 예루살렘의 유대인들에게 직접 전하지 못했던 복음을 그들에게 전하여 십자가에 못 박힌 나사렛의 예수를 그리스도로 영접하도록 권유했다. 그러나 무리들은 거기까지 듣고는 귀를 막고 소리를 질러 소동을 일으켰다. 그래서 바울의 설교는 거기서 중단될 수밖에 없었다.

천부장은 바울을 영문 안으로 데리고 가서 채찍질로 신문하도록 명령했다. 이때, 바울은 자신이 로마시민이라는 법적인 권리를 주장하여 부당한 채찍질을 피할 수 있었다. 바울이 유대인이면서 로마시민이고 또 히브리 방언뿐 만아니라 헬라어에도 능통한 것을 보고, 로마군의 천부장 루시아는 바울의 결박을 풀고 로마법에 따라 정중한 태도로 대하기 시작했다.

2. 산헤드린 공회 앞에 선 바울

이튿날 천부장 루시아는 유대인들이 무슨 일로 바울을 송사하는지, 그 실상을 알고자 그의 결박을 풀고 제사장들과 온 공회를 모으고 바울을 그들 앞에 세웠다. 그 시점으로부터 약 25년 전에 바울은 "여러 연갑자보다 유대교를 지나치게 믿어 내 조상의 유전에 대하여 더욱 열심"(갈 1:14)이었던 바리새인으로서 산헤드린 공회의에 충성하여 교회를 핍박하던 사람이었다.

이제 바울은 죄인의 신분으로 자신이 회심 전에 그토록 추종했던 산헤드린 공회의 앞에 서서 심문을 받게 된 것이다. 바울은 공회를 주목하여 "여러분 형제들아 오늘날까지 내가 범사에 하나님을 섬겼노라"(행 23:1)고 주장했다. 이에 대제사장 아나니아가 바울 곁에 서있는 사람에게 그의 입을 치라고 명하자, 바울은 "회칠한 담이여 하나님이 너를 치시리로다 네가 나를 율법대로 판단한다고 앉아서 율법을 어기고 나를 치라 하느냐"(행 23:3)고 반박했다.

곁에 있는 사람들이 바울에게 대제사장을 욕하느냐고 힐문하자, 바울은 그가 대제사장인 줄 몰랐다고 정중히 변명한 후에 그의 권위를 인정했다. 바울은 공회의가 한 부분은 사두개인이요 한 부분은 바리새인인 줄 알고 공회에서 "여러분 형제들아 나는 바리새인이요 또 바리새인의 아들이라 죽은 자의 소망 곧 부활을 인하여 내가 심문을 받노라"(행 23:6)고 외쳐 말하였다.

그러자 바리새인과 사두개인 사이에 다툼이 생겨 무리가 두 편으로 나뉘었다. 사두개인은 부활도 없고 천사도 없고 영도 없다고 주장하고, 바리새인들은 다 있다고 주장함으로 바리새인 편에서 몇 서기관이 일어나 "우리가 이 사람을 보매 악한 것이 없도다 혹 영이나 혹 천사가 저더러 말하였으면 어찌하겠느뇨"(행 23:9)라고 하며 다툼이 일어나, 양 진영 간에 큰 분쟁이 생겼다.

그렇게 되자 천부장 루시아는 로마 시민인 바울이 저희들에게 찢겨질까 하여 군사를 명하여 무리 가운데서 빼앗아 가지고 영문으로 돌아왔다. 사실상 산헤드린 공회의는 바울을 심문하여 아무 것도 입증하지 못하고 사두개인과 바리새인 사이에 분란만 일으키면서 끝이 났다.

그날 밤에 주께서 바울 곁에 서서 이르시기를 "담대하라 네가 예루살렘에서 나의 일을 증거한 것같이 로마에서도 증거하여야 하리라"(행 23:11)고 말씀하셨다.

3. 가이사랴로 이송된 바울

다음날, 유대인 40명이 작당하여 대제사장들과 장로들에게 가서 바울을 죽이기 전에는 먹지도 마시지도 않겠다고 맹세하고, 바울을 다시 공회로 불러내면 공회로 가는 도중에 살해하기로 계략을 꾸몄다. 다행히 이 음모는 당시 예루살렘에 살고 있던 바울의 생질에게 알려졌다.

바울의 생질은 유대인들의 매복에 의한 바울 살해 계획을 알아 가지고 안토니 요새로 들어와서 바울에게 알려 주었다. 이 사실을 알게 된 천부장은 로마 시민권자인 바울을 예루살렘에 놓아두는 것이 위험하다고 판단되어 즉시 로마 총독부가 있는 가이사랴로 보내기로 했다.

그날 밤 제3시에 이루어진 바울의 호송은 유대인들의 살해 음모에 대처하여 백부장 두 명과 보병 200명, 마병 70명, 창군 200명에 의해서 엄중하게 이루어 졌다.

보병은 예루살렘에서 해안 인근에 있는 아디바드리라는 안전지점까지 호송한 후에 다시 안토니 요새로 돌아갔다. 그리고 아디바드리에서 가이사랴까지는 마병에 의해 호송되었다. 로마군의 엄중한 호위를 받으며 바울은 짐승에 태워져 가이사랴에 있는 로마 총독부로 이송되었다.

예루살렘의 로마군 책임자 천부장 루시아는 가이사랴의 로마 총독 벨릭스에게 바울을 보내면서 다음과 같은 편지(행 23:26~30)를 함께 보냈다.

(1) 유대인에게 잡힌 자로서 로마인인 줄 알고 내가 구원했다.

(2) 유대인의 송사 내용은 율법에 관한 것으로 로마법을 위반한 사실을 발견

하지 못했다.

(3) 이 사람을 죽이려는 간계가 있음을 알리기로 총독 앞에서 판결을 받도록 보낸다.

가이사랴의 로마 총독 벨릭스는 천부장의 편지와 함께 호송되어 온 바울을 접수했다. 총독은 송사하는 사람들이 오면 바울의 말을 듣기로 하고 바울을 헤롯 궁에 수감하였다.

2절 바울의 가이사랴 옥중 변론 (58~59년)

가이사랴로 이송된 바울은 벨릭스 총독 앞에서 변론했고, 그후 2년 동안 감옥에서 복음을 전하다가 신임 감독 베스도와 아그립바 왕 앞에서 당시 팔레스타인을 지배하고 있던 통치자들을 대상으로 예수 그리스도의 복음을 전할 수 있었다.

1. 벨릭스 총독과 바울의 변론

닷새 후에 예루살렘으로부터 대제사장 아나니아가 어떤 장로들과 한 변사 더둘로를 대동하고 내려와서 벨릭스 총독에게 바울을 고소하였다.

바울은 정식으로 로마 총독의 법정에 세워졌다. 그는 고린도에서 아가야의 로마 총독 갈리오 앞에 세워진 바 있으나, 당시 유대인의 송사는 바로 기각되었다(행 18장). 아시아의 에베소에서 아데미 소동이 있을 때에도 로마 서기장에 의해서 역시 간접적으로 기각되었다(행 19장).

그러나 팔레스타인 지방에서 제기된 유대인들 특히 대제사장의 고소는 로마 총독이 자기 직권으로 기각시킬 수 있는 문제가 아니었다. 왜냐하면 바울의 사건은 유대인들의 종교적인 고소 사건이면서, 동시에 로마 총독의 입장에서는 심각한 정치적 사건으로 간주할 수밖에 없는 특수 사건이기 때문이었다.

벨릭스 총독 앞에서 유대인의 대제사장이 내세운 변사 더둘러는 다음(행 24:3~8)과 같은 내용으로 바울을 고소했다.

(1) 이 자는 염병이라, 천하에 퍼진 유대인을 다 소요케 하는 자요, 나사렛 이단의 괴수다.

(2) 또 성전을 더럽게 하려 하므로 우리가 잡았으니 당신이 친히 심문하시면 알 것이다.

유대인들이 세운 변사 더둘러의 고소 내용은 장황할 뿐 특별한 내용이 없었다. 다만 바울이 기독교의 전도자라는 바로 그 점이 있을 뿐이었다. 이에 대해 바울은 다음(행 24: 10~21)과 같이 변론했다.

(1) 송사한 내용은 사실 관계에 있어서 아무 증거가 없다.
(2) 다만 나는 저희가 이단이라 하는 도를 좇아 조상의 하나님을 섬기고 율법과 선지자들의 글에 기록된 것을 믿는다. 나는 의인과 악인의 부활이 있다는 것을 믿는다. 이것을 인하여 나도 하나님과 사람을 대하여 항상 양심에 거리낌이 없기를 힘쓰며 전하고 있다.
(3) 여러 해 만에 구제할 것과 제물을 가지고 예루살렘에 돌아와 결례를 행한 것뿐이다. 내게는 송사를 당할 일이 없다.

벨릭스 총독은 바울의 사건 내용을 이미 잘 알고 있었으므로, 송사에 대하여 천부장 루시아가 내려오면 이 일을 처리하기로 하고, 재판을 무기한 연기하였다. 그는 관원들에게 바울을 지키되 자유를 주며 친구 중 아무나 수종하는 것을 금하지 말라고 명했다.

바울은 옥중에 수감되어 있기는 했으나, 자유롭게 외부 사람들과 접촉하며 복음을 전할 수 있었다. 벨릭스 총독의 재임 기간 2년 동안 바울은 가이사랴의 감옥에 갇혀서 복음을 전하는 옥중사역을 했다.

기간 중에 로마 총독 벨릭스는 그의 아내인 유대 여자 드루실라와 함께 와서 자주 바울을 불러 예수 믿는 도를 들었다. 그러나 그는 바울이 로마법 상으로 죄가 없다는 사실을 인식하고 있었음에도 불구하고, 유대인들의 마음을 얻고자 바울을 석방해 주지는 않았다.[103)]

103. 베릭스 총독은 당시 네로 황제의 불신을 받고 있었기 때문에 유대인들의 요구를 거절할 수 없는 처지에 있었다고 한다.

2. 베스도 총독과 바울의 변론

2년의 수감 생활이 지나고, 벨릭스 총독의 후임으로 베스도가 신임 총독으로 부임해 왔다. 새로 부임한 베스도 총독이 예루살렘에 올라갔을 때, 대제사장과 유대인 중에 높은 사람들이 다시 바울을 처리해 주도록 고소하였다. 유대지도자들은 바울을 예루살렘으로 옮겨 자기들에게 보내 주기를 청원했다.

그러한 청원은 물론 호송 중에 매복하여 살해하려는 음모였다. 베스도 총독은 예루살렘에서 팔 일 내지 십 일을 지낸 후에 돌아오면서, 유대지도자들에게 유력한 자들을 가이사랴로 내려 보내어 다시 송사하라고 권고했다.

베스도 총독이 예루살렘에서 다시 가이사랴로 돌아온 그 다음날, 바울은 유대인들의 송사로 다시 신임 총독의 재판정에 서게 되었다. 예루살렘에서 내려온 유대인들이 둘러서서 바울을 여러 가지 중대한 사건으로 송사하였다. 그러나 이번에도 능히 죄를 증명하지 못했다.

바울은 변명하기를 "유대인의 율법이나 성전이나 가이사에게나 내가 도무지 죄를 범하지 않았다"(행 25:8)고 주장하였다. 그러자 베스도가 유대인들의 마음을 얻고자 바울에게 "네가 예루살렘에 올라가서 이 사건에 대하여 내 앞에서 심문을 받겠느냐"고 물었다.

베스도의 이러한 질문이 유대인들의 살해 음모와 무관한 것이 아님을 모르는 바 아닌 바울은 그의 로마 시민권을 사용하여 "내가 가이사에게 호소하노라"(행 25:11)고 로마 황제의 재판을 청원하였다. 베스도는 배석자들과 상의하여 로마법을 따라 "가이사에 호소하였으니 가이사의 법정으로 가도록"(행 25:12) 결정했다.

벨릭스 전임 총독에 의해서 2년이나 계류되었던 사건이 베스도 신임 총독의 부임 한 달이 되지 못해서 결국 로마 가이사의 법정으로 가도록 결정된 것이다.

3. 아그립바 왕과 바울의 변론

수일 후에 아그립바 왕과 그의 누이동생 버니게가 신임 로마 총독 베스도를 방문했다. 베스도는 그들에게 바울의 이야기를 해주었고, 아그립바 왕이 관심을 표명함으로 바울이 그들 앞에 서게 되었다.

아그립바 왕과 버니게가 크게 위의를 배풀고 와서 천부장들과 성중의 높은 사람들과 함께 심문소에 들어오고 베스도 총독이 그들 앞에 바울을 불러 세웠다. 바울은 당시 팔레스타인 지역을 통치하던 지배 계층 인사들을 모두 한 자리에 모아놓고, 이방인의 사도로서 예수 그리스도의 복음을 전할 수 있는 절호의 기회를 만난 것이다.

바울은 아그립바 왕과 베스도 로마 총독 그리고 그 휘하의 천부장들과 성중의 높은 사람들 앞에서 자신의 복음을 전하게 되었다. 이 날에 증거한 내용(행 26:2~23)을 요약하면 다음과 같다.

(1) 나는 유대인으로서 누구보다도 하나님을 섬기며 율법에 엄한 파인 바리새인의 생활을 한 사람이다(2~5절).

(2) 내가 신문받는 까닭은 이스라엘 12지파가 밤낮으로 간절히 하나님을 받들어 섬김으로 얻기를 바라는 부활을 전하기 때문이다(6~8절).

(3) 나도 전에는 기독교 대적자로서 저희를 심히 격분하여 대제사장들에게 권세를 얻어 외국의 성까지도 가서 핍박하였다(9~12절).

(4) 나는 다메섹에 가던 도상에서 부활하신 나사렛의 예수를 만났으며, 그가 바로 그리스도이심을 알게 되었다. 그리스도께서 나에게 이스라엘과 이방인들에게 이 도를 전하라고 명하셨다(13~18절).

(5) 그후에 나는 다메섹에서와 또 예루살렘에 있는 사람과 유대 땅과 이방인에게까지 회개하고 하나님께 돌아오라 전하였다. 그 까닭으로, 유대인들이

성전에서 나를 잡아 죽이고자 하고 있다(20~21절).

(6) 그러나 내가 오늘까지 서서 높고 낮은 사람 앞에서 증거 하는 것은 선지자들과 모세가 반드시 되리라고 말한 것, 곧 그리스도가 고난을 받으실 것과 죽은 자 가운데서 먼저 다시 살아나사 이스라엘과 이방인들에게 빛을 전하고자 함이다(22~23절).

바울이 이와 같이 변론하매 총독 베스도가 큰 소리로 "바울아 네가 미쳤도다 네 많은 학문이 너를 미치게 한다"고 말했다. 바울이 왕을 설득하려고 하자, 아그립바는 "네가 적은 말로 나를 권하여 그리스도인이 되게 하려 하는도다"고 말하였다. 바울은 그 자리에 참석한 모든 사람들에게 "결박 외에는 다 나와 같이 되기를 하나님께 원하노라"고 증거하였다.

왕과 총독과 버니게와 그와 함께 앉은 사람들이 다 일어나서 물러가 서로 말하기를 "이 사람은 사형이나 결박을 당할 만한 행사가 없다"고 인정했다. 아그립바 왕은 베스도 총독에게 "만일 가이사에게 호소하지 않았더라면 놓을 수 있을 뻔하였다"고 자신의 의견을 피력했다. 이와 같이 당시 팔레스타인 지역을 지배하던 로마 총독과 왕과 버니게와 그들의 천부장들과 각 성의 높은 자들을 모두 한자리에 모아놓고, 바울은 그들 앞에서 예수 그리스도의 복음을 전할 수 있었다.

무엇보다도 당시 지배자들에게 바울이 전하는 기독교와 전통적으로 유대인들이 신앙해 온 유대교가 서로 다르며 또한 유대인들이 기독교를 매우 적대시한다는 사실을 분명하게 인식시켜 주는 기회가 되었다.

4. 바울이 떠난 후의 예루살렘

예루살렘 교회를 방문했을 때, 당시 교회의 지도자 야고보와 장로들은 바울의 신변적인 위협에 대하여 함께 걱정해 주었고, 또 위험을 피하는 방법까지도 알려주었다. 그후, 바울은 예루살렘 성전에서 유대인들에게 체포되었고, 이어서 가이사랴로 이송되어 2년여 동안 수감생활을 하고 있었다.

기간 중에 예루살렘 교회의 지도자들은 구금된 바울에게 어떠한 도움도 줄 수 없는 처지였다. 그만큼 예루살렘 교회의 지도자들은 산헤드린 권력 앞에서 미약한 입장에 있었고, 극히 어렵고 절박한 고난의 자리에 놓여 있었다. 그러한 이유로 바울이 가이사랴에 수감되어 있는 동안, 그들은 아무런 도움도 줄 수 없었다.

한편 바울이 로마로 이송되고 난 후, 2년이 경과된 시점인 62년에 로마 총독 베스도가 급사하는 사건이 발생했다. 로마 총독의 갑작스러운 죽음은 팔레스타인 지역의 로마 권력에 잠정적인 공백을 초래했다. 그 공백기간 중에 예루살렘의 대제사장 아나니아가 로마 총독을 대신하게 되었다.

권력을 장악한 대제사장 아나니아가 기간 중에 예루살렘 교회의 지도자 야고보를 처형하였다. 로마 권력의 공백은 곧바로 예루살렘의 교회와 유대인 기독교도들에 대한 유대 당국의 가혹한 탄압을 초래했다.

이제 예루살렘의 기독교 공동체는 더 이상 유대 당국으로부터 용납될 수 없는 급박한 사정이 되었다. 예루살렘 교회의 유대인 기독교도들은 율법을 버리고 복음을 따르는 기독교에 서든지, 아니면 복음을 버리고 율법을 따르는 유대교에 서든지, 둘 중의 하나를 분명하게 선택할 수밖에 없는 상황이 되었다.

예수 그리스도를 믿는 복음 중심의 신앙노선을 따르던 유대인 기독교인들은 이제 이방인 기독교 공동체와 합류할 수밖에 없는 상황이 되었다. 마태복음은 복음 중심의 유대인 기독교 공동체의 신앙을 반영한 복음서로 알려져 있다.

그러나 유대인 기독교 공동체 내의 유대 율법주의자들은 결국 복음으로부터 이탈하여 다시 율법을 따르는 유대교로 복귀하고 말았다. 히브리서는 이들을 향해서 복음 안에 머물 것을 권면하고 있는 서신으로 알려져 있다.

이로서 예루살렘의 기독교 공동체는 더 이상 존속하기 어렵게 되었다. 막다른 한계상황에 직면한 예루살렘 교회는 이제 사실상 해체의 과정을 밟고 있었다. 유대인 기독교도들은 예루살렘을 떠날 수밖에 없었고, 그후 주후 70년 마침내 예루살렘은 대재앙을 만나게 되었다.

주후 70년 9월 8일 로마군에 의해서 예루살렘의 성과 성전이 완전히 파괴되고 만다. 로마의 디도 장군에 의해서 예루살렘이 완전히 포위되고, 예수님의 예언대로 '돌 하나도 돌 위에 남지 않고 다 무너지는'(마 24:2) 대재앙[104]이 임했다.

그러나 예루살렘의 기독교 공동체는 이미 다른 지역으로 소산된 상태에 있었기 때문에, 기독교 교회는 대재앙을 피할 수 있었다. 예루살렘 교회가 해체되면서 기독교 역사에 있어서 초대교회 내에 가열하고 있던 복음과 율법의 논쟁은 그와 함께 일단 소멸고 말았다.

팔레스타인 지역을 떠나던 59년 이후로 바울은 유대 율법주의자들을 상대로 한 그의 길고 긴 전투적인 변증을 사실상 끝내고 있다. 로마서 이후로 그의 서신에서 너 이상 구원에 관한 '이신칭의' 복음의 변증을 중심 주제로 다루지 않고 있음이 그 증거라고 할 수 있을 것이다.

바울이 예루살렘을 방문하여 최종적으로 해결하고자 했던 이방인 구원의 합법성과 이방인 교회의 정통성에 관한 문제는, 결국 하나님의 섭리적인 손길에 의해서 자연스럽게 매듭지어졌던 것이다.

---

104. 유대인들의 폭동을 진압하기 위해서 수리아 총독 갈루스의 군대가 투입되었으나 진압할 수 없게 되자, 로마는 A. D. 70년 4월 디도 장군의 로마군을 유대에 출정시켰다. 디도 장군은 예루살렘을 포위하고 외부와 교류를 차단하여 그 해 7월 8일 성을 완전 함락시켰다. 예루살렘 성은 완전 파괴되었고, 성전은 불탔으며, 110만의 사상자와 9만 7천명이 포로를 잡아 갔다. 이로서 유대인들은 예루살렘에서 더 이상 존속할 수 없게 되었다.

3절 바울의 로마 압송
(59년 말)

로마 시민의 권리로 황제에게 직접 재판을 호소함으로서, 바울은 그의 '이신칭의' 복음을 들고 당시 세계의 중심지였던 로마로 들어가게 되었다. 비록 죄수의 몸이었지만, "모든 지각에 뛰어나신 하나님"(빌 4:7)의 섭리를 따라 이방인의 사도 바울은 로마제국의 심장부 로마로 그의 '이신칭의' 복음과 함께 인도되었다.

2년 전에 바울은 로마를 경유하여 서바나로 가려는 새로운 선교 비전을 가지고, 예루살렘으로 복귀했었다. 그러나 하나님은 그를 죄수의 신분으로 그러나 '이신칭의' 복음을 담지하고 있는 이방인의 사도로서, 당시 세계의 심장부인 로마에 들어가도록 인도하셨다.

하나님이 바울을 통해서 어떠한 복음의 역사를 행하실는지 당시로서는 아무도 알 수 없는 일이었다. 분명한 것은 바울도 다 헤아릴 수 없는 하나님의 섭리에 의해서 '이신칭의'의 복음을 로마제국의 심장부에 깊이 뿌리내려, 궁극적으로 로마제국 전체 나아가서 인류를 구원하는 기독교 교회의 결정적인 토대를 마련하는 계기로 삼았다는 사실이다.

1. 로마를 향한 항해

바울과 다른 죄수들을 로마로 호송하는 책임이 아구사도대의 백부장 율리오에게 맡겨졌다. 다른 죄수들과 함께 바울과 그의 동행자들은 가이사랴에서 아시아 해변 각처로 가려 하는 아드라뭇데노 배에 승선하였다.

누가는 여기서 '우리가'(행 27:2) 배에 올라 승선했다고 기록하고 있다. 데살로니가 사람 아리스다고와 함께, 바울을 따라 누가도 로마로 가는 배에 동승한 것이다.

1) 백부장 율리오

배는 이튿날 시돈에 도착했다. 백부장 율리오는 바울에게 친절을 베풀어 시돈에서 친구들을 만나 대접을 받도록 허락해 주었다. 다시 시돈에서 출항하여 바람의 거슬림을 피하여 구브로 해안을 의지하고 행선하여 길리기아와 밤빌리아 바다를 건너 루기아의 무라 성에 도착하였다.

무라 성에서 이달리야로 가려 하는 알렉산드리아 배를 만나 바꾸어 탔다. 배가 더디 가므로 여러 날 만에 간신히 니도 맞은편에 이르러 풍세가 허락지 않아 살모네 앞을 지나 그레데 해안을 의지하고 행선하여 간신히 그 연안을 지나 그레데 섬의 미항에 도착하였다. 여러 날이 걸려 금식하는 절기가 이미 지났으므로 지중해를 항해하기가 위태로운 계절이 되었다.

바울이 백부장 율리오에게 "이번 행선이 하물과 배만 아니라 우리 생명에도 타격과 많은 손해가 있으리라"(행 27:10)고 가르쳐 주었다. 그러나 백부장 율리오는 바울의 말보다 선장과 선주의 말을 더 믿고, 그 항구가 겨울을 나기에 불편하므로 거기서 떠나 그레데 섬의 뵈닉스에 가서 과동하기로 했다.

2) 광풍 속의 표류

남풍이 순하게 불므로 배의 닻을 감아 그레데 해변을 가까이하여 행선하였다. 그러나 얼마 못되어 섬 가운데로부터 유라굴로라는 광풍이 크게 불었다. 배는 유라굴로 광풍에 밀려 그냥 쫓겨 갔다. 풍랑으로 심히 애쓰다가 이튿날 사공들이 짐을 바다에 다 풀어 버렸고, 사흘째 되는 날에는 배의 기구를 저희 손에서 내어버렸다.

여러 날 동안 해와 별이 보이지 않았다. 구원의 여망도 없이 배는 풍랑에 밀려가고 있었다. 선장도 백부장도 속수무책이었다. 절대 절명의 위기 속에서 알렉산드리아 배의 리더십은 자연스럽게 하나님의 사람 바울에게로 넘어갈 수밖에 없었다. 바울이 배 가운데 서서 말하였다.

> "여러분이여 내 말을 듣고 그레데에서 떠나지 아니하여 이 타격과 손상을 면하였으면 좋을 뻔하였느니라 내가 너희에게 권하노니 이제는 안심하라 너희 중 생명에는 아무 손상이 없겠고 오직 배뿐이리라 나의 속한 바 곧 나의 섬기는 하나님의 사자가 어제 밤에 내 곁에 서서 말하되 '바울아 두려워 말라 네가 가이사 앞에 서야 하겠고 또 하나님께서 너와 함께 행선하는 자를 다 네게 주셨다' 하였으니 그러므로 여러분이여 안심하라 나는 내게 말씀하신 그대로 되리라고 하나님을 믿노라 그러나 우리가 한 섬에 걸리리라" (행 27:21~26).

표류 14일째 되는 날 밤이었다. 배가 바다를 떠돌다가 밤중쯤 사공들이 육지가 가까운 줄 알고 거룻배를 내려 도망치려 하였다. 바울이 백부장 율리오에게 말하여 거룻줄을 끊어 버리게 했다.

날이 새어 가자 바울이 여러 사람에게 음식을 먹으라 권하면서, "이것이 너희 구원을 위하는 것이요 너희 중 머리 터럭 하나라도 잃을 자가 없다" 하고, 떡을 가져다가 모든 사람 앞에서 하나님께 축사하고 떼어 먹기 시작하자 모두가 안심하고 받아먹었다.

날이 새자 경사진 해안으로 된 항만이 눈에 띄었다. 해안으로 접근해 가는 도중 배가 깨어지는 지라, 군사들이 헤엄쳐 도망할까하여 죄수들을 죽이려 하였다. 그러나 백부장 율리오가 바울을 구원하려 하여 군사들의 뜻을 막고 헤엄칠 줄 아는 자들은 물에 뛰어 들어 육지로 가고 나머지는 널조각 또는 배 물건을 이용하여 육지로 상륙하였다.

그와 같이 해서 바울이 말한 그대로 배와 물건은 잃었으나, 승선 인원 270명 전원은 무사히 구출되었다.

2. 멜리테 섬에 상륙

육지에 상륙하여 보니 그곳은 이탈리아의 시실리아 섬 남방 95Km 지점에 위치한 멜리데라는 작은 섬이었다. 바울과 백부장 율리오를 비롯한 일행 270명은 멜리데 섬에서 3개월 동안 겨울을 보내며 지냈다.

바울은 죄수의 신분이었으나 실질적으로는 이들의 지도자의 역할을 하고 있었다. 위기 상황에서 보여준 그의 예지력과 지도력은 범상한 것이 아니었다. 그는 하나님이 함께하는 이방인의 사도였다. 무사히 구출된 자들 모두가 결국 바울의 복음을 받게 되었고, 270명 전원이 대부분 하나님의 말씀대로(행 27:24) 모두 기독교인이 되었을 것으로 추정된다.

멜리데 섬에 상륙하자 토인들이 특별한 동정을 하여 비가 오고 날이 차매 불을 피워 영접하였다. 바울이 한 나무를 거두어 불에 넣으니 뜨거움을 인하여 독사가 나와 그 손을 물었다. 토인들은 독사에 물린 바울을 공의가 살지 못하게 하는 살인한 자일 것이라고 생각하며, 그가 곧 죽을 것으로 생각하였다.

그러나 바울은 그의 손을 물은 독사를 불에 떨어뜨리며 조금도 상함을 입지 않았다. 아무 이상이 없음을 본 섬 주민들은 생각을 돌려서, '신이라'(행 28:6)고 부르짖었다. 루스드라에서 있었던 일(행 14장)이 재현된 것이다.

멜리데 섬에서 제일 높은 추장 보블리오라 하는 이가 그 근처에 토지가 있었는데, 그가 바울과 그의 일행을 사흘이나 친절히 유숙하게 했다. 보블리오의 부친이 열병과 이질에 걸려 누워있었는데 바울이 들어가서 기도하고 그에게 안수하여 낫게 해 주었다. 이러므로 섬 가운데 다른 병든 사람들이 바울에게 와서 고침을 받고나서 매우 후한 예를 갖추어 바울 일행을 대접해 주었다.

석 달 동안을 멜리데 섬에서 지내는 동안, 바울은 복음을 전하기 위해서 매우 분주한 시간을 보내고 있었다. 물론 3개월이라는 짧은 기간 동안, 언어 소통이 쉽지 않았을 것이다. 그러나 독사에 물린 사건과 그 섬의 추장의 부친을 치유하고 여러 병자들을 고쳐 줌으로서, 바울은 복음을 효과적으로 전할 수 있었다. 또한 주민들은 떠날 때에 쓸 것을 배에 실어 주는 호의를 베풀어 주었다.

3. 로마에 도착한 바울

멜리데 섬에서 3개월 동안 겨울을 보내고, 다시 로마로 가기 위해서 알렉산드리아 배에 승선하였다. 소아시아 루기아의 무라 성에서 승선하여 그레데 섬에서 유라굴로 광풍을 만나 표류했던 알렉산드리아 배는 파선되었다. 새로 승선한 알렉산드리아 배는 다른 배였고 그 기호는 디오스구로였다.

멜리데 섬을 출항하여 시실리아 섬의 수라구사 항에 대고 사흘을 머물러 있었다. 다시 수라구사 항에서 출항하여 이탈리아 반도의 끝에 있는 레기온 항에 도착하여 하루를 지냈다. 그리고 남풍이 일어나므로 이튿날 보니올 항에 이르게 되었다.

나폴리 서쪽 11Km 지점에 위치한 보디올 항에 도착하여 거기서 믿음의 형제들을 만날 수 있었다. 보디올에 도착하여 형제들의 청함을 받아 이레를 함께 유하다가, 로마로 가게 되었다.

비록 죄수의 신분이었지만, 일반 죄수와는 달리 바울은 동행자들과 그의 수행자들에 의해서 존경을 받는 이방인의 사도로 인정받고 있었다. 백부장 율리오는 바울을 일반 죄수 중에 한 사람으로 취급한 것이 아니라, 어느 정도 개별적인 행동이 허용되는 특별한 죄수로 상당한 자유를 허용한 것으로 추측된다.

로마에 살고 있는 믿음의 제자들이 로마 남쪽 69Km지점에 위치한 압비오의 저자(가도)와 로마 남동쪽 50Km지점에 있는 세 여관(삼관)에까지 맞으러 나왔다. 바울은 저희를 보고 하나님께 사례하고 담대한 마음을 얻을 수 있었다.

[도표 8] **바울의 로마 항해(59년)**

4절 바울의 로마 옥중 사역 (60~62년)

이방인의 사도 바울은 드디어 제국의 심장부인 로마에 도착하였다. 비록 죄수의 신분이었다고 할지라도 로마 시민권을 가진 바울은 로마법의 보호를 받고 있는 신분이었다.

예루살렘으로 향하던 57년 당시 바울의 계획은 예루살렘에서 로마로 항해하여 복음을 전한 다음, 다시 스페인으로 건너가서 땅 끝까지 복음을 전하는 것이었다. 그러나 예루살렘에서 체포되어 가이사랴에서 2년간 옥중생활을 했고, 이제 로마로 압송되어 옥중생활을 하게 되었다.

당시는 네로 황제의 재위기간(54~68년)이었다. 그러나 바울이 수감된 기간(60~62년) 중에 로마 당국은 기독교를 박해하는 어떤 악한 징후도 나타내고 있지 않았다. 만약 황제 네로의 기독교 박해가 시작되었더라면, 바울의 로마 생활은 감옥에서 고생하는 생활 이상의 의미를 갖기 어려웠을 것이다.

그러나 바울의 수감기간 중에 로마 당국자들은 기독교를 특별하게 박해하는 일이 거의 없었다. 네로 황제 통치기간이었음에도 불구하고 당국자들은 바울의 옥중 복음 사역에 거의 아무런 방해도 가하지 않았다. 그러므로 바울의 로마 옥중 생활은 당시 세계를 지배하고 있던 로마제국의 심장부에 예수 그리스도의 복음을 전파하는데, 더 없이 좋은 여건이 마련되어 있던 시기였다.

1. 바울의 로마 옥중 생활

로마 감옥에서 재판을 기다리던 미결수로서, 바울은 유대 예루살렘에서 고발한 자들이 나타날 때까지 로마 당국의 감시 통제 하에 지내고 있었다. 로마에 도착한 바울의 수감생활에 대하여 누가는 "우리가 로마에 들어가니 바울은 자기를 지키는 한 군사와 함께 따로 있게 허락"(행 28:16)되었으며, 또한 "온 이태를 자기 셋집에서 유하며"(행 28:30) 지냈다고 기록하고 있다.

군사 한 사람과 함께 로마의 한 셋집에 따로 지내도록 허락받았다면, 이는 바울이 가택연금 상태에서 수감생활을 하게 되었음을 의미한다. 비록 죄수의 몸으로 로마에 와서 가택에 연금되 상태로 이동의 제약을 받고 있었지만 로마의 심장부에서 그리스도의 복음을 전하는데는 아무런 어려움이 없었던 것이다.

1) 셋집에서의 가택연금

당시 로마에서 재판 대기 중에 있던 죄수는 황제의 직속 시위대의 관할 하에 있었다. "시위대는 아홉 개에서 열두 개의 보병대로 이루어진 가이사의 정예 개인 수비대였다. 시위대는 로마에서 권력이 막강한 사람 중의 한 사람인 시위대 장관의 명령을 받았다. 시위대 장관은 가이사의 법정에서 재판을 받게 되어 있는 모든 죄수를 공식적으로 책임지고 있었다."[105)]

바울은 자기를 지키는 시위대 소속의 한 군사와 함께 있었다. 그를 감시하는 책임자로 시위대 소속의 한 군사가 붙어 있었다는 이야기다. 그 군사가 항상 바울과 같이 있었다고 생각할 수는 없을 것이다. 그 군인은 바울을 담당하는 외에 다른 업무를 겸했을 것이고, 정기 또는 수시로 바울을 확인 점검하는 정도로 함께 있었을 것이다.

한 군사를 붙여서 따로 있게 해 주었다는 것은 바울의 수감 생활이 엄

---

105. Craig S. Keener, '성경배경주석 ', 정옥배 외 옮김, (서울: 한국기독교학생회, 1998), P. 471.

격한 통제 속에 있었던 것이 아니라 비교적 자유로운 가택연금 수준의 수감 생활을 하고 있었다는 것을 의미한다. 물론 바울은 로마 시위대 군사의 엄격한 감시 통제를 받고 있었지만, 그러나 시위대의 규정이 허락하는 범위 내에서 이동의 자유를 제외하고는 정해진 범위 안에서 비교적 자유롭게 생활할 수 있도록 허용되어 있었다.

외부의 방문객도 특별한 제약 없이 바울을 만날 수 있도록 허락되었다. 재판에 의해 형이 확정된 기결수로 수형생활을 한 것이 아니라, 재판을 기다리고 있는 미결수로 있었기 때문에 비교적 자유로운 상태에서 생활할 수 있었다. 그 상태에서 "온 이태를 자기 셋집에 유하며"(행 28:30) 지냈다. 주후 60년부터 62년 초까지 만 2년 동안을 로마에서 가택연금 상태로 지내고 있었던 것이다.

바울의 사건은 당시 로마법에 따라 그를 고발한 유대 예루살렘의 고발자들이 나타나기까지 재판을 열지 못하고 대기 상태에서 기다려야만 했다.

만 2년이 경과할 때까지 유대 고발자들은 로마의 법정에 출두하지 않았다. 그 이유는, 바울의 고발자들이 유대의 예루살렘과 가이사랴의 로마 총독의 법정에서 자신들의 뜻대로 승소하지 못한 사건을 로마 황제의 법정에서 입증할 수 없다는 점을 더 잘 알고 있었기 때문이었을 것이다.

고발자들이 법정에 나타나지 않음으로서 바울의 고발 사건은 대기기간을 초과하게 되었다. 그렇게 해서 유대인들에 의해서 고발된 바울은 로마 시위대의 관할 하에서 만 2년 동안을 가택연금 상태에서 생활하다가 대기기간이 만료되어 62년 초에 석방되었다.

2) 옥중생활 환경

가택연금 생활로 인하여 바울을 감시 관리하고 있던 온 시위대 안과 주변의 많은 사람에게 자유롭게 복음을 전할 수 있는 분위기가 허용되어 있었다. 시위대의 규정이 허락하는 행동반경 내에서 바울은 자신을 찾아 온 방문객을 자유롭게 만날 수 있었고, 또 그들을 상대로 복음을 강론할 수도 있었다.

바울은 자기의 옥중생활에 대해서 빌립보 교인들에게 다음과 같이 편지하고 있다.

> "형제들아 나의 당한 일이 도리어 복음의 진보가 되는 줄을 너희가 알기를 원하노라. 이러므로 나의 매임이 그리스도 안에서 온 시위대 안과 기타 모든 사람에게 나타났으니 형제 중 다수가 나의 매임을 인하여 주 안에서 신뢰하므로 겁 없이 하나님의 말씀을 더욱 담대히 말하게 되었느니라"(빌 1:12~14).

빌립보 교인들이 보내준 연보에 대하여 감사하면서, 바울은 자신의 심경을 다음과 같이 말하고 있다.

> "내가 궁핍하므로 말하는 것이 아니라 어떠한 형편에든지 내가 자족하기를 배웠노라 내가 비천에 처할 줄도 알고 풍부에 처할 줄도 알아 모든 일에 배부르며 배고픔과 풍부와 궁핍에도 일체의 비결을 배웠노라"(빌 4:11~12).

> "내게는 모든 것이 있고 또 풍부한지라 에바브라디도 편에 너희의 준 것을 받으므로 내가 풍족하니 이는 받으실 만한 향기로운 제물이요 하나님을 기쁘시게 할 것이라"(빌 4:18).

이러한 편지 내용으로 보건데 당시 바울의 가택연금에 소요되는 최소한의 주거시설 및 생활용품이 로마 당국에 의해서 제공되었고, 대부분은 수감자 자신이 부담하는 열악한 환경이었음을 짐작할 수 있다. 빌립보 교회가 에바브로디도를 통해서 헌금한 것 외에도 다른 여러 교회와 형제들로부터 바울의 수감 생활에 소요되는 물질적인 도움의 손길들이 있었을 것으로 추측된다.

2. 바울의 옥중 전도 사역

헬라와 소아시아 지역에서 8년여 동안(50~57년) 행한 바울의 선교 방식은 선교 대상 지역 및 대상자들을 직접 찾아가는 이동식 선교 방식이었다. 그러나 로마 감옥에서는 바울이 가택연금 상태로 고정되어 자리를 잡고, 방문객들이 바울을 찾아오도록 하는 고정식 선교 방식이었다.

그래서 당시 로마 세계의 수많은 기독교인들이 연금 중인 바울의 셋집으로 찾아와서 그의 '이신칭의' 복음의 진리를 직접 듣고 배워서, 그들이 다시 그 복음을 전하는 전도자가 되어 땅 끝까지 전파하고 있었다.

1) 유대인들에 대한 전도

로마에 도착한지 사흘 만에 바울은 로마에 살고 있던 유대인들 중에 높은 사람들을 초청하여 모이게 하였다. 바울은 유대인들에게 다음과 같이 자신의 사건을 해명하였다.

> "여러분 형제들아 내가 이스라엘이나 우리 조상의 규모를 배척한 일이 없는데 예루살렘에서 로마인의 손에 죄수로 내어 준 바 되었으니 로마인은 나를 심문하여 죽일 죄목이 없으므로 놓으려 하였으나 유대인들이 반대하기로 내가 마지못하여 가이사에게 호소함이요 내 민족을 송사하려는 것이 아니로라 이러므로 너희를 보고 함께 이야기하려고 청하였노니 이스라엘의 소망을 인하여 내가 이 쇠사슬에 매인 바 되었노라"(행 28:17~20).

"유대인 중에서 가장 높은 사람들"(행 28:17)은 로마에 있는 여러 회당 공동체의 지도자들을 의미한다. 당시 어느 한 집단도 로마에 있는 유대인 공동체 전체를 다스리지는 못했다고 한다. 로마에 있었던 유대인 회중은 다 자치적이었고, 그리스도인들은 어느 정도 자유롭게 여러 회당에서 자신들의 믿음을 전파할 수 있었다. 또한 이 곳에서 많은 로마인 회심자와 동조자들을, 로마의 많은 남자 귀족들이 분통을 터트릴 만큼, 만들어 내고 있었다. 이 동조자들 중에 많은 사람은 할례 없이 자신을 온전히 받아들여 주는 유대교 신앙의 한 형태인 기독교를 기쁘게 받아들였다."[106]

바울의 해명에 대해서 로마의 유대인 대표들은 "우리가 유대에서 네게 대한 편지도 받은 일이 없고 또 형제 중 누가 와서 네게 대하여 좋지 못한 것을 고하든지 이야기한 이도 없느니라 이에 우리가 너의 사상이 어떠한지 듣고자 하노니 이 파에 대하여는 어디서든지 반대를 받는 줄 우리가 앎이라"(행 28:21~22)고 응답하였다.

이로 보건데, 당시 예루살렘의 산헤드린 지도자들은 자신들의 바울 고발사건이 로마 황제의 법정으로 이송되자 아무런 후속 조치도 취하지 않고 방치하고 있었던 것으로 보인다. 유대인들은 바울이 전하는 복음에 대하여 어디서든지 자신들에게서 반대를 받는 줄로 안다고 전제하면서도, 바울의 사상이 어떠한가를 알고자 하였다.

일정을 정해서 바울이 우거하는 셋집에 유대인들이 많이 찾아 왔다. 바울은 자신을 찾이온 유대인들을 대상으로 아침부터 저녁까지 강론하여 하나님의 나라를 증거하고 모세의 율법과 선지자의 말을 가지고, 십자가에 못 박혀 죽은 나사렛의 예수를 그리스도로 신앙할 것을 권하였다(행 28:23).

로마의 유대인들 중에는 바울의 복음을 듣고 따르는 자들이 있었지만, 믿지 않을 뿐만 아니라 대적하는 유대인들이 더 많았다. 이러한 반응은 모든 지역의 디아스포라 유대인 회당에서 발생했던 일이었다. 로마에서도 바울의 복음 증거에 대한 유대인들의 반응은 양분되어 갈라졌

---

106. Craig S. Keener, op.cit., P. 471.

다. 많은 유대인들은 바울에 대해서 거세게 반발하며 떠났다.

그들은 바로 율법과 유대교에 열심인 다메섹 이전의 바울 자신과 같은 유대인들이었다. 그래서 바울은 "나의 형제 곧 골육의 친척을 위하여 내 자신이 저주를 받아 그리스도에게서 끊어질지라도 원하는 바라"(롬 9:3)는 심정으로 안타까워하면서, "저희가 하나님께 열심이 있으나 지식을 좇은 것이 아니니다"(롬 10:2)라고 탄식했던 것이다.

2) 이방인들에 대한 전도

로마에 거주하던 유대인들을 상대로 한 복음 증거를 그들이 거부하며 돌아가자, 바울은 그의 '이신칭의' 복음을 믿고 따르는 무리들과 함께 이방인들을 상대로 하는 전도를 시작하였다.

이러한 바울의 행보 즉 유대인들에게 먼저 복음을 전하고, 유대인들이 거부하면 자연스럽게 이방인에게 복음을 전하는 행태는 바울의 전형적인 선교 방식이었다.

빌립보 교인들에게 보낸 편지에는, 바울이 가택연금된 주변의 "온 시위대 안과 기타 모든 사람들에게"(빌 1:13) 복음을 전했다고 쓰고 있다. 심지어 "특별히 가이사 집 사람 중 몇"(빌 4:22), 곧 로마 황제에 속한 몇 사람까지도 바울과 함께하는 형제로 소개하고 있다. 황제에 속한 사람들도 바울의 복음을 듣고 믿음으로 그리스도 안에서 한 형제가 되었던 것이다.

성경은 당시 바울의 전도 활동에 관하여 직접적으로 언급하고 있지는 않다. 바울은 자신이 직접 방문하여 복음을 전할 수 없는 환경이었다. 그러나 대신에 그와 함께 복음 사역에 동참하고 있는 상당수의 동역자들을 통해서 로마 및 그 주변 지역에 복음을 전할 수 있었다.

그 당시의 상황에 대하여, 바울은 골로새 교인들에게 복음이 저희에게 전해진 것과 마찬가지로 "온 천하에서도 열매를 맺어 자라고"(골 1:6)

있다고 편지하고 있다.

나아가서 비록 자신이 매임을 당하여 있는 처지이지만, "하나님이 전도의 문을 우리에게 열어 주사 그리스도의 비밀을 말하게"(빌 4:3) 기도해 줄 것을 골로새 교인들에게 당부하고 있다. 그리고 빌립보 교인들에게는 다음과 같이 편지하고 있다.

> "어떤 이들은 투기와 분쟁으로, 어떤 이들은 착한 뜻으로 그리스도를 전파하니 이들은 내가 복음을 변명하기 위하여 세우심을 받은 줄 알고 사랑으로 하나 저들은 나의 매임에 괴로움을 더하게 할 줄로 생각하여 순전치 못하게 다툼으로 그리스도를 전파하느니라 그러면 무엇이뇨 외모로 하나 참으로 하나 무슨 방도로 하든지 전파되는 것은 그리스도니 이로써 내가 기뻐하고 기뻐하노라"(빌 1:15~18).

이는 당시 바울의 경쟁자들까지도 복음을 전하기 위해서 매우 열심이었음을 말해주고 있다. 이와 같이 로마 감옥의 가택연금 생활 중에도 바울 자신에 의해 '온 시위대 안과 기타 모든 사람들', 심지어 '가이사의 집 사람 중의 몇', 그리고 '그의 동역자들에 의한 전도와 그의 경쟁자들의 전도' 등 여러 가지 형대의 많은 전도 활동이 직간접적으로 행해지고 있었다.

3. 바울의 옥중 강론 사역

로마에서 행한 복음 사역의 결정적 국면은 감옥으로 그를 찾아오는 방문객들을 대상으로 했던 바울의 강론 사역이었다. 사도행전을 기록한 누가는 "바울이 온 이태를 자기 셋집에 유하며 자기에게 오는 사람을 다 영접하고 담대히 하나님 나라를 전파하며 주 예수 그리스도께 관한 것을 가르치되 금하는 사람이 없었다"(행 28:30~31)는 말로 끝을 맺고 있다.

이는 가택연금된 바울의 셋집이 예수 그리스도의 복음을 전파하기 위한 옥중 신학교의 역할을 하고 있었음을 나타내는 말이다. 그는 안디옥교회에서 1년 동안(45년) 성도들에게 '이신칭의'의 복음을 집중적으로 가르쳤고, 에베소에서 2년 동안(52~53년) 두란노서원에서 매일 그의 복음을 강론했었다. 그리고 가이사랴에서도 2년 동안 자신의 무죄를 변호하며 복음을 전하고 있었다.

이제 로마의 감옥 셋집에서 2년 동안 방문객들을 상대로 그의 '이신칭의' 복음을 집중적으로 가르치고 있는 이방인의 사도 바울의 모습을 보게 된다. 안디옥교회가 이방인을 대표하는 중심 교회로 자리를 잡게 된 것은 바로 바울의 집중적인 강론사역이 있었기 때문이었다. 그리고 에베소를 중심으로 소아시아에서 단기간에 선교의 큰 성과를 거둔 것도 두란노서원에서 집중적으로 가르치는 바울의 강론 사역이 있었기 때문이었다.

그러한 의미에서 로마 옥중의 셋집으로 찾아오는 방문객을 상대로 한 바울의 가르치는 사역의 의미는 로마 및 기독교 역사에 있어서 우리가 생각하는 것 이상으로 중요한 의미를 가지고 있었음을 주목해야 할 것이다.

성령이 주관하시는 기독교 역사의 중심은 예루살렘에서 시작되어 안디옥으로, 거기서 헬라와 소아시아를 거쳐서 바울과 함께 로마로 이동하여, 마침내 로마제국 전체를 예수 그리스도를 믿음으로 구원에 이른다는 바울의 '이신칭의' 복음으로 정복해 나가고 있었다.[107)]

107. 초대교회 초기 사도시대(주후 27~100년)가 끝나고, 사도들을 계승했던 속사도 교부 중에는 이그나티우스, 폴리갑, 헐마스, 클레멘트 등이 있었다. 이 속사도들 중에서 로마의 클레멘트(Clement)는 사도 요한이 밧모섬에 유배될 당시 로마 교회의 감독으로 활동했다. 로마의 클레멘트의 신학사상은 바울의 '이신칭의' 복음을 뚜렷이 나타내고 있었다. 로마 감독 클레멘트의 '이신칭의' 사상은 바울의 로마 옥중사역의 결과로 추론해도 아무런 무리가 없을 것이다.

이러한 복음의 역사에 있어서 이방인의 사도 바울이 로마 옥중에서 행한 만 2년 동안의 강론 사역은 로마제국의 기독교화 및 온 인류의 복음화에 그 어떤 사역보다도 결정적인 중요성을 가지고 있었음을 기억할 필요가 있을 것이다.

1) 옥중 강좌 내용

사도행전은 바울이 만 2년 동안 옥중강좌를 실시한 당시의 정황에 대하여 다음과 같이 기록하고 있다.

> "저희가 일자를 정하고 그의 우거하는 집에 많이 오니 바울이 아침부터 저녁까지 강론하여 하나님의 나라를 증거하고 모세의 율법과 선지자의 말을 가지고 예수의 일로 권하더라"(행 28:23).

이러한 기록을 근거로 해서 우리는 바울의 옥중 강론 사역에 대하여 다음과 같은 사실을 추론해 낼 수 있다. 바울은 온 이태 동안을 여건이 허락되는 한에는 밤낮을 쉬지 않고 가르치기를 멈추지 않았고, 또한 방문자들을 모두 다 영접하여 열심히 가르쳤다.

아마도 효과적인 교육 진행을 위해서 방문자를 대상별로 일정한 소그룹(학급)으로 편성하여, 일정한 기간과 일자 및 시간을 정해서, 정규적으로 가르쳤을 가능성도 배제할 수 없다.

강론한 내용은 하나님의 나라를 전파하고 주 예수 그리스도에 관한 복음이었다. 또한 하나님의 나라를 증거하고 모세의 율법과 선지자의 말을 가지고 예수의 일을 전하는 방식이었다.

더 나아가서 우리는 바울이 방문객 수강생들에게 무엇을 강론했을 것인가 하는 문제에 대한 하나의 정답을 추론할 수 있다. 그것은 3차 선교여행을 마치던 시기(57년 봄)에 고린도에서 바울이 작성하여 여집사 뵈뵈를 통해서 로마 교회의 성도들에게 보낸 로마서를 강론했을 것이라는 사실이다.

'이신칭의' 복음을 완성된 형태로 정리된 로마서의 저자인 바울 자신이 로마 감옥에서 로마서를 직접 강론했을 것이라는 사실에 대하여 이를 인정하는데 아무런 어려움을 가질 필요가 없을 것이다.

로마서는 결코 가벼운 책이 아니다. 당시 로마의 그리스도인들 역시 로마서에 수록된 '이신칭의' 복음의 깊이와 넓이와 높이와 크기를 온전히 해석하기 위해서는 그 책의 저자인 바울의 강해를 필요로 했을 것이라는 점은 의심의 여지가 없는 일일 것이다.

그러므로 바울은 자신이 써 보낸 로마서를 강해하기 위한 신학교를 로마감옥에 개설한 샘이다. 돌이켜보면 하나님은 바울로 하여금 로마서를 써서 로마교회에 보내도록 하신 다음, 그 로마서를 쓴 바울로 하여금 직접 로마교회 교인들을 가르치도록 하기 위해서, 그를 로마 감옥에 붙잡아 두신 것이(60~61년)으로 생각된다. 이처럼 은혜의 역사는 사람의 생각을 늘 추정해서 전개되고 있었다.

2) 옥중 강좌 수강생들

로마 옥중 신학교의 수강생들은 바울의 셋집을 찾아온 방문객들이었다. 이 방문객들이 누구였을 것인가에 대하여 생각해 볼 수 있다. 우선적으로 우리는 로마서 16장에 수록된 로마교회의 성도들, 특히 바울이 개인적으로 알고 있던 사람들을 생각할 수 있다 :

> 로마서 16장에 수록된 바울의 지인들에는 '바울 자신은 물론 교회를 위하여 목이라도 내놓았을 브리스가와 아굴라 부부' (롬 16:3~4)가 포함되어 있었다. 그리고 '아시아에서 그리스도의 처음 익은 열매인 에베네도' (5절), '수고를 많이 한 마리아' (6절), '바울보다 먼저 그리스도를 믿어 함께 갇혔던 바울의 친척 아드로니고와 유니아' (7절), '주 안에서 내 사랑하는 사람 암블리아' (8절), '바울의 동역자 우르바노와 사랑하는 스다구' (9절), '그리스도 안

에서 인정함을 받은 아벨레' (10절), '아리스도불로의 권속' (10절), '바울의 친척 헤로디온' (11절), '나깃수의 권속 중 주 안에 있는 자들' (11절), '주 안에서 수고하는 드루배나와 드루보사와 버시' (12절)가 있었다. 또한 '주 안에서 택하심을 입은 루포와 그의 어머니' (13절)가 있었다. 바울은 루포의 어머니를 자신의 어머니라고 불렀다. 그리고 '아순그리도와 블레곤과 허메와 바드로바와 허마와 비롤로고와 율리아와 네레오와 그 자매와 올롬바와 저희와 함께 있는 모든 성도' (14~15절)들이 있었다.

로마서 16장에 언급된 바울의 지인들은 대부분 유대인이었다. 당시 바울의 셋집을 찾았던 방문객의 명단을 지금 작성할 수 없는 일이지만, 그러나 로마에 사는 바울의 친지들이 포함되어 있었음은 자명한 이치다. 또한 이들과 연계해서 여러 가지 경로를 통해서 많은 방문객들이 끊임없이 방문한 정황을 상상할 수 있을 뿐이다. 나아가서 그 보다 훨씬 더 많은 로마의 이방인 기독교도들이 방문했을 것이라는 점을 생각할 수 있다. 당시 로마의 교회는 이미 이방인 기독교도들이 주류를 형성하고 있었다.

사도행전 18장에는 로마에 살았던 아굴라와 브리스길라 부부가 주후 50년에 글라오디오 황제[108]가 "모든 유대인을 명하여 로마에서 떠나라" (행 18:2)고 명령한 사건으로 인해서 고린도로 건너와서 정착한 사실이 소개되고 있다. 당시 로마에서 유대인들이 추방된 이유는 유대인 공동체 내에서 크리스토스로 인한 심한 분쟁 때문이었다. 이는 당시 로마의 유대인 공동체 내에서 예수 그리스도를 믿는 기독교도들과 이에 대적하는 유대인들 사이에 심한 분쟁이 발생하자, 황제가 모든 유대인을 로마

108. Claudius 황제는 로마제국의 네 번째 황제(A.D.41~54년)였다. 두 번째 황제인 Tiberiusds(A. D. 12~37)의 조카로서, 세 번째 황제 Caligula(A. D. 37~41년)였다. 통치 초기에는 유대인들에게 관대하게 대했으나 A. D. 50년 유대인 폭동 이후 억압정책을 폈다.

시로부터 추방한 사건이었다. 그로 인해서 로마에서 추방된 아굴라와 브리스길라 부부가 고린도에 정착하게 되었고, 때를 맞추어 고린도에 도착한 바울과 만나게 되었던 것이다.

그렇다면 그 사건이 발생한 50년 이후로 로마교회에는 이방인(현지인) 기독교도들이 유대인 기독교도들 보다 많이 있었다는 이야기가 성립된다. 로마서를 쓸 당시의 황제는 네로(A. D. 54~68년)였고, 그 시점(57년)은 글라우디오 황제의 시대가 끝난 54년 이후였다. 따라서 추방되었던 유대인들이 로마로 다시 돌아갈 수 있었고, 브리스가와 아굴라 부부도[109] 에베소에서 로마로 복귀해 있었다. 그와 같은 배경 속에서 로마교회에는 유대인보다 더 많은 숫자의 이방인 기독교도들이 형성되어 있었음을 추론할 수 있을 것이다.

로마서에서 바울은 로마의 이방인 기독교도들에게 유대인들을 향하여 "자긍하지 말라"(롬 11:18)고 당부하는 기록을 남기고 있다. 이는 그 당시 이방인 기독교도들이 벌써 로마교회의 주류를 형성하고 있었음을 짐작케 하는 내용이다. 그러므로 로마 옥중에서 바울은 로마서 16장에 기록된 개인적인 지인들의 차원을 넘어서, 그 보다도 더 많은 로마교회의 이방인 지도자들과 성도들을 대상으로 강론했을 것이 거의 확실하다.

바울의 옥중서신에 의하면 그는 감옥에서 혼자 있었던 것이 아니고(시기적으로 각각 차이는 있었지만) 누가, 디모데, 에바브라디도, 에바브라, 두기고, 마가, 오네시모, 아리스다고, 유스도, 데마 등 적지 않은 동역자들과 함께 생활하고 있었다. 이들 동역자들이 바울 사도의 강론 사역을 적극적으로 도왔을 것이라는 점은 의심의 여지가 없는 일이다.

---

109. 65년 순교 직전에 로마 감옥에서 쓴 디모데후서 4장 19절에서 바울은 에베소에 있는 이들 부부에게 문안하고 있다. 따라서 브리스가와 아굴라 부부는 바울의 로마 감옥에서 석방된 다음에는 다시 에베소로 옮겼던 것 같다.

이처럼 온 이태 동안 자기 셋집에 있는 감옥에 유하며 바울은 자기에게 찾아오는 사람을 다 영접하여 가르치는 사역을 할 수 있었다. 바울의 로마 옥중 신학교를 거쳐 간 사람들 중에 어떤 사람들이 있었는지 알려진 자료는 없다. 그러나 바울의 '이신칭의' 복음으로 재교육된 그들이 로마 교회의 견고한 뿌리가 되었을 것이라는 점은 의심의 여지가 없다. 그렇게 해서 바울의 '이신칭의' 복음은 로마에 깊이 뿌리를 내릴 수 있게 되었던 것이다.

로마교회가 바울에 의해서 설립된 것이 아니고, 오순절 예루살렘 성령 강림을 통해서 예수 그리스도를 믿게 된 유대인 기독교들에 의해서 세워졌다면, 이들의 신앙은 그 말씀의 뿌리가 미약한 수준에 있었을 것이다. 그러나 바울의 옥중 강좌를 통해서 바울의 가르침 곧 로마서에 기록된 '이신칭의' 복음 진리에 의해 로마교회가 재교육되는 결정적인 계기가 되었을 것이 분명하다.

5절 바울의 옥중 서신

로마 감옥에 있는 동안, 바울은 자신이 세운 소아시아와 헬라지역의 이방인 교회들로부터 여러 소식을 전해 듣고서, 그들에게 필요한 사도적인 가르침을 제공하기 위한 일을 결코 게을리 하지 않았다. 바울이 할 수 있는 방법은 로마의 감옥에서 편지를 써서 사람 편으로 보내는 것이었다.

당시 로마 감옥에서 바울이 써서 보낸 편지들 중에서, 에베소서, 빌립보서, 골로새서, 빌레몬서 이상 4권이 옥중서신으로 신약성경에 수록되어 있다.

이들 옥중서신에 의하면, 당시 바울이 가장 고심한 문제는 교회문제였다. 수년 전에 현지 선교를 통해서 자신이 세운 교회들 중에는 다음 두 가지의 문제점을 노출시키고 있었다.

첫째는 복음이 전해진지 얼마 되지 않은 교회 안에 거짓된 가르침과 이단 사상이 침투해서 영적인 혼란을 일으키고 있었다.

둘째는 단기간의 선교에 의해서 급속하게 세워진 지역교회들이 조직과 운영 면에서 적지 않은 문제점을 드러내고 있었다.

수년 전(57년) 그 곳을 떠나기 전에 바울은 그러한 취약점들을 어느 정도 예상하고 있었다. 그는 마지막 순회 고별 방문을 하면서 각 지역교회의 지도자들에게 이단사상의 침투에 엄정히 대처하도록 간곡히 당부했었고(행 20장 밀레도 고별설교), 또한 자신이 떠난 후의 지도력 공백에 대비해서 적지 않은 신경을 썼다.

현지를 떠난 후, 바울은 예루살렘에서 체포되어 가이사랴에서 2년 동안을 감옥에서 보냈고, 로마로 이송되어 2년 동안 셋집에서 옥중생활을 하고 있었다. 그가 떠난 다음 4년여의 세월이 지나면서, 바울이 우려했던 교회의 취약점들이 이제 현실로 드러나고 있는 실정이었다.

로마 옥중에서 바울은 각 지역의 이방 교회로부터 로마의 셋집으로 찾아온 방문객들을 통해서, 각 교회들에서 일어나고 있는 문제들에 관한 소식을 전해 듣고 있었다. 바울은 그러한 문제들에 대한 해답을 제시할 목적으로 옥중 서신을 작성하여 각 교회들에 보냈다.

1. 골로새서

골로새는 에베소로부터 동쪽으로 175Km쯤 내륙으로 들어가서, 라오디게아와 히에라볼리가 있는 부르기아 지방의 작은 도시이다. 바울은 2차 선교 여행을 끝내고, 잠시 예루살렘과 안디옥에 들려서 선교 보고를 한 다음, 다시 3차 선교 여행에 들어가면서 에베소에 도착하기 전에 "갈라디아와 브루기아 땅을 차례로 다니며"(행 18:23) 제자들을 굳게 했었다.

이 부분을 사도행전은 짧게 소개하고 있을 뿐이므로 상세한 내용을 알려주지 않고 있다. 그러나 부르기아 땅을 차례로 방문했을 당시, 바울이 골로새에도 들려서 전도했을 것으로 판단된다.

골로새 교회는 에바브라에 의해서 세워지고 가르쳐 졌다(골 1:7). 골로새 교회의 지도자 에바브라는 바울에게서 배운 제자일 가능성이 높다. 바울이 부르기아 지방을 방문했을 때, 혹은 그후 에베소의 두란노서원에 찾아 와서 배운 제자일 수 있다. 골로새 교회의 빌레몬이나 아킴보에 대하여 바울이 개인적으로 잘 알고 있음을 고려해 볼 때, 바울에게서 배운 제자들일 가능성이 매우 높다고 생각된다.

골로새서를 쓸 당시 골로새 교회의 지도자 에바브라는 로마에 있는 바울의 셋집을 방문하여(골 4:12) 함께 지내고 있었다. 그로부터 골로새 교회에서 일어나고 있는 여러 가지 문제들을 듣고, 그 문제에 대한 답장으로 이 편지를 썼다.

골로새서가 작성된 시기는 로마 옥중생활 중반기 60년 말 혹은 61년 전반기로 추정된다. 이 편지는 에베소서 및 빌레몬서와 거의 비슷한 시기에 작성되었으며, 빌립보서(61년 말경) 보다는 훨씬 빠른 시기에 쓰여졌다. 편지의 수신자는 에바브라가 지도하던 골로새 교회(골 1:2)와 라오디게아 교회(골 4:16)를 대상으로 하고 있다.

당시 골로새 교회에는 '공교한 말'(골 2:4) 혹은 '철학과 헛된 속임수'(골 2:8)를 전파하는 이단이 발호하고 있었다. 이와 같은 이단의 위협은 다른 여러 교회에도 있었던 공통적인 문제였다.

바울이 소아시아와 헬라지역에서 선교활동을 하던 당시에는 유대 율법주의라는 '다른 복음'(갈 1:8)이 큰 위협세력이었지만, 그러나 바울이 로마 감옥에 있던 시점에는 헬라의 영지주의 철학에 뿌리를 둔 기독교 이단이 교회 안에 새로운 위협세력으로 대두되어 있었다.

당시 로마 옥중에 있던 바울의 주변에는 많은 사람들이 있었다. 디모데가 함께 있었고(골 1:1), 골로새 교회의 에바브라가 방문하여 함께 있었으며(골 4:12), 편지를 전달했던 두기고가 함께 있었다(골 4:7). 또한 골로새의 교인 빌레몬에게서 도망친 노예 오네시모도 함께 있었다(골 4:9).

오네시모는 바울의 옥중 생활에 적지 않은 도움이 되었던 도망 노예였다. 이들 외에도 당시 바울의 셋집 주변에는 아리스다고, 마가, 유스도, 누가, 데마 등이 함께 바울을 돕는 동역자로 협력하고 있었다.

이 편지의 전달자는 두기고였다. 골로새 교회의 교인 빌레몬의 도망친 노예 오네시모가 바울에게 와 있었는데, 바울은 그를 그의 주인 빌레몬에게 돌려보내기로 했다. 그래서 두기고와 오네시모 편에 이 편지를 보내기로 했다. 두기고는 골로새서(골 4:7)와 에베소서(엡 6:21)를 전했고, 빌레몬서는 당사자인 오네시모 편에 붙여졌다.

1) 배경과 목적

골로새 교회에도 '할례' (골 2:11, 16)를 강조하는 유대적 율법주의의 위협이 있었다. 유대 율법주의 외에도 초대교회에 침투한 새로운 이단은 영과 육을 분리하는 헬라철학의 이원론적 사상에 기초한 영지주의(2:21~23)와 그로부터 연유된 혼합주의의 발호와 위협이었다.

이들은 '공교한 말로 속이는 자들' (골 2:4)이요, '철학과 헛된 속임수로 노략하는 자들' (골 2:8)이요, '천사 숭배자들' (골 2:18)이요, '자의적인 숭배와 겸손과 몸을 괴롭게 하는 초등 학문' (골 2:20~23)에 속한 것들을 가르치고 있었다.

골로새서는 교회에 침투한 이러한 이단들을 배격하고 참된 기독론적인 진리 위에 교회를 바르게 세우기 위한 목적으로 쓰였다. 골로새서는 기독론적인 교리 해설과 함께, 성도의 개인적 삶(3:1~17)과 사회생활(3:18~4:6)의 성숙을 위해 필요한 그리스도에 대한 순종을 강조하고 있다.

기독교 복음과 진리가 전파되는 초대교회에서 성도들이 받아들이기 어려웠던 교리 중에 하나는 '완전한 하나님이시면서 동시에 완전한 인간이라는 두 본성과 하나의 신인인격으로 성육신하신 예수 그리스도'[110]라는 기독론을 이해하는 것이었다.

골로새 교회에 침투한 헬라 영지주의자들은 그 뿌리가 예수님을 하나님으로 인정하기를 거부하는 기독론의 문제와 관련되어 있던 이단이었다. 골로새 교회에 침투한 이단은 헬라 철학을 혼합한 이단 사상이었다. 그래서 이방인의 사도 바울은 그리스도에 대한 이단의 공격을 막아내고 기독론의 근본적인 진리를 수립하기 위해서 이 서신을 작성하였다.

이처럼 골로새서는 기본적으로 그리스도의 우월성과 충족성을 주제로 하고 있다. 그리스도는 구원에 이르는 유일한 통로이고, 그에 대한

110. 서철원, 기독론, (서울: 총신대학교출판부, 2004), P. 38~48.

믿음 외에 율법, 천사숭배, 금욕 등의 인위적인 인식이 필요 없으므로, 오직 하나님이시며 교회의 머리 되신 주 예수 그리스도에 대한 "믿음에 거하고 터 위에 굳게 서서"(골 1:23), 하나님의 뜻에 합당히 행하는 것만이 요구된다.

골로새서와 에베소서는 거의 같은 시기에, 같은 장소에서, 같은 사람에 의해서 작성되었다. 그러므로 이 두 서신은 내부적으로 서로 연결되어 있으며, 그 내용에 있어서까지도 비슷하여 쌍둥이 서신이라고 말하기도 한다. 아마도 골로새서를 쓰고서, 그 다음에 보다 심화된 경지에서 에베소서를 심도 깊게 썼을 것이다.

작성 시기는 61년경이며, 에베소서와 골로새서와 빌레몬서 3서신이 거의 같은 시기에 작성되었다. 골로새서와 빌레몬서는 특정 교회 및 인물을 대상으로 쓰여 진 편지이고, 에베소서는 보편적인 교회를 대상으로 쓰여 진 편지였다. 이와 같이 골로새서와 에베소서는 내면적으로 긴밀히 연결되어 있다.

2) 구조와 내용

골로새서는 크게 두 개의 구조로 나눌 수 있다. 첫째는 그리스도의 우월성과 충족성을 논하며 이단 사상에 대처하도록 요구하는 교리적인 내용이다(골 1:15~2:23). 둘째는 그리스도에 대한 복종이라는 실천적인 삶의 교훈이다(골 3:1~4:6).

• 서론(1:1~14) : 바울은 데모데와 공동 명의로 골로새 교회에 문안 인사를 하고(1:1~2), 그들에 대한 칭찬과 중보기도를 하고 있다(1:3~14).

• 제1부 그리스도의 우월성과 충족성(1:15~2:23) : 그리스도께서 우리를 구속하시고(1:13~14), 그가 만물의 머리이시고 교회의 머리이시며(1:15~20), 우리를 흠 없는 자로 세우신다(1:21~23). 바울 자신은 그리스

도의 남은 고난을 채우기 위하여 사역하고 있다(1:24~2:5). 교회에 침투한 세속적인 철학과 헛된 속임수를 용납해서는 안 된다. 기독교의 참 진리로 이들 이단의 가르침을 대적하여 물리쳐야 한다(2:6~23).

• 제2부 그리스도에 복종하는 삶(3:1~4:6) : 성도들은 그리스도와 함께 죽고 함께 산 자들이므로, 땅엣 것을 생각하지 말고 위엣 것을 찾는 삶을 살아야 한다(3:1~4). 그리스도인은 옛 사람과 옛 행위들을 벗어 버리고 그리스도 안에서 새사람을 입어야 한다(3:5~17). 아내와 남편, 자녀와 부모, 종과 주인 간의 인간관계를 새롭게 해야 하고(3:18~4:1), 기도에 힘쓰며(4:2~4), 지혜롭게 말해야 한다(4:5~6).

• 마지막 문안과 당부(4:7~18) : 두기고가 바울의 사정을 전할 것이며, 오네시모를 함께 보낸다(4:7~9). 바울과 함께 있는 아리스다고와 바나바의 생질 마가와 유스도라하는 예수, 누가와 데마도 문안한다. 너희의 종 에바브라가 너희를 위한 한 수고를 내가 증거 한다. 그리고 이 편지를 읽은 후에 라오디게아인의 교회에 보낸 편지와 서로 바꾸어 읽도록 하라(10~18).

2. 에베소서

에베소서는 골로새서와 같은 시기에 작성되었다. 이 편지는 골로새서보다는 조금 늦은 시점에 보다 차원 높은 내용을 수록한 서신으로 보는 것이 합당할 것이다. 골로새서는 골로새 교회와 라오디게아 교회를 대상으로 그리스도를 강조하며 이단에 대항하도록 권면하는 내용을 구체적으로 다루고 있지만, 에베소서는 특정 교회가 아니라 보편교회를 대상으로 그리스도의 몸인 교회를 매우 높은 차원에서 다루고 있다.

두 서신은 내용의 일부가 중복되어 제시되고 있다. 그러나 에베소서가 더 높은 완성도를 보여주고 있다. 이 편지는 "에베소에 있는 성도들과 그리스도 예수 안의 신실한 자들에게"(엡 1:1) 보내진 편지로 시작되고 있다. 그러나 바울은 이 편지를 쓰면서 에베소가 포함된 소아시아 지방의 여러 교회들에게 회람시킬 목적으로 '1장 1절에 지명을 명기하지 않고 공백으로 남기며' 이것이 전달되는 곳의 지명을 전달하는 사람으로 하여금 기록하게 했던 회람서신이라는 견해가 유력하게 제시되고 있다.

회람서신이란 에베소교회만을 수신자로 해서 쓰여 진 서신이 아니라, 여러 교회들을 대상으로 공동으로 읽혀지도록 작성된 신학적인 문서임을 의미한다. 에베소서는 그 수신자가 에베소교회의 교인들이라는 상식에는 다음과 같은 몇 가지 석연치 않은 문제가 있다.[111]

첫째 에베소서를 포함하고 있는 현존하는 신약성경의 사본 중에서 가장 오래되고 귀중한 세 서신에는 에베소라는 지명이 서언에 들어 있지 않다. 이 사본들에는 "… 바울은 성도들과 그리스도 예수 안의 신실한 자들에게 편지한다."고 되어 있다. 에베소라는 지명이 후대에 첨가되었을 가능성이 많다는 주장이다.

둘째 에베소서와 함께 작성되어 두기고 편에 보내진(엡 6:21, 골4:7) 골로새서 4장 16절에는 "이 편지를 너희에게서 읽은 후에 라오디게아인의 교회에서도 읽게 하고 또 라오디게아로서 오는 편지를 너희도 읽으라"는 내용이 있다. 라오디게아서라는 바울 서신은 전해져 오지 않고 있는 이유로, 어떤 신학자는 에베소서를 그 편지와 동일시하기도 한다.

셋째 에베소교회는 바울과 깊은 관련이 있음에도 불구하고 이 서신의 서언이나 결언까지도 에베소교회의 교인들에 관련된 바울의 사적인 인사나 소식을 전혀 언급하고 있지 않다는 점은 다른 서신들과 비교해 볼 때 이해하기 어려운 부분이다.

넷째 에베소서에는 바울이 이 서신의 수신자들을 대면한 적이 없다는

111. 정훈택, 신약서론, (서울: 총신대학교 신대원 교재, 2002), PP. 225~226.

암시가 두 구절이 포함되어 있다. 1장 15절 : "이를 인하여 주 예수 안에서 너희 믿음과 모든 성도를 향한 사랑을 나도 듣고", 3장 2절 : "곧 계시로 내게 비밀을 알게 하신 것은 내가 대강 기록함과 같으니". 이러한 두 절의 암시는 수신자들이 바울과 동고동락을 함께 했던 사람들이라기보다는 서로에 대하여 듣고 아는 사람들이었음을 나타낸다.

1) 배경과 목적

수감생활 기간 중에 그가 선교한 이방인의 교회에 대한 바울의 관심사항은 '이신칭의' 복음의 변증과 그 복음의 전파라는 선교적인 관점보다도, 이미 설립된 그리스도의 교회에 관한 목회 지도에 집중되어 있었다. 복음은 바울뿐만이 아니라 다른 많은 사람들에 의해서 당시 로마 세계의 각지에 급속하게 전파되어 가고 있었다.

수감생활 중인 바울은 복음을 전하는 선교 활동, 그 이상으로 이 지상에 세워지고 있는 그리스도의 교회에 관해서 깊이 있는 생각을 하게 되었다. 61년 당시, 예루살렘 교회는 더 이상 모교회로서 역할을 할 수 없는 한계에 직면해 있었고, 각지에 세워지고 있는 교회들은 성령 안에서 연합된 하나의 유기체로서 그리스도의 몸을 이루고 있다는 계시적인 인식을 분명히 해 둘 필요가 있었다.

로마 옥중에서 바울은 그리스도의 몸으로 세워진 '만물 위에 교회' 에 관하여 많은 기도를 했을 것이고, 그가 받은 하나님의 계시를 에베소서에 기록하여 모든 교회들이 회람하여 읽고, 그리스도 안에서 하나가 되도록 강력하게 권면할 필요성을 인식하고 있었다.

이처럼 에베소서는 특정 지역교회의 문제를 주제로 한 것이 아니라, 복음이 전파되어 지상에 세워져 가고 있는 지상의 모든 교회들이 하나의 보편교회를 이루고 있다는 인식을 전제로, 각 지역교회들이 함께 읽도록 작성된 회람서신으로 작성되었다.

2) 구조와 내용

에베소서는 크게 세 개의 구조로 되어 있다. 첫째는 하나님의 비밀인 영광스러운 교회에 관한 신학적인 내용이고(1:3~4:16), 둘째는 하나님의 교회의 성도들의 새로운 삶에 관한 실천적인 내용이고(4:17~6:9), 마지막 셋째는 이를 위한 영적인 전쟁에서의 승리를(6:10~20) 당부하고 있다.

• 머리말(1:1~2) : 예수 그리스도의 사도인 바울의 이름으로 편지한다.

• 제1부 하나님의 비밀인 영광스러운 교회(1:3~4:16) : 교회는 창세전에 계획된 하나님의 구원(1:3~14)과 머리되신 그리스도의 사역(1:15~23)에 그 신적인 기원을 두고 있다. 허물과 죄로 죽은 인류가 하나님의 은혜로 구원을 받게 되었는데(2:1~10), 이 구원은 유대인과 이방인 사이에 막힌 담을 그리스도의 십자가로 헐고 하나의 교회로 지어졌다(2:11~22).

이 교회는 하나님의 경륜으로 되었으며(3:1~13), 모든 성도들이 하나님의 경륜과 그 영광을 알게 되기를 기도한다(3:14~21). 그러므로 성령의 하나 되게 하시는 능력으로 하나님의 교회가 하나로 연합되어야 하고(4:1~6), 교회의 직분과 소명을 따라 그리스도의 몸된 영광스러운 교회를 세워나가야 한다(4:7~16).

• 제2부 교회에 속한 성도들의 새로운 삶의 방식(4:17~6:9) : 교회 안에 있는 성도들은 옛 사람을 벗어 버리고 새 사람을 입어야 하고(4:17~24), 하나님의 자녀다운 새로운 삶을 살아야 하며(4:25~32), 사랑을 입은 빛의 자녀들처럼 살아야 한다(5:1~20). 가정에서 남편과 아내, 부모와 자녀 그리고 사회에서 주인과 종의 인간관계도 사랑의 원리에 입각하여 새롭게 해야 한다(5:21~6:9).

• 제3부 하나님의 교회와 성도를 위한 영적인 전쟁(6:10~20) : 마지막으로 성도들은 하나님의 교회에 대적하는 사단의 세력에 대항하여 힘써 영적인 싸움에 동참해야 한다(6:10~20).

• 인사 및 축도(6:21~24) : 편지를 두기도 편에 보내며, 바울의 사정은 그가 전할 것이다.

3. 빌레몬서

빌레몬서는 바울이 로마 옥중에서 쓴 아주 짧은 개인서신이다. 골로새 교회의 빌레몬에게 개인적으로 보낸 서신이다.

이 서신은 빌레몬의 노예 오네시모가 주인집에서 도망하여 로마로 흘러들어 와서 (어떤 경로인지는 알 수 없으나) 바울을 성심껏 섬겼는데, 이제 도망 노예 오네시모를 그 주인 빌레몬에게 돌려보내면서 바울이 빌레몬에게 주 안에서 용서해 줄 것을 권고하는 내용을 쓴 개인적 성격의 서신이다. 바울은 지금 도망 노예 오네시모와 그의 주인 빌레몬 사이에 중보자로서 이 편지를 쓰고 있다.

당시 로마 사회는 노예사회였다. 로마사회에서 주인은 자신의 노예에 대한 생사여탈권을 가지고 있었다. 빌레몬서는 로마 사회의 노예제도의 관례에 의하면 매우 이례적인 관계의 설정이다. 차별 없이 구원을 주는 '이신칭의' 복음은 유대인과 이방인 사이의 담을 헐어냈을 뿐만이 아니라, 이 경우처럼 주인과 노예 사이의 사회적 장벽도 헐어내고 있었던 것이다.

기원전 70년경 로마에서는 노예 해방을 목적으로 하는 검투사 스파르타카스의 반란이 있었다. 우리가 아는 바와 같이 그 스파르타카스의 무장 반란으로 로마의 노예제도를 없애지는 못했다. 역사 속에서 노예제도를 해체시킨 것은 결국 스파르타카스의 칼이 아니라 기독교 복음이었다.

기원후 61년경에 쓴 이 빌레몬서는 바로 그러한 기독교 정신을 잘 반영하고 있다. 이처럼 바울이 전한 '이신칭의' 복음은 그리스도의 사랑을 무기로 로마의 사회구조를 근본적으로 개혁하는 변혁적인 성격을 내포하고 있었던 것이다.

1) 배경과 목적

바울은 "우리의 사랑을 받은 자요 동역자인 빌레몬과 및 자매 압비아와 및 우리와 함께 군사된 아킵보와 네 집에 있는 교회들"(빌 1:1~2)에게 편지를 보냈다.

수신자인 빌레몬과 그의 집은 모두 신실한 그리스도인이었고, 또한 바울의 동역자이기도 했다. 빌레몬의 아내 압비아에 문안하고, 그의 아들을 '우리와 함께 군사된 아킵보'로 소개하고 있다. 이로 보건데 바울은 이전에 골로새 교회에 들린 적이 있었고, 이들을 잘 알고 있는 친밀한 사이였던 것으로 추정된다.

바울은 또한 빌레몬의 집에 있는 가정교회에 대하여도 문안하고 있다. 신약성경은 가정교회에 대하여 로마서 16장과 고린도전서의 '아굴라와 브리스가와 및 그 집에 있는 교회'(16:19)와 이곳 빌레몬서, 그리고 사도행전에 소개된 빌립보 루디아의 집(행 16:40)을 비롯한 각 가정에서 모인 공동체로서 구역(셀)교회를 소개하고 있다. 그리고 사도행전 20장의 청년 유두고가 삼층에서 떨어진 사고가 소개된 드로아의 집회는 아마도 지역교회의 모형이었을 것이다.

이와 같이 각 지역마다 지역교회가 있었고, 그 지역교회에 속하는 여러 가정교회들이 있었던 것이다. 당시의 초대교회는 오늘날과 같은 건물이 있었던 것이 아니었다. 기독교 교인들이 모이면, 바로 그곳이 교회였다.

빌레몬의 노예 오네시모가 도망을 쳐서 어떻게 로마의 바울의 셋집에까지 흘러들어가게 되었는지 알 수는 없다. 그러나 도망 노예 오네시모는 로마의 바울의 셋집을 찾아가서 바울을 섬기는 일에 매우 헌신적이었다. 바울은 "갇힌 중에서 낳은 아들 오네시모"(빌 1:19)를 위하여 간구한다고 했고, 그가 "내 심복"(빌 1:12)이라는 말로 빌레몬에게 용서를 구하고 있다.

바울은 "이후로는 종과 같이 아니하고 종에서 뛰어나 곧 사랑받는 형제로 둘 자라"(빌 1:16)고 말하며, 빌레몬의 선처를 당부하고 있다. 이 편지를 쓸 당시에 바울과 함께 있었던 골로새 교회의 지도자 에바브라와 바울의 동역자 마가, 아리스다고, 데마, 누가의 문안도 함께 전하고 있다. 이는 빌레몬이 이들과도 알고 있는 사이였음을 시사한다.

오네시모는 두기고와 동행했고, 이 편지는 자신이 직접 가지고 가서 주인 빌레몬에게 전했다.

2) 구조와 내용

빌레몬서는 아주 간단한 개인서신으로, 내용은 바울이 빌레몬에게 그의 도망 노예 오네시모를 용서해 줄 것을 부탁하는 내용이다.

- 서언(1:1~3) : 바울은 디모데와 함께 빌레몬과 그의 부인과 아들, 그리고 그 곳에 있는 구역교회에 안부를 전하고 있다.
- 오네시모에 대한 부탁(1:4~22) : 바울은 빌레몬에 대한 칭찬과 감사를 표하고(1:4~7), 오네시모가 자신에게 한 헌신과 변화를 소개하고(1:8~12), 사랑으로 영접하기를 부탁하며(1:13~17), 사랑의 부채에 대한 보증(1:18~19)과 자신을 위한 처소를 부탁한다(1:20~22).
- 결언과 인사(1:23~25) : 그리스도 안에서 바울과 함께 한 사람들의 안부를 함께 전한다.

4. 빌립보서

빌립보서는 바울의 옥중서신 중에서 맨 나중에 쓰여 진 서신이다. 에베소서와 골로새서와 빌레몬서는 거의 같은 시기에 쓰여 졌고(60년 말 혹은 61년 전반기), 그 내용과 관심사에 있어서도 서로 간에 공통점과 상호 관련성을 가지고 있다.

그러나 빌립보서는 2년 동안의 로마 옥중생활이 거의 끝나갈 즈음(61년 말)에, 바울이 빌립보 교인들에게 "나도 속히 가기를 주 안에서 확신하노라"(빌 2:24)고 말할 수 있는 상황에서 쓰여 졌다. 그렇기 때문에 다른 3개의 옥중서신과는 상황과 대상 및 내용이 다른 서신이다.

이 서신은 바울이 빌립보 성도들에게 그리스도 안에서의 사랑과 기쁨을 전하는 개인적인 성격이 강한 서신이라고 할 수 있다. 바울이 2차 선교 여행 기간에 개척한 빌립보 교회는 루디아와 귀신들린 여종 사건과 빌립보 감옥의 간수 가족들로부터 시작된 유럽 최초의 교회였다(행 16장). 빌립보 교회의 성도들은 바울의 복음 사역에 적극 협력하고 있었으며, 그러한 이유로 바울 사도는 빌립보 교회에 특별한 애정을 가지고 있었다.

빌립보 교회의 성도들은 로마에서 옥중 생활을 하고 있는 바울을 물질적으로 돕기 위해 에비브로디도를 통해서 선물을 보냈다(빌 1:7). 에바브라디도는 몇 번을 왕래하며 소식을 전하기도 하고 도움을 주기도 한 것 같다. 그런데 에바브라디도는 바울에게 온 후에 중병에 걸렸으며, 이 소식이 빌립보 교회에 알려졌다.

빌립보 교인들은 이 소식을 듣고 에바브라디도를 돌려보내도록 요청했는데, 그는 얼마 지나지 않아서 곧 회복되었다(빌 2:26~27). 바울은 로마에서 빌립보로 돌아갈 준비를 하는 에바브라디도 편에 빌립보 교인들에게 감사의 마음을 전하기 위해서 이 편지를 썼다.

1) 배경과 목적

빌립보 교회는 핍박을 견디며 복음을 실천하고 가난하지만 바울을 돕는 긍정적인 측면을 가지고 있었다. 그러나 외부의 핍박을 두려워하고 바울의 수감에 낙심하며 교회가 분열의 위험에 처해 있었다. 이처럼 상반된 두 가지 상황을 배경으로 빌립보서가 쓰여졌다.

이 서신을 쓴 목적은 우선 빌립보 교인들이 보내준 헌금에 대해 감사하기 위해서(1:5, 4:10~19), 자신의 형편을 알림으로서 빌립보 교인들이 박해 중에도 힘을 얻게 하기 위하여(1:12~26), 빌립보 교인들의 분열을 막고 연합하게 하기 위하여(2:1~11), 그리고 율법주의의 악영향을 깨우치기 위해서(3:3~11)였다. 빌립보서는 교리적으로 기독론을 다루고 있다. 동시에 그리스도인의 성숙한 삶의 원리를 교훈하고 있다.

바울은 고난 가운데서도 그리스도를 높이는 삶을 산 자신을 본보기로 하여(1:1~30), 그리스도의 마음을 품을 것을 교훈하고 있다(2:1~30). 즉 하나님이면서 인간의 몸을 입고 이 세상에 오셔서 죽기까지 낮아지신(2:5~11) 그리스도의 마음을 품을 때 성도의 삶은 변화될 수 있다는 것이다(2:12~18).

이어서 육체를 의지하는 삶에서(빌 3:1~9) 그리스도를 아는 지식으로 성장을 촉구한다(2:10~16). 교회의 분쟁에 대하여 그리스도 안에서 하나된 형제의 사랑으로 해결할 수 있음을 밝히고 있다.

2) 구조와 내용

빌립보서는 크게 두 개의 구조를 이루고 있다. 첫째는 빌립보 교인들에게 사도 바울의 기쁨을 전하고 있다(1:3~26). 둘째는 빌립보 교인들에게 사도 바울의 권면을 전하고 있다(1:27~4:9).

• 서론(1:1~2) : 바울은 디모데와 공동으로 문안하고 있다.

• **제1부 사도 바울의 기쁨**(1:3~26) : 바울은 빌립보 성도들에 대한 감사와 기도를 드리면서(1:3~11), 자신의 삶에 대한 태도를 소개하고 있다.

바울은 감옥에서도 복음의 진보가 있었음을 기뻐하며(1:12~18), 삶과 죽음에 관계없이 기뻐한다(1:19~26).

• 제2부 빌립보 성도들에 대한 권면(1:27~4:9) : 바울은 그리스도인의 기쁨에 대하여 권면하고 있다. 복음에 합당하게 살 것(1:17~30)과 한마음으로 겸손하게 할 것(2:1~4)과 그리스도의 마음을 품을 것(2:5~11)과 구원을 이루는 기쁨의 삶을 살 것(2:12~18)을 권면하고 있다.

바울은 자신이 처한 상황과 계획을 말하면서 디모데와 에바브라디도의 영접을 부탁한다(2:19~30). 육체를 신뢰하지 않는 성도의 삶이 진정한 할례이며(3:1~3), 바울 자신은 그리스도를 아는 지식 외에 모든 것을 해로 여기고 푯대를 향하여 뛰어가는 삶의 자세를 고백한다(3:4~14). 이와 같이 성도들이 그리스도 안에서 굳게 설 것(3:15~4:1)을 권면하고 있다.

또한 빌립보 교회에 필요한 충고(4:2~3)와 항상 기뻐하며 아무 것도 염려하지 말고 주 안에 거할 것을 권면하고 있다(4:4~9). 마지막으로 빌립보 교인들이 보내준 선물에 대하여 감사를 전한다(4:10~20).

• 결언(4:10~23) : 바울은 빌립보 교인들이 보내준 선물을 기뻐하며, 어떠한 형편에서도 자족하기를 배운 자신의 삶의 태도를 교훈하면서(4:10~16), 그들이 보내준 향기로운 제물에 대하여 하나님이 풍성하게 채워주시기를 기도한다(4:17~20). 그리고 특별히 로마 가이사의 집 사람 중 몇을 포함한 자신의 동료들과 함께 마지막 인사를 전한다(4:21~23).

제9장

석방 후, 바울의 순방 목회 (62~64년)

1절 헬라 및 소아시아 순방 목회

2절 바울의 목회 순방 여정

3절 바울의 목회서신

"내가 너를 그레데에 떨어뜨려 둔 이유는
부족한 일을 바로잡고 나의 명한 대로 각 성에
장로들을 세우게 하려 함이니"(딛 1:5).

바울은 62년 초에 로마 감옥에서 석방되었다. 석방 직후 60세를 넘긴 사도로서 육신적으로 약간은 늙고 연약해진 모습이었을 것이다. 바울은 57년에 예루살렘에서 체포되어 가아사랴에서 2년(58~59), 로마에서 2년(60~61), 총 4년(57년 말~62년 초) 동안을 감옥에서 보냈다. 실로 오랜만에 자유의 몸이 된 것이다.

사도행전은 바울의 로마 감옥 생활에 관한 언급으로 끝을 맺고, 석방 이후의 행적에 대해서 더 이상 아무런 언급도 하지 않고 있다. 우리가 참고할 수 있는 자료는 바울의 목회서신인 디모데전서와 디도서뿐이다.

석방 직후 바울의 행적에 관한 전승[112] 과 신약성경(로마서, 디모데전서, 디도서)의 증거에 의하면, 바울의 행적은 두 가지 가능성을 고려할 수 있다. 하나는 스페인 선교 여행설이고, 다른 하나는 헬라 및 소아시아 지역의 교회에 대한 목회 순방 여행설이다.

112. J. A. Fitzmyer, 바울의 신학(Pauline Theology), 배용덕 편역, (서울: 도서출판 솔로몬, 1996), P. 55. 주후 95년경 로마의 클레멘트는 바울이 "온 세계에 의를 가르쳤으며, 서쪽 끝까지 이른 후 통치자들 앞에서 증거 하였으며, 그는 이 세상을 떠나 거룩한 곳으로 이끌림을 받았다. 그는 가장 위대한 인내의 모범이다"라고 '고린도인에게 보내는 편지' 에 기록하였다. 클레멘트의 증언은 스페인 방문, 또 한번의 심문, 그리고 순교를 암시하고 있다. 또 다른 증언은 주후 180년경의 무라토리안 단편에는 "바울이 이 도시(로마)를 떠나 스페인을 향해 갔다" 고 하여 사도행전의 마지막 부분이 유실되었음을 암시하고 있다.

로마 감옥에서 석방된 이방인의 사도 바울이 로마에서 스페인으로 선교 여행을 떠났다는 이야기는 전승에 기초하고 있다. 이 전승은 로마서 15장에 근거를 두고 있다.

로마 감옥에서 석방되기 약 5년 전, 고린도교회에서 바울은 로마 교회 성도들에게 "내가 예루살렘으로부터 일루리곤까지 그리스도의 복음을 편만하게 전했다"(롬 15:19)고 말하면서, 자신은 남의 터 위에 건축하지 않겠다는 생각으로 "이제는 이 지방에 일할 곳이 없고 또 여러 해 전부터 언제든지 서바나(스페인)로 갈 때에 너희(로마)에게 가려는 원이 있다"(롬 15:23)라고 쓰고 있다.

로마서를 쓴 57년 초에 로마의 교인들에게 "여러 해 전부터 언제든지 서바나로 갈 때에 너희에게 가려는 원이 있었고"(롬 15:23), 또한 "내가 이 일을 마치고 이 열매를 저희에게 확증한 후에 너희에게로 지나 서바나로 가리라"(롬 15:28)고 자신의 계획을 밝힌바 있다. 이러한 로마서의 내용을 근거로 해서 나온 전승들은 바울이 로마에서 2년 동안의 가택연금에서 석방된 직후, 로마에서 스페인으로 선교 여행을 떠났을 것이라는 설을 제기하고 있다.

그러나 이 스페인 여행 설은 그 개연성을 말할 수는 있지만, 그에 대한 역사적인 증거나 특히 성경의 뒷받침이 없는 가설에 불과한 것이다.

석방 직후 바울의 행적에 관한 성경적인 증거와 당시의 정황에 합당한 추론은 그가 예루살렘에서 체포되기 전에 약 8년 동안 선교하여 세운 헬라 및 소아시아 지역의 교회들을 다시 찾아가서, 현지에서 목회 지도를 했다는 목회순방설이다.

이 목회 순방 여행설은 스페인 방문설과는 달리 성경적인 증거가 정당하게 뒷받침되고 있다. 신약성경의 디모데전서와 디도서는 당시 바울의 행적을 알려주는 성경적 증거를 제공한다.

석방 직후, 이방인의 사도 바울이 당면한 상황과 그의 주 관심사는 새로운 지역에 복음을 전하는 선교보다 이미 세워진 교회들을 바로 세우는 목회에 있었다는 증거들은 많이 있다.

바울은 로마 감옥에 있는 동안 골로새 교회에 "이 복음이 이미 너희에게 이르매 너희가 듣고 참으로 하나님의 은혜를 깨달은 날부터 너희 중에서와 같이 또한 온 천하에서도 열매를 맺어 자라는 도다"(골 1:6)라고 편지하고 있는데, 이는 옥중에 있던 그 시점에 벌써 그리스도의 복음이 온 천하에 널리 전해지고 있다는 바울의 상황 인식을 반영한다.

바울의 옥중서신은 그가 로마 감옥에 있는 동안에도 이방인의 세계에서 다른 수많은 전도자들에 의해서 복음이 경쟁적으로 왕성하게 전파되고 있다는 그의 인식을 반영하고 있다. 그러므로 석방 직후, 이방인의 사도 바울의 주 관심사는 선교사역보다 이미 세워진 교회를 '이신칭의' 복음이라는 참 진리 위에 바르게 세우는 목회사역에 있었다는 점을 주목할 필요가 있다.

바울이 로마 감옥에 있는 동안 그가 세웠던 교회들에는 이미 적지 않은 문제점들을 노출시키고 있는 상황이었다. 첫째는 바울이 없는 동안에 여러 형태의 이단적인 사상이 이방인의 교회에 침투하여 혼란을 야기하고 있었다(골 2:6~23). 둘째는 교회의 조직과 질서의 취약점이 여러 형태로 드러나고 있는 형편이었다.

바울은 이러한 문제를 바로 잡아서 교회를 복음의 진리 위에 바르게 세우기 위한 목회 순방을 최우선적으로 고려하지 않을 수 없는 상황에 직면해 있었다. 자신이 소아시아 및 헬라지역을 떠나온 이후에 교회에서 발생하고 있는 문제들을 바로잡기 위해서 바울은 현지를 방문하여 지도하기를 간절히 소망하고 있었다.

개인적으로도 감옥에서 4년이 넘게 옥살이를 했던 사도로서는 그가 세운 이방인의 교회를 방문하여 성도들을 만나고 싶은 인간적인 심정

또한 매우 컸을 것으로 생각된다. 바울은 빌립보 교인들에게 "내가 예수 그리스도의 심장으로 너희 무리를 어떻게 사모하는지 하나님이 내 증인"(빌 1:8)이며, "나도 속히 가기를 주 안에서 확신 한다"(빌 2:24)고 쓰고 있다.

빌립보서는 머지않아 자신이 석방될 것이라는 전망이 가능한 시점에 쓰여 진 서신이다. 이는 자신이 빌립보 교회에 곧 가게 될 것이라는 확신을 말하고 있는바, 머지않아 석방되면 헬라 및 소아시아 지역의 교회들을 방문하고자 하는 바울 사도의 분명한 뜻을 드러내고 있는 증거라고 할 수 있다.

1절 헬라 및 소아시아 순방 목회

로마의 감옥에 있는 동안, 바울이 개척한 헬라 및 소아시아 지역의 교회들에는 적지 않은 문제점을 드러내고 있었다. 우리는 바울의 옥중서신(에베소서, 빌립보서, 골로새서, 빌레몬서)을 통해서 이 점을 확인할 수 있다. 감옥에서 석방된 그 시점(62년)에서 바울의 주 관심사는 복음을 전파하여 새로운 교회를 세우는 것보다 이미 세워진 교회들에 대한 목회지도를 통해서 교회를 바로 세우는 문제에 집중되었다.

바울이 석방된 62년 초부터 로마제국의 폭군 황제 네로의 기독교 박해가 시작되어 다시 체포된 64년 말까지 약 2년 동안, 바울은 소아시아 및 헬라지역의 교회들을 직접 방문하여 순회하면서 현지 목회를 구체적으로 지도하는 목회사역에 집중하고 있었다.

1. 석방직후, 당면한 관심사

로마 감옥에서 석방된 직후, 바울의 당면한 최대 관심사는 그가 4~5년 전에 약 8년(50~57년)에 걸친 선교를 통해서 개척한 헬라 및 소아시아 지역의 교회들이었다. 그가 옥중에 연금되어 있는 동안 헬라 및 소아시아 지역의 이방인 교회에는 새로운 문제들이 대두되어 있었기 때문이다. 바울이 떠나고 없는 동안에 유대 율법주의와 헬라 영지주의라는 이단 사상이 침투해 위협하고 있었고 교회 조직의 취약성이 드러나고 있는 상황이었다.

더구나 바울 자신의 생각 또한 가이사랴에서 2년 동안의 수감생활과 로마에서 2년 동안의 연금생활을 통하여 적지 않은 변화가 일어나고 있었다. 예루살렘에서 체포되기 전까지 바울의 절대적인 관심사는 무엇보다도 땅 끝까지 복음을 전하는 선교에 있었다.

그러나 4~5년(58~62) 동안 옥중생활을 하고 석방된 직후의 상황에서, 바울의 주관심사는 선교에 못지않게 이미 세워진 교회들을 올바른 복음의 진리 위에 바르게 세우는 문제, 곧 목회관리가 더욱 중요한 관심사로 대두되어 있었다.

바울이 감옥에 있는 동안에도, 다른 수많은 전도자들이 그리스도의 복음을 전하기 위해서 로마제국의 전역에서 광범위하게 활동하고 있었다. 옥중서신을 통해서 바울은 다음과 같이 쓰고 있다.

> "형제 중 다수가 나의 매임을 인하여 주 안에서 신뢰하므로 겁 없이 하나님의 말씀을 더욱 담대히 말하게 되었느니라. 어떤 이들은 투기와 분쟁으로 어떤 이들은 착한 뜻으로 그리스도를 전파하니 … 그러면 무엇이뇨 외모로 하나 참으로 하나 무슨 방도로 하든지 전파되는 것은 그리스도니 이로써 내가 기뻐하고 또한 기뻐하노라"(빌 1:14~18).

이는 바울이 옥중에 갇혀 있는 중에도, 다른 수많은 전도자들에 의해서, '온 천하에' 복음이 전해지고 있었다는 당시의 정황과 바울의 상황인식을 반영하고 있는 내용이다.

그러므로 석방 직후 바울에게 있어서 가장 중요한 주관심사는 복음의 전파보다 이미 전해진 그리스도의 복음을 바르게 보전하고, 그 진리의 터 위에 하나님의 교회를 굳건하게 세움으로서 주님이 재림해 오시는 그날까지 이 땅에 하나님의 나라를 온전하게 확립하는 문제였다.

물론 복음의 전도가 무엇보다 중요한 사명이라는 바울의 기본인식에는 변함이 없었겠지만, 그러나 석방 직후의 상황에 이르러서는 복음의 진리를 올바르게 전하되 바른 목회사역을 통해서 예수 그리스도의 참된 복음의 진리 위에 교회들을 굳건하게 세우는 것이 더욱 중요한 문제라는 인식을 가지게 된 것이다.

2. 목회 순방 중의 메시지

감옥에서 석방된 직후 바울은 이제 "진리의 기둥과 터인"(딤전 3:15) 교회들을 상대로 하나님의 집에서 어떻게 행하여야 할 것을 가르치려는 목적을 가지고 순방 목회 여행에 나섰다. 옥중 생활을 겪으면서 바울은 그리스도의 교회에 침투해 들어온 이단 사상에 대처하여 복음의 참된 진리를 수호하고, 보편교회의 연합과 일치를 견고히 해야 할 목회적인 필요성을 절감하고 있었다.

바울의 옥중서신(에베소서, 빌립보서, 골로새서, 빌레몬서)은 목회적 관점에서 기독론과 교회론을 중심 주제로 다루고 있었다. 석방 후, 현지 순회 방문 중에 쓴 목회서신(디모데전서, 디도서)은 옥중서신에 제시된 내용을 당시 교회 내에 침투한 이단 사상에 대처하고 교회 조직의 취약성을 재정비하여 올바른 하나님의 교회로 굳게 세우고자 한 바울의 당면한 관심사에 따라 구체적인 문제들이 언급되고 있다는 점에서, 옥중서신과 차이가 있다.

옥중서신 중 특별히 에베소서에는 이방인의 사도로서 바울이 이 땅에 확립하려는 보편교회의 비전을 차원 높게 제시하고 있다. 이로 보건데 석방 당시 바울의 상황 및 사명 인식은 그리스도의 몸인 교회와 목회현장에 관한 내용이었다.

역사 속에 확립된 그리스도의 몸된 교회는 다양한 성격을 가지고 있다. 만물 위에 확립된 교회의 머리되신 그리스도께서 자신의 피 값으로 세운 그의 몸인 교회를 통해서 하나님의 나라와 뜻을 이 땅에서 성취해 나가신다. 교회는 이 세상에 수립된 그리스도의 통치 기구이다. 이 교회는 다양한 성질을 가지고 있다. 이 땅에 현존하는 교회는 영적으로 싸우는 전투적 교회이지만, 그러나 천상에서는 모든 싸움에서 승리를 축하하는 승리적 교회이다.

이 교회는 온 세계에 산재한 신자들의 단체로서 유형적 교회이면서, 동시에 하나님만이 아시는 우주적인 성격을 가진 무형적인 하나의 교회이다. 이 교회는 성령의 하나 되게 하는 끈으로 연합된 성도들의 공동체라는 유기체적인 교회이지만, 동시에 직분과 제도라는 유형적 형식을 가진 조직체적인 교회인 것이다.[113)]

성도들은 그리스도의 몸인 교회의 지체들이다. 성도들은 교회를 통해서 부르신 소명을 따라 하나님의 나라를 이루어 나간다. 바울 사도는 에베소서를 통해서 그의 교회관을 웅대한 우주적인 비전으로 제시한 바가 있다. 옥중서신 에베소서는 각 지역교회에 회람서신으로 보내졌었다. 에베소서를 통해서 바울은 보편적인 교회관을 제시한 것이다.

한편 석방 후 소아시아 및 헬라지역 순방 여행 중에 쓰여 진 목회서신 디모데전서와 디도서를 통해서, 우리는 지역교회들을 목회 순방하면서 현장에서 지도하고 있던 바울 사도의 구체적인 중심 메시지를 읽을 수 있다.

그러므로 옥중서신 에베소서가 보편교회의 원리를 제시하고 있다면, 목회서신 디모데전서와 디도서에는 지상에 세워진 현실 교회들 즉 에베소교회와 그레데 교회와 같은 교회에서 발생하고 있는 실제적이고도 구체적인 문제를 언급하고 있다. 이처럼 바울의 교회관은 에베소서에 제시된 보편적 교회관과 두 목회서신에 구체적으로 제시된 실재적 교회관을 종합적으로 이해할 때, 그 진면목을 파악할 수 있다.

순방 목회여행을 떠나기 전에 에베소서는 로마의 옥중에서 작성하여 이미 각 지역교회에 회람서신으로 보내어져 있었다. 그러므로 이제 현지를 순방하면서 바울은 소아시아와 헬라지역의 교회들이 직면하고 있는 구체적인 사안을 현지에서 지도하고 있었던 것이다. 디모데전서와

113. 루이스 벌코프, 조직신학, 권수경 이상원 옮김, (서울: 크리스찬 다이제스트, 2000), PP. 822~824. 교회의 다양한 성격 참조.

디도서는 현장에서 당시 바울 사도가 직면한 실제적인 관심사를 반영하고 있다.

이처럼 우리는 로마 감옥에서 석방된 다음 소아시아 및 헬라지역을 순방하면서, 에베소서에 제시된 보편적 교회관을 전제로, 디모데전서와 디도서에 나타난 그의 교회관 또는 목회관을 중심으로 구체적이고도 실재적인 현지 지도에 집중하고 있었다는 점을 추론할 수 있다.

물론 당시의 정황을 정확히 말해주는 직접적인 자료가 없기 때문에 당시 바울의 활동을 확언하기는 어렵다. 그러나 이방인의 사도 바울이 하나님의 교회를 바로 세우기 위해서 현지 교회들을 순방하고 있는 그 모습과, 그의 메시지를 추론해 보는 것은 결코 어려운 일이 아니라고 생각된다.

2절 바울의 목회 순방 여정

로마감옥에서 석방된 직후, 바울은 얼마 동안은 로마와 로마 인근에 있는 교회들을 방문했을 것이다. 또한 옥중생활 중에 관계를 맺은 형제들도 만났을 것이다. 그와 같은 로마에서의 일들을 마무리 짓고, 곧 바울은 그의 동역자 일행과 함께 소아시아와 헬라(마게도니아와 아가야)지역의 이방 교회들을 순방하기 위한 순방 목회 여정에 올랐다.

바울 일행이 어떻게 소아시아와 헬라지역에 도착하여 순방 목회 여행을 하였는지, 그 여정을 구체적으로 알려주는 직접적인 정보는 없다. 사도행전은 바울이 로마에 도착하여 온 이태 동안 셋집에 유했다(행 28:30)는 사실로서 끝을 맺고 있다.

우리가 참고할 수 있는 자료는 다만 바울이 남긴 목회서신 디모데전서와 디도서이다. 우리는 목회서신에 포함된 극히 제한된 정보를 가지고 바울 일행의 목회 순방의 여정을 추론해 볼 수밖에 없다. 여기에 제시된 순방 여정은 목회서신에 근거를 두고, 그로부터 추론하여 구성한 것이다.

1. 로마에서 그레데 섬으로

62년 봄에 석방된 바울은 얼마 동안을 로마에서 지내다가 그해 가을쯤에 로마에서 출발하여 그레데 섬에 도착했을 것이다.

그레데 섬은 남북으로 약 4Km, 동서로 약 75Km 정도 되는 지중해상의 큰 섬이다. 이 섬의 중요성은 소아시아와 유럽 대륙을 연결하는 해상 교통의 중심지였다는 점에 있었다. 오순절 성령 강림 기간에 예루살렘을 순회한 그레데 사람이 있었던 것으로 보아(행 2:11), 복음이 일찍부터 전해진 것으로 보이나 도덕 수준은 상당히 낮았던 것으로 보인다(딛 1:12).

바울의 그레데 섬 방문은 이번이 처음은 아니다. 예루살렘에서 체포되어 가이사랴에서 2년의 옥고를 치르고, 로마로 가기 위해서 가이사랴를 출항하여 아시아의 무라 성으로 이동하여, 거기서 로마로 가는 외항선 알렉산드리아 배를 타고 그레데 섬의 미항에 도착했었다. 미항에서 잠시 머무르다가 뵈닉스라는 항구로 이동하여 겨울을 지내고자 항해하던 중에 유라굴로 광풍을 만나 폭풍에 밀려 시실리 섬 남쪽 95Km 지점에 있는 멜리데 섬까지 가게 되었고, 그곳에서 로마로 이동하여 만 2년 동안을 감옥생활을 했었다.

이제 순방 목적지인 소아시아로 가는 도중에 바울은 이곳 그레데 섬에 기착하여 상륙한 것이다. 바울의 첫 번 방문은 죄수의 몸이었고, 또한 잠시 머물렀기 때문에 이 섬에 대하여 직접적인 경험은 없었다. 두 번째인 이번 방문에서도, 바울은 그레데 섬에 상륙하여 잠시 동안 머물렀던 것으로 보인다.

디도서는 바울이 그레데 사람들의 성향과 생활에 대하여 상당한 지식을 가지고 있음을 전해주고 있다. 이는 바울이 그레데 섬에 상당 기간 머물러 현지의 경험을 가지고 있음을 암시한다. 그러나 오랜 기간은 아니었다. 겨울이 되기 전에 그레데 섬을 떠나면서 그는 디도 일행을 그레데 섬에 남겨 두었다.

바울이 디도를 성에 남겨 둔 이유는 그레데 교회의 "부족한 일을 바로 잡고 나의 명한 대로 각 성에 장로들을 세우게 하려 함"(딛 1:5)이었다. 바울은 자신이 남아서 그레데 섬의 교회들을 직접 지도할 수 없는 상황이었기 때문에, 그 일을 디도에게 맡기고 자신은 디모데 등 나머지 일행과 함께 소아시아의 에베소로 떠났다.

그레데 섬에 남은 사람은 디도 혼자가 아니었다. 디도서에 "교법사

세나와 및 아볼로를 급히 먼저 보내"(딛 3:13)라는 내용이 언급되고 있는 것으로 보아서, 디도와 함께 이들이 남았거나, 혹은 그후에 이들이 그레데를 방문했음을 추측하게 해 준다.

바울은 그 이듬해(63년) 늦은 여름 즈음에 그레데 섬의 디도에게 편지를 써 보냈다. 디도서를 전한 사람은 알 수 없다. 이 편지에는 바울이 디도에게 "내가 아데미나 두기고를 네게 보내리니 그때에 네가 급히 니고볼리로 내게 오라"(딛 3:12)고 지시하고 있다.

아마도 바울은 아데미나 두기고(에베소서와 골로새서를 전한 사람)를 디도의 후임자로 보내기로 한 것 같다. 그리고 디도에게 겨울이 되기 전에 이오니아해의 동쪽 연안에 있는 성읍인 니고볼리로 와서 바울과 함께 겨울을 보낼 것을 지시하고 있다. 바울은 그 전에 먼저 교법사 세나와 아볼로를 급히 보내도록 지시하고, 동시에 저희로 궁핍함이 없도록 필요한 것을 지원하도록 당부하고 있다.

디도는 바울의 지시대로 니고볼리로 가서, 그 다음해(63년) 겨울을 바울과 함께 보냈을 것이다. 그후의 디도에 관한 행적은 디모데후서에 "디도는 달마디아로 갔고"(딤후 4:10)가 전부이다. 아마도 바울과 함께 동역하다가 바울이 재수감된 로마에서 마지막에는 달마디아(일루리곤의 남부)로 떠난 것 같다.

2. 에베소와 소아시아 지역 순방

바울 일행은 그레데 섬에 디도를 남겨두고, 다시 소아시아의 에베소로 이동하였다. 소아시아의 중심지인 에베소는 바울이 3차 선교 여행기간 중에 3년 동안(52~55년) 사역한 곳이다. 두란노서원에서 두 해 동안을 가르쳤고, 소아시아의 선교 중심지로서 에베소뿐만이 아니라 인근지역의 도시들에 대한 광역 선교를 했던 중심도시였다.

우리는 바울이 예루살렘으로 귀환하던 도중에 밀레도에서 에베소의 장로들을 초청하여 바울이 행한 고별 설교 내용을 사도행전 20장에서 읽을 수 있다. 에베소교회는 소아시아의 중심 교회였다. 바울이 선교하여 세운 이방교회를 대표하는 가장 중심적인 교회였다. 이 에베소교회의 목회를 바울은 자신의 후계자요, '믿음 안에서 참 아들인 디모데' (딤전 1:2)에게 맡겼다.

소아시아와 마케도니아 및 아가야 지역의 이방인 교회들은 바울에 의해서 세워진 교회들이었다. 바울은 이곳에서 약 8년(50~57년) 동안의 선교 활동을 마무리 짓고 새로운 선교지인 로마와 서바나로 떠나기 위해 예루살렘에 들어갔으나, 거기서 유대인들에게 체포되어 가이사랴와 로마에서 옥중생활을 했었다.

이 지역을 떠날 당시 바울은 자신이 개척한 이방교회들이 예루살렘교회와 올바른 관계를 맺기를 희망했었다. 그러나 바울이 예루살렘에서 체포된 그후의 사정은 그의 기대와는 여러 가지로 다르게 진행되어 왔다. 바울이 떠난 후 그가 선교활동을 통해서 세운 이 지역의 이방교회들은 유기적으로 연합된 어떤 유형적인 지도체계가 확립되지 못한 상태로 있었던 것 같다. 다시 말해서 이 지역의 이방교회들이 체계적인 조직으로서는 취약한 상태에 놓여 있었던 것이다.

바울이 다소 시절(길리기아, 수리아)과 안디옥교회 시절(구브로 섬, 남갈라디아 지역)에 선교하여 개척한 교회들은 바나바가 사역하고 있는 안디옥교회의 관할이었을 것이다. 따라서 바울이 선교하여 세운 교회들이라고 할지라도, 그 관할이 안디옥교회에 속했기 때문에 바울의 직접적인 관심의 대상이 되지는 않았던 것으로 추정해 볼 수 있다.

그러나 바울이 2차 및 3차 선교 여행을 통해서 세운 마케도니아 및 아가야와 소아시아 지역의 이방교회들은 사정이 다르다. 이들 지역교회들은 바울에 의해서 세워진 교회로서 원칙상 바울의 관할권에 속해 있

[도표 9] **바울의 목회 순방 여정(62~64년)**

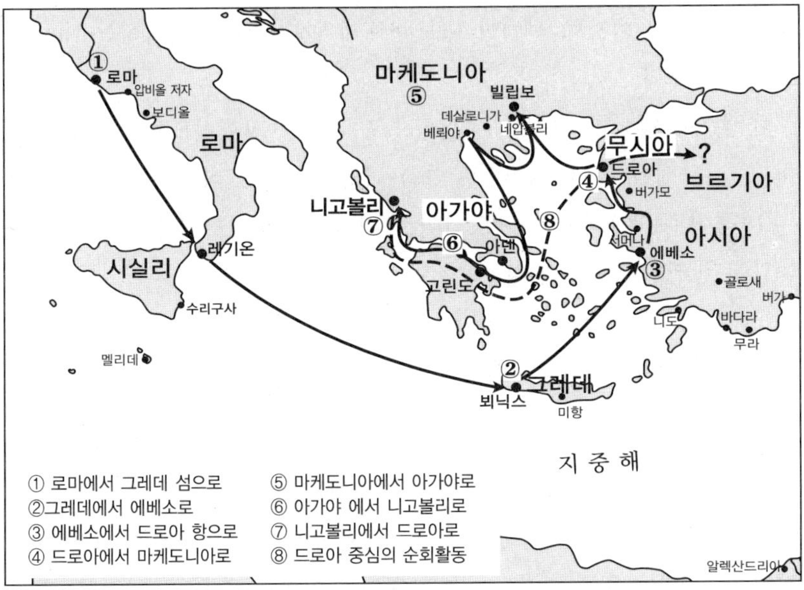

었던 것으로 생각되기 때문이다.

바울은 감옥에 있는 동안 약 5년(58~62년)이라는 긴 공백기가 있었다. 따라서 이번 순방 여행에 있어서 바울의 중요한 목적 중의 하나는 자신이 선교하여 개척한 각 지역의 이방교회들에 대한 적절한 지도체제를 수립하는 문제였다.

디모데전서에는 바울이 디모데에게 "네 속에 있는 은사 곧 장로의 회에서 안수 받을 때에 예언으로 말미암아 받은 것을 조심 없이 말며"(딤전 4:14)라는 당부의 말이 소개되고 있다. 여기서 언급된 '장로의 회'는 개 교회들을 총괄하는 지역교회의 상위 지도체제를 의미한다.

'장로의 회'는 초대교회의 지역교회를 총괄하던 감독제의 초기 형태를 말해 주고 있다. 오늘날 장로교에서 운영하고 있는 노회가 이 '장로의 회'에 해당되는 기구로 해석될 수 있을 것이다. 바울은 디모데를 에베소교회의 목회자로 임명하였다. 그 절차에 있어서 '장로의 회'가 에베소교회의 목회자로 선택한 디모데에게 안수했음을 시사하는 내용이 소개되고 있다.

에베소에 당도한 바울은 우선적으로 이러한 교회지도체제들을 정비하고, 디모데를 목회자로 세운 다음 마케도니아로 떠났다. 디모데전서는 바울이 에베소에서 마케도니아로 떠날 때에, 디모데를 거기에 남겨놓았음을 전하고 있다(딤전 1:3).

3. 마케도니아와 아가야 지역 순방

바울이 에베소에서 마케도니아로 떠난 시점에 대한 직접적인 정보는 없지만, 적어도 상당한 기간동안 에베소에 머물러 있으면서 당면한 문제들을 해결하고자 했을 것이 분명하므로, 62년 늦가을에 에베소에 도착하여 그 해 겨울을 에베소에서 보내었을 것이다.

디도서에 바울이 니고볼리(딛 3:12)에서 보내기로 언급한 겨울은 62년의 겨울이 아니라, 그 다음해인 63년의 겨울이었다. 그렇다면 바울이 에베소에서 마케도니아로 떠난 시기는 63년의 늦은 봄 혹은 초여름의 어느 시점이었을 것이다.

그후의 목회 순방 여행의 일정에 대하여 말해 주는 직접적인 기록은 없다. 우리는 바울이 이 지역에서 선교할 당시에 여행했던 지리적인 여정을 고려해서 추론할 수 있을 뿐이다. 바울이 마케도니아의 빌립보 교회에 들렀다는 것은 의심의 여지가 없는 일이다. 빌립보서에서 바울은 빌립보 교회의 성도들에게 "나도 속히 가기를 주 안에서 확신한다"(빌 2:24)고 썼기 때문이다.

그리므로 바울은 63년 전반기 중에 에베소에서 드로아로 이동하여, 거기서 배를 타고 항해하여 빌립보로 갔고, 다시 인접한 데살로니가교회와 뵈뢰아 교회 등을 방문했을 것이다. 그리고 이어서 아가야 지역의 고린도교회 등을 방문했을 것이라는 추정이 가능하다.

62년 후반기에 로마를 출발한 바울은 그레데 섬을 경유하며 디도를 남겨 두었고, 소아시아의 에베소에 도착하여 그 곳에 디모데를 남겨 놓았다. 그리고 63년 전반기에 다시 마케도니아와 아가야 지역교회들에 대한 순방 여정에 올라서, 그 지역에 대한 목회 순방 지도를 했을 것으로 추정할 수 있다.

마케도니아에서 다시 아가야 지역으로 이동하는 도중에 바울은 목회서신을 작성하여 인편으로 전달했다. 디모데에게 보낸 디모데전서는 마케도니아 지역에서 아가야 지역으로 이동하는 도중에 에베소로 보냈을 것이고, 디도에게 보낸 디도서는 아가야 지역에서 그레데 섬으로 보냈을 것으로 추정된다.

바울은 그레데 섬에 디도를 남겨두고 에베소에 디모데를 남겨두면서, 충분하게 그들의 임무에 대하여 주지시켰을 것이 분명하다. 그러함에도 불구하고, 바울이 목회서신을 써 보낸 이유는 헬라지역의 현지 교회를 방문하면서 현장의 목회 지도를 하는 과정에서 바울이 깨닫게 된 구체적인 문제들을 지시할 필요가 있었기 때문이었을 것이다.

4. 니고볼리에서 드로아까지

바울과 그 일행은 63년 겨울을 이오니아 동쪽 연안에 위치한 성읍인 니고볼리에서 함께 보냈다.

디도서에 의하면(딛 3:12), 바울은 그레데 섬의 디도에게 그 해(63년) 겨울을 함께 보낼 수 있도록 겨울이 되기 전에 속히 올 것을 지시하고 있다. 그 이유는 아마도 자신의 동역자들과 함께 선교 및 목회 전략상의 문제를 논의할 필요성 때문이었을 것이다. 아무튼 그레데의 디도를 포함한 바울 일행은 그 해 겨울을 니고볼리에서 함께 보냈을 것이다.

니고볼리에서 겨울을 보낸 이후, 로마 당국에 의해서 긴급 체포된 시점까지 바울의 나머지 순방 여정에 대해서 알 수 있는 정보는 없다. 바울의 목회 순방 여행은 64년 후반기 어느 시점에 갑자기 끝이 났다.

폭군 네로에 의한 로마제국의 기독교 박해가 시작된 것이다. 역사적으로 64년 7월에 로마에서 대화재 사건이 발생했다. 로마의 대 화제 사건이 도화선이 되어 폭군 네로의 기독교 박해가 본격화된 것이다. 로마 시위대에 수감되어 옥중생활을 했던 바울은 우선적으로 로마 당국의 체포 대상이 되었을 것이다.

우리는 디모데후서에서 바울이 체포된 장소를 암시하는 구절을 발견할 수 있다. 바울은 디모데에게 "네가 올 때에 내가 드로아 가보의 집에 둔 겉옷을 가지고 오고 또 책은 특별히 가죽 종이에 쓴 것을 가져오라"(딤후 4:13)고 편지하고 있다.

이는 바울이 체포될 당시 소아시아에 위치한 드로아에 있는 가보의 집에 자신의 개인 짐을 두고, 그 집을 근거지로 삼아 각 지역으로 순방 목회 활동을 하고 있었다는 정황을 암시한다.

드로아에 머물고 있던 기간 중에 바울은 로마 당국에 의해서 긴급 체포되어 로마로 압송되었다는 추정을 가능하게 하는 기록이다. 드로아는 소아시아의 서북해안 무시아 지역에 위치한 항구 도시였다. 이곳은 바울이 2차 선교 여행 초기에 마케도니아로 건너가라는 주의 환상을 보았던 곳이다(행 16:8).

당시의 위치는 트로이의 남쪽 16Km 지점으로, 흑해에서 보스포러스 해협과 다다넬스의 좁은 해협을 지나서 에게 해를 경유하여 지중해로 통하는 소아시아 지역의 관문 역할을 하던 항구 도시였다. 사도행전은 소아시아의 드로아에서 유럽의 네압볼리(빌립보의 관문)까지는 배로 이틀(행 16:11)이 걸렸고, 돌아오는 길은 닷새(행 20:6)도 걸리는 항해 길이었음을 말해주고 있다.

체포될 당시 바울은 소아시아의 드로아를 중심으로 순방 활동을 했을 것이라는 추측만 가능하다. 그러므로 63년 겨울을 니고볼리에서 보낸 바울 일행은 64년 봄부터는 소아시아의 드로아로 이동하여, 폭군 네로의 로마 화재사건이 발생했던 64년 7월 이전까지 소아시아 및 헬라지역에서 목회순방 활동을 계속했을 것으로 추정해 볼 수 있을 뿐이다.

우리는 에베소를 중심으로 해서 그로부터 175Km 정도 떨어진 골로새, 라오디게아, 히에라볼리 등 소아시아 지역의 여러 교회들도 방문하여 지도했는지, 그리고 그보다 더 멀리 떨어져 있는 남 갈라디아 지역의 교회들(이고니온, 루스드라, 더베 등)과 길리기아(다소)와 수리아의 교회들(안디옥)까지 순방했는지, 그 사정을 알려 주는 아무런 정보도 가지고 있지 않다.

다만 우리는 각 지역의 교회들을 순방하면서 이단에 대처하며 교회의 질서를 바로 세우기 위해서 그의 동역자들과 함께 바쁜 걸음을 재촉하고 있던 노사도의 열정어린 모습을 상상해 볼 수 있을 뿐이다.

3절 바울의 목회 서신

바울의 목회서신 3권 중에서 목회 순방 여행 중에 쓴 서신은 디모데전서와 디도서이다. 디모데후서는 바울이 체포되어 로마 감옥에서 쓴 마지막 서신이다. 디모데전서는 바울이 에베소에서 목회하고 있던 "믿음 안에서 참아들 된 디모데에게"(딤전 1:2) 쓴 편지이고, 디도서는 그레데 섬에 남겨 놓은 "같은 믿음을 따라 된 나의 참아들 디도에게"(딛 1:4) 쓴 편지다.

디모데전서는 마케도니아 순방 중에 쓴 편지이고, 디도서는 그리스 순방 중에 그레데 섬에 있는 디도에게 니고볼리에서 만나서 함께 그 해(63년) 겨울을 보낼 것을 지시하는 편지이다. 두 편지 모두 거의 같은 시기에 목회에 관한 유사한 내용을 다루고 있는 목회서신이다.

아마도 바울이 마케도니아와 아가야 지역교회를 순방하던 중에 느낀 내용, 또는 재차 강조해서 말해야 할 추가적인 내용을 편지로 써 보냈을 것으로 추정된다. 바울은 디모데나 디도를 남겨 놓을 당시 충분히 그들의 임무를 설명했을 것이 분명함에도 불구하고, 편지를 다시 써서 보낸 것은 순방 중에 추가로 지시 또는 강조해야 할 현실적인 필요성을 강하게 느꼈기 때문이었을 것이다.

목회서신 디모데전서와 디도서에는 당시 바울의 핵심적인 관심사항이었던 다음 세 가지 공통된 내용을 담고 있다.

(1) 디모데와 디도의 목회자로서의 자세와 목회 원리에 관해서 언급하고 있다. 목회자가 취해야 할 자세와 목회의 원리에 대한 설명을 하고 있다. 당시 각 지역교회들을 순방하면서 바울이 직접 느낀 점을 반영했을 것이다.

(2) 교회의 직분자의 임명과 적절한 치리를 통해서 교회의 질서를 바로잡는 문제에 관한 지침을 언급하고 있다. 교회의 직분자를 세우는 기준이 제시되어 있고, 동시에 치리를 위한 기준이 제시되어 있다.

(3) 교회에 침투한 이단적인 사상 및 도덕적인 타락에 관해서 적극적으로 대처하도록 지시하고 있다. 초대교회에 침투해 있는 유대 율법주의와 헬라 영지주의에 대하여 강력히 대처할 것을 주문하고 있다.

1. 디모데전서

디모데전서는 에베소교회의 목회자로 임명된 디모데에게 보낸 개인서신이다. 디모데의 목회를 지도하기 위한 목적으로 쓰여 진 목회서신이다.

1) 수신자 : 디모데

디모데는 '바울의 영적인 아들'(고전 4:17)이었다. 그는 헬라인 아버지와 유대인 어머니 사이에서 태어난 루스드라 출신이다(행 16:1). 아마도 바울의 첫 번째 선교 여행 당시 복음을 받아들여 기독교인이 되었을 것이다.

디모데는 바울의 선교 사역 기간 중에 그림자처럼 따라 다닌 신실한 '바울의 동역자' 였다. 두 번째 선교 여행에서부터 디모데는 거의 항상 바울과 함께 다녔다. 디모데에게 거짓이 없는 믿음이 있음을 보고, 바울은 "이 믿음은 먼저 네 외조모 로이스와 네 어머니 유니게 속에 있더니 네 속에도 있다"(딤후 1:5)고 칭찬했다.

바울은 자신의 영적인 아들인 디모데에게 소아시아의 중심 교회인 에베소교회를 맡겼다. 이 서신은 에베소교회에서 목회자로 사역하고 있는 디모데를 돕기 위한 개인서신으로 쓰여 졌다.

바울 사도는 자신의 편지 여섯 개(살전, 살후, 고후, 빌, 골, 몬)의 서론부에서 디모데와 함께 인사를 보내고 있다. 로마서에서도 그의 이름을 언급하고 있다(롬 16:21). 디모데는 바울의 부탁을 받고 데살로니가(살전 3:1~8)와 고린도(고전 4:17)와 빌립보(빌 2:19)로 여행을 하기도 했다.

그는 바울의 생애 중에서 가장 어려운 때에 바울 곁에 있었으며, 그를 도와주고 위로가 되어 준 사람이었다. 초대교회의 역사를 쓴 유세비우스에 의하면 디모데는 에베소의 초대 감독으로 소개되고 있다.[114]

2) 구조와 내용

디모데전서의 구조는 첫째 바울이 디모데를 에베소의 목회자로 남긴 이유(1:3~20), 둘째 교회의 질서를 위한 충고(2:1~3:16), 셋째 거짓 교훈과 관계된 직무(4:1~16), 넷째 젊은 목회자에게 주는 바울의 충고(4:12~6:19)로 되어있다.

- 서론(1:1~2) : 바울은 '믿음 안에서 참아들 된 디모데에게' 문안한다.
- 제1부 디모데를 에베소에 남긴 이유(1:3~20) : 바울은 디모데를 에베소에 머물게 한 이유로서 다른 교훈을 가르치는 사람들을 제재할 필요성에 대하여 설명하고 있다(1:3~8). 율법은 옳은 사람을 위해서 세운 것이 아니라 악을 교정하기 위해서 세운 것이며(1:9~11), 바울이 맡은 직분과 사역의 의미를 설명해 주고(1:12~17), 디모데로 하여금 선한 싸움을 계속할 것을 권고하고 있다(1:18~20).
- 제2부 교회의 질서를 위한 충고(2:1~3:16) : 바울은 디모데에게 교회의 질서를 위해 충고하고 있다. 먼저 임금들과 높은 지위에 있는 공직자들을 위해서 기도할 것을 당부하고 있다(2:1~7). 남자들이 거룩한 손을 들어 기도할 것(2:8)과 여자들에게 주는 충고를 설명하고 있다

114. 정훈택, op.cit., P. 238.

(2:9~14). 그리고 바울은 교회의 직분을 세우는 기준을 비교적 상세히 제시한다. 감독의 자격(3:1~7), 집사의 자격(3:8~13)을 제시하고 있다. 또한 자신이 이 편지를 쓰는 이유에 대하여 설명하고 있다(3:14~16).

• 제3부 거짓 교훈과 관계된 직무(4:1~16) : 바울은 거짓 교훈에 관련하여 이들을 경계하도록 교훈하고 있다. 혼인과 음식에 대한 거짓 가르침을 경계하고(4:1~6), 허탄하고 망령된 신화를 버리고, 오직 경건에 이르는 연습을 하도록 충고하고 있다(4:7~11).

• 제4부 젊은 목회자에게 주는 충고(4:12~6:19) : 바울은 젊은 목회자 디모데에게 여러 가지 충고를 하고 있다. 개인적인 경건생활을 지속할 것(4:12~16)과 늙은이를 꾸짖지 말고 젊은 여자를 자매처럼 대할 것을 권고하며(5:1~2), 과부들을 돌보되 가족이 있는 과부와 참 과부를 구별하여 돌보도록 충고하고 있다. 그리고 장로들과 관계된 교훈(5:17~19)과 디모데에게 주는 개인적인 충고를 다루고 있다(5:20~25). 또한 노예들이 가질 자세(6:1~2)와 다른 교훈에 착념하는 결과(6:3~5)와 부와 돈에 대한 태도(6:6~10)와 직무에 충실할 것을 독려(6:11~16)하고, 부자들의 태도(6:17~19)에 대하여 충고하고 있다.

• 결언(6:20~21) : 마지막으로 디모데에게 망령되고 허한 말과 변론을 피하라고 당부한다.

2. 디도서

디도서는 그레데 섬에 남아서 목회하고 있던 디도에게 보낸 개인편지이다. 디도의 목회를 지도하기 위한 목적으로 쓰여 진 목회서신이다.

1) 수신자 : 디도

디도는 알려진 것이 별로 없는 인물이다. 특히 사도행전에 그의 이름이 나타나지 않기 때문에 그에 관한 신상정보가 적은 편이다. 그런데 디도가 누가의 형제였을 것이라는 유력한 주장이 있다. 누가는 사도행전을 쓰면서 자신의 이름을 기록하지 않았고, 그의 형제인 디도의 이름도 비슷한 이유로 기록하지 않았다고 하는 주장이다.[115]

디도의 이름이 처음 나오는 곳은 갈라디아서 2장이다. 디도는 누가와 같은 안디옥 출신 헬라인으로 바울과 함께 예루살렘을 방문하였다. 사도 바울의 3차 선교 여행 기간 중에 고린도교회에 사도의 편지를 전하고 고린도교회의 소식을 가지고 다시 돌아와 바울에게 전하는 전령의 역할을 하면서(고후 2:4~13, 7:5~7), 고린도교회에 예루살렘 교회를 위한 헌금을(고후 8:6) 독려하는 등 바울의 동역자로 활동하였다.

고린도 시절 이후로 디도의 이름은 목회서신 디도서에서 처음 나온다. 고린도후서 다음에 쓰여 진 로마서와 옥중서신에는 디도의 이름이 나오지 않는다.

바울이 석방된 다음, 바울 일행으로 합류하여 로마에서 그레데 섬에 도착하여 바울의 부탁을 받고 그레데 섬의 교회를 섬기게 되었다. 디도는 그레데 섬에서 사역하다가 바울의 지시로(딛 3:12) 니고볼리에서 바울과 함께 겨울을 보냈다.

바울이 긴급 체포되어 로마의 감옥에 재수감되고 나서, 디도는 다시 달마디아로 갔다(딤후 4:10). 초대교회의 역사를 쓴 유세비우스는 디도를 그레데의 초대감독으로 소개하고 있다.[116]

2) 구조와 내용

디도서의 구조는 첫째 디도가 맡은 임무를 다시 진술하고(1:5~16), 둘째 목회에 관련된 바른 교훈(2:1~3:11)으로 되어 있다.

115. F. F. Bruce, op. cit., P. 360 참조.
116. 정훈택, Ibid., P. 239.

• 서언(1:1~4) : 바울은 '같은 믿음을 따라 나의 참아들 디도에게' 문안한다.

• 제1부 디도에게 맡겨진 임무(1:5~16) : 바울은 디도를 그레데 섬에 떨어뜨려 놓은 이유를 부족한 일을 바로 잡고 나의 명한 대로 각 성에 장로들을 세우게 하려는 것임을 밝히고 있다. 이를 위해서 장로와 감독을 세우는 일과 그 자격을 제시하고(1:5~9), 도덕적으로 타락한 그레데 사람들과 거짓 교사들을 엄히 꾸짖을 것을 당부하고 있다(1:10~16).

• 제2부 목회에 관련된 바른 교훈(2:1~3:11) : 바울은 목회자로서 디도에게 오직 바른 교훈에 합하게 말하도록 당부하고 있다. 먼저 교회 안의 다양한 사람들에 대해 가르쳐야 할 교훈들(2:1~10)을 소개하고, 그리스도 안에서 은혜로 하나님의 친 백성이 되었음(2:11~15)과 하나님의 백성의 선한 삶의 태도(3:1~8)를 제시하고, 이단과의 변론과 접촉을 피할 것을 당부하고 있다(3:9~11).

• 개인적인 부탁과 결언(3:12~15) : 디도에게 개인적인 부탁과 디도와 함께 있는 사람들이 필요한 것을 예비하는 좋은 일에 힘을 쓸 것을 당부하고 있다.

바 울 의 행 전

제10장

바울의 재수감과 순교 (64~65년)

1절 로마제국의 기독교 박해

2절 최후의 서신 : 디모데후서

3절 최후의 수형생활과 순교

"그러나 나의 나 된 것은 하나님의 은혜로 된 것이니
내게 주신 그의 은혜가 헛되지 아니하여
내가 모든 사도보다 더 많이 수고하였으나 내가 아니요
오직 나와 함께 하신 하나님의 은혜로라"(고전 15:10).

역사적으로 64년 7월에 발생한 로마의 대화재 사건은 황제 네로에 의한 기독교 박해의 신호탄이었다. 네로의 광기로 인해서 시국 상황에 급작스러운 변화가 일어났다. 순방 목회 중이던 바울 사도는 소아시아의 드로아(딤후 4:13)에서 로마 관원에 의해 긴급 체포되어 다시 로마로 압송되었다.

이번에는 로마 당국에 의한 긴급 체포였다. 바울의 체포와 재수감은 로마 네로 황제에 의해 시작된 로마제국의 제1차 기독교 박해기간(64~96년)의 시작을 의미했다.[117] 유대인들의 고발에 의해서 수감되었던 지난번과는 모든 사정이 완전히 달랐다. 이번에는 바울이 유대교 지도자들의 고발이 아니라, 로마제국의 황제 네로의 국사범으로 긴급 체포된 것이다. 기독교의 전파가 죄목이었다.

감옥 생활도 지난번과는 모든 사정이 달랐다. 1차 수감 시에는 가택

117. 폭군 Nero 황제는 54년부터 68년까지 로마를 다스렸다. 통치 초기에는 기독교 박해가 나타나지 않았다. 63년 7월 18~19일 발생한 로마 대화재 사건을 계기로 네로의 광기가 표면화되었다. 그래서 바울은 60년부터 62년까지 네로가 통치하던 로마의 감옥에 있었음에도, 복음을 전하는데 거의 아무런 방해를 받지 않았다. 해(250~313년) ; 데시우스, 바렐리안, 디오클레티안 황세 시대.

연금 수준의 생활이었으나, 이번에는 일반 죄수들과 똑같이 감옥에 들어가야 했다. 재수감된 바울은 다시 석방되지 못하고, 마침내 감옥에서 순교했다.

그렇게 해서 다메섹 도상에서 부활하신 예수님을 만남으로서 극적으로 회심하여, 이방인의 사도로 소명되어 "오직 한 일 즉 뒤에 있는 것은 잊어버리고 앞에 있는 것을 잡으려고 푯대를 향하여 그리스도 예수 안에서 하나님이 위에서 부르신 부름의 상을 위하여"(빌 3:13~14) 전력 질주해 온 33년(32~65년) 동안의 복음 사역의 모든 수고를 접고, 로마 감옥에서 참수되어 마침내 천국에 입성하여 '의의 면류관'(딤후 4:8)을 받게 되었다.

1절 로마제국의 기독교 박해

폭군 황제 네로의 박해가 시작(64년)되기 전까지 로마제국은 기독교를 특별하게 박해하지 않았다. 폭군 네로의 박해 이전까지 기독교에 대한 박해는 대부분 유대인들에 의한 핍박이었다. 다메섹에서 회심하여 기독교의 복음 전도자로 극적으로 전향한 바울을 핍박하고 그의 생명을 위협하고 당국에 고발한 박해자는 로마 당국이 아니라 바로 회심 전에 바울 자신이 속해 있던 유대인들이었다.

로마 당국과 로마법은 도리어 이방인의 사도인 바울을 그와 같은 유대인의 극심한 박해로부터 보호하는 역할을 해주고 있었다. 바울은 로마 시민권을 가지고 있었기 때문에 유대인들의 핍박으로부터 로마의 법적인 보호를 받을 수 있는 신분상의 권리를 가지고 있었다.

고린도에서 있었던 아가야(그리스) 로마 총독 갈리오의 판결(행 18장), 에베소의 아데미 소동 시에 취한 로마 관리 서기장의 조치(행 19장), 예루살렘에서 체포될 당시 로마군 천부장 루시오의 개입(행 21)과 가이사랴 및 로마의 수감 중에 로마 당국의 보호 조치(행 28) 등은 로마 당국자들이 이방인의 사도 바울을 유대인들의 박해로부터 법적으로 보호해 준 사례들이다.

62년 봄경에 로마 감옥에서 석방된 바울 사도는 이미 60세를 넘긴 나이가 되어서, 헬라와 소아시아 지역의 교회들을 돌보기 위해서 바쁜 걸음으로 그 지역에서 순방 목회여행을 하고 있었다(62~64년). 64년 가을 즈음 순방 중에 있던 바울은 소아시아의 드로아에서 로마 당국에 의해서 긴급 체포된다. 이러한 상황의 급격한 악화는 전적으로 네로 황제의 광기로 인해 시작된 로마제국의 기독교 박해 때문이었다.

1. 네로의 기독교 박해

당시 로마는 공식적으로 황제숭배를 제외한 모든 종교를 인정하지 않았다. 로마제국의 수호신이라고 믿고 있던 황제에 대한 숭배의 거부는 곧 로마제국을 위협하는 국가적 사범이었다. 그러나 네로 황제 이전에는 기독교 박해가 눈에 띄게 진행되지 않았다.

주후 64년 네로 황제로부터 시작된 기독교인에 대한 로마제국의 박해는 313년 콘스탄틴과 리키니우스 두 황제에 의해서 기독교가 공인되기까지 약 250년 동안 지속된 박해의 시작이었다. 초대교회에 대한 로마의 박해는 대략 3단계로 진행되었다. 네로 황제로부터 시작된 1차 박해(64~96년), 지엽적이고 국부적으로 진행된 2차 박해(98~249년), 그리고 전국적으로 박해가 진행된 3차 박해(250~313년)로 대별된다.[118)]

예수님은 아우구스투스 황제를 계승한 티베리우스 황제(14~37년) 때에 유대의 로마 총독 빌라도에 의해서 예루살렘 골고다에서 십자가에 처형되었다. 티베리우스의 후임 칼리굴라 황제(37~41년)는 정상적인 사람이 아니었고, 그를 계승한 글라우디오 황제(41~54년)는 로마에서 모든 유대인들을 추방한 바가 있었다. 사도행전 18장 2절에 언급되어 있는 이 사건의 원인은 '그리스도라는 자의 선동으로' 유대인들이 로마에서 소요를 일으켰기 때문이었다고 한다.

글라우디오 황제를 승계한 네로 황제(55~68년)도 처음 5년 동안은 아무런 문제가 없었다. 이때는 바울이 로마 감옥에 수감되어 있던 기간이었다. 그러나 바울이 감옥에서 석방되던 62년에 이르러 네로는 자신의 친위대장 부르스와 '하나님을 섬기는 자' 라는 이유로 자신의 아내 옥타

---

118. 박용규, '초대교회사', P. 70. 1차 박해(64~96년) ; 네로, 도미티안 황제 시대 / 2차 박해(98~249년) ; 트라얀, 하드리안, 마르쿠스 아우렐리우스, 세티미우스 세베루스, 막시미누스 황제 시대 / 3차 박해(250~313년) ; 데시우스, 바렐리안, 디오클레티안 황세 시대.

비아를 살해하면서, 네로의 극단적인 광기와 함께 기독교에 대한 박해의 조짐이 나타나기 시작하였다.

네로 황제의 재임 기간은 55년부터 68년까지 13년 동안이었다. 바울이 57년 말경에 예루살렘에서 체포되어 가이사랴에서 2년(58~59년), 로마에서 2년(60~62년) 동안의 수감 생활을 하던 기간은 네로의 재임 초기에 해당되는 기간이었다. 이 기간 중에 네로의 광기와 기독교 박해는 나타나지 않고 있었다. 황제에 즉위한 처음 얼마 동안에는 그의 광기가 나타나지 않았던 것이다. 그래서 그 기간 중에 감옥에 있었던 바울은 복음을 전하는데 특별한 어려움을 겪지 않고 있었다.

그러다가 바울이 석방되던 62년에 이르러 네로 황제는 자신의 친위대장 부르스를 제거하고, 65년에는 자신의 고문 세네카(행 18장 갈리오 총독의 형제)를 제거하였다. 또한 62년에 자신의 아내 옥타비아를 '하나님을 섬기는 자' 라는 이유로 살해하고, 유대교로 개종한 포파이아와 결혼하면서 네로의 광기가 본격화되기 시작하였다. 네로는 자신의 광기 때문에 수천 명이나 되는 사람을 죽였고 심지어 절친한 친구들과 자신의 생모와 아내, 그리고 많은 친척들까지도 마치 이방인이나 원수들을 죽이듯이 여러 가지 방법으로 살해하였다.[119]

2. 로마의 대화재 사건(64년)

네로 황제 재임 중인 64년에 발생한 로마의 대화재 사건은 기독교 역사에 있어서 잊을 수 없는 분기점이 되었다. 그가 통치하던 주후 64년 네로는 로마에 발생한 대화재 사건의 원인을 기독교도들에게 돌린 후 기독교를 극심하게 박해하기 시작하였다.

64년 7월 18~19일 밤중에 서커스 막심무스의 동북 변방에서 한 화재

119. Ibid., P. 73.

가 발생했다. 이 시의 외곽에 둘러서 있는 가계들은 인화성 물건으로 가득 차 있었는데, 그 큰 불은 거기 있는 한 요새만을 남겨놓고 바람을 타고 닷새 동안 극렬히 타올랐다. 그 시의 14개 지역 중 세 지역은 완전히 파괴되고 일곱 지역은 심하게 피해를 입었다.

그 불이 났을 때 안티움에 있던 네로가 비록 급히 로마로 돌아가서 활발한 구제책을 폈지만, 소문에 의하면 그가 '그 마음에 원하는 바에 더 가깝게 그 도시를 개조하기' 위하여 거기에 불을 질렀다고 한다. 그는 드디어 대중에게 의혹의 대상이 되는 것이 싫어서 주위에서 자기를 대신해서 희생당할 사람을 찾았다.[120)]

네로는 로마의 대화재 사건이 자신이 저지른 것이라는 소문을 무마시키기 위해 기독교인들에게 화재의 원인을 돌려버렸다. 로마의 역사가 타키투스는 그의 연대기에서 네로 황제 치하에서 박해에 대하여 다음과 같이 진술하고 있다.

> "그러나 모든 인간의 노력과 황제의 모든 풍성한 선물과 그리고 신들의 속죄는 그 대화재가 네로 황제의 명령의 결과라는 불길한 생각을 없애지 못했다. 그 결과, 네로는 소문을 제거하기 위하여 일반적으로 '그리스도인' 으로 알려진 사람들을 그들의 악한 행동을 이유로 죄를 씌우고 가장 격렬한 고문을 가하였다. … 따라서 신앙을 고백하는 자들이 먼저 체포되었다.
>
> 그후 그들의 증언을 통해 엄청난 사람들이 문초를 받았는데, 방화죄로 인한 것보다는 그 민족에 대한 혐오감에 기인한 것이었다. 그들은 짐승의 가죽으로 싸여서 개들에 의해 찢기우기도 하고 십자가에 못박혔다. 혹은 화형되는 이들은 해가 진 후 밤을 밝히는 일에 이용되기도 했다. … 서커스에서는 쇼가 공연되었다.
>
> 그러므로 가혹하고 본보기적인 형벌을 받기에 마땅한 범죄자들이라 할지라

---

120. F. F. Bruce, op.cit., PP. 450~452.

도, 사람들 사이에 동정심이 생긴 것은 사실상 그 일이 공중의 선을 위해서 행해지는 것이 아니라 한 인간의 광적인 잔학성을 충족시키기 위해 그들이 죽어가고 있는 것으로 보였기 때문이다."

타키투스는 네로 황제 하에서 기독교인의 핍박을 로마 대화재의 장본인이기 때문이 아니라, 네로 황제의 개인적인 횡포로 말미암은 것임을 말하고 있다. 네로 황제가 기독교를 박해하기 위해 로마에 불을 질렀는지는 불확실하지만 적어도 박해의 발단에 대한 타키투스의 평가는 객관성을 띄고 있다.

타키투스가 기독교를 가리켜 '매우 위험한 미신' 혹은 '사악하고 부끄러운 것' 이라고 표현한 사실에 비추어 볼 때 당시 사람들은 기독교를 옳게 이해하고 있지 않은 것 같다. 이런 사실은 동 시대인 수에토니우스가 기독교인들이 형벌을 받은 원인을 기술하면서 '새롭고 사악한 미신에 사로잡힌 사람들의 단체인 그리스도인들' 이라는 표현 속에서도 찾아 볼 수 있다. 일반인들이 이처럼 기독교에 대한 부정적인 생각을 가지고 있었기 때문에 네로는 자연스럽게 로마의 대화재 사건을 기독교인들에게 돌려버릴 수 있었던 것이다.[121)]

이러한 네로의 박해 시대에 바울과 베드로가 로마에서 순교했다. 고대 역사가 유세비우스도 이 당시 베드로와 바울의 순교를 다음과 같이 증언하고 있다.[122)]

"네로의 박해를 받아 바울이 로마에서 참수되었고 베드로도 십자가에 달려 죽었다고 전해지고 있다. 이 기사는 오늘날까지 베드로와 바울의 이름이 로마시의 공동묘지에 남아있었다는 사실에 의해 확증된다. 렁 고린도의 감독 디오니시우스는 로마인들에게 행한 연설 속에서 이들 두 사람이 거의 같은

121. 박용규, op.cit., PP. 74~75.
122. Euseb. H. E. 2권, P. 25.

시기에 순교했다고 증언했다. 당신은 이처럼 이 권면에 의해 베드로와 바울이 로마와 고린도에 심어 놓은 번영의 씨앗을 섞어 놓았다. 이들 두 사도들은 고린도에서 우리에게 교리를 가르치고 교훈을 주었으며 이탈리아에서도 거의 같은 방법으로 가르쳤다. 그리고 거의 같은 시기에 순교했다."

이처럼 로마제국의 기독교 박해는 64년 7월에 발생한 로마의 대화재 사건을 계기로 촉발된 황제 네로의 광기에 의해서 시작되었다. 네로의 광기로 수많은 기독교도들이 죽어갔고, 이방인의 사도 바울도 이 시기에 긴급체포되어 재수감되어 순교했다.

2절 최후의 서신 : 디모데후서

디모데후서는 네로 황제의 광기에 의한 기독교 박해에 의해서 재수감된 바울이 가혹한 옥중생활과 최후의 순교를 앞에 두고서 로마 감옥에서 소아시아 에베소에 있던 그의 '사랑하는 아들 디모데에게'(딤후 1:2) 쓴 마지막 편지다. 디모데후서는 바울이 순교의 죽음에 직면했을 때 기록된 그의 마지막 뜻이요 유언으로 간주되는 서신이다.

1. 배경과 목적

이 편지는 바울이 순교를 앞두고 쓴 최후의 서신이다. 따라서 바울 서신 중에서 감정적인 색채가 가장 강한 서신이다. 로마 옥중에서 최후를 준비하고 있는 바울이 그의 영적인 아들 디모데에게 "너는 어서 속히 내게로 오라"(딤후 4:9), "겨울 전에 너는 어서 오라"(딤후 4:21)고 당부하고 있다.

당시 바울은 매우 외롭고 쓸쓸한 처지였다. "데마는 이 세상을 사랑하여 나를 버리고 데살로니가로 갔고 그레스게는 갈라디아로 갔고 디도는 달마디아로 갔고 누가만 나와 함께 있다"(딤후 4:10~11)고 말하고 있다.

디모데에게 마가를 데리고 "드로아 가보의 집에 둔 겉옷을 가지고 오고 또 책은 특별히 가죽 종이에 쓴 것을 가지고"(딤후 4:13) 겨울 전에 어서 오도록 재촉하고 있다. 따라서 디모데후서는 65년 가을을 전후해서 쓰이어졌을 것이고, 바울의 처형은 65년 겨울에 이루어졌을 것으로 판단된다.

이처럼 디모데후서는 자신이 순교를 눈앞에 바라보면서 쓴 서신이다.

그러므로 우리는 이 편지에서 디모데에게 남긴 메시지와 동시에 순교를 앞두고 있는 바울의 최후의 모습을 엿볼 수 있게 해 준다. 이 편지에 남긴 바울의 메시지는 다음 세 가지이다.

첫째, 디모데에게 유언과 같은 당부의 말을 하고 있다.

둘째, 종말론적인 극한적 한계 상황에서 나타난 배신과 말세에 나타날 배교 현상에 대하여 언급하고 있다.

셋째, 그러함에도 불구하고 최후까지 신앙을 지키고 승리하는 '남은 자' 들이 지켜야 할 신앙의 도리를 말하고 있다.

종말적인 최후의 순간에 가면 남은 자와 배교자의 길이 극명하게 갈리게 되어 있다. 평온한 시기에는 구별되지 않지만, 고난과 순교의 종말적인 상황에서 남은 자와 배교자의 선택은 극명하게 드러나게 된다. 바울의 마지막 서신 디모데후서는 바로 그 점을 드러내고 있다. 그러나 디모데후서의 가정 중요한 의미는 사도 바울의 순교 직전에 보여준 그의 신앙과 그가 남긴 유언이다.

2. 구조와 내용

디모데후서의 구조는 크게 세 부분으로 구분된다. 첫째는 그리스도의 군사에게 요구되는 자질을 다루고 있다(1:6~2:26). 둘째는 말세의 특징과 그리스도의 군사의 자세를 말하고 있다(3:1~4:5). 셋째는 바울의 개인적인 상황과 마지막 충고를 다루고 있다(4:6~18).

- 머리말(1:1~5) : 디모데의 거짓 없는 믿음을 칭찬하고 있다.
- 제1부 그리스도의 군사에게 요구되는 자질(1:6~2:26) : 바울은 디모데에게 오직 능력과 사랑과 근신하는 마음을 가질 것(1:6~7)과 복음과 함께 고난을 받을 것을 충고하고(1:8~10), 바울 자신이 고난을 부끄러워

하지 않고 있음을 밝히고(1:11~12), 바울이 지시한 것을 잘 지키도록 당부하고(1:13~14), 바울의 주변 사람들에 관한 정보를 말하고 있다(1:15~18). 그리고 복음으로 충성된 자들에게 예수의 좋은 군사로서 마지막까지 충성할 것을 권면하고(2:1~13), 거짓된 교훈들과 변론을 피할 것을 지시하고 있다(2:14~26).

• 제2부 말세의 특징과 그리스도의 군사된 자세(3:1~4:5) : 고통의 때인 말세에 나타날 제 현상을 소개하고(3:1~9), 경건하게 살고자 하는 사람이 핍박을 받게 됨(3:10~12)과 구원에 이르는 지혜를 주는 성경의 교훈을 따를 것(3:13~17), 그리고 전도인의 직무를 다할 것을 당부하고 있다(4:1~5).

• 제3부 바울의 개인적 상황과 마지막 충고(4:6~21) : 바울은 자신의 죽음을 예감하며 하늘나라의 소망을 이야기하고(4:6~8), 자신의 근황과 개인적인 부탁을 하고(4:9~16), 천국에 대한 소망을 바라보며 찬양한다(4:17~18).

• 결언과 인사(4:19~22) : 성도들에게 마지막 안부를 전하면서, 디모데에게 겨울이 되기 전에 자신에게 어서 오라고 간곡히 당부하고 있다.

3절 최후의 수형생활과 순교

로마의 대화재가 발생했던 64년 7월, 이방인의 사도 바울은 소아시아와 헬라지역에서 선교 및 목회 순방 활동을 계속하고 있었다. 유럽으로 건너가는 소아시아에 위치한 항구 드로아(딤후 4:13)에서 바울은 로마 당국에 의해서 긴급 체포되어 로마로 다시 압송되었다.

그 시기는 64년 말경이었다. 이번에는 가택연금 수준의 옥중생활을 했던 지난번과는 전혀 다르게 가혹한 수형생활을 하게 되었고, 로마 당국에 의한 일방적 재판을 통해서 참수형을 선고받고, 65년 말경에 로마 감옥에서 순교했다. 그렇게 해서 이방인의 사도 바울은 그의 위대한 생애를 마감하고, 마침내 '의의 면류관'(딤후 4:8)를 바라보며 천국에 입성하게 되었다.

1. 바울의 수형생활

재수감된 바울은 지난번 수감생활과는 완전히 다른 상황에 직면하게 되었다. 재수감된 바울은 로마 법정의 재심리를 받게 되었다. 1차 수감 당시에는 바울의 죄목이 유대인들이 고발한 종교 문제였기 때문에 로마인들의 입장에서는 중대한 문제가 아니라 경범죄에 해당되는 사건이었다. 그러므로 셋집을 구해서 가택연금 수준의 수감생활을 하면서 방문객들을 자유롭게 만나서 복음을 전할 수 있도록 허용되었던 것이다.

그러나 64년 말 어느 날 소아시아의 드로아에서 갑자기 체포되어 로마로 압송된 이번 두 번째 체포는 1차 때와는 모든 상황이 완전히 달라져 있었다. 이제 로마제국의 황제 네로의 기독교 박해 정책에 의해서 체포 수감된 국사범의 처지가 된 것이다. 로마제국의 안녕과 질서를 위협하는 불온한 사상과 황제 숭배를 거부하는 미신적인 신앙을 전파하는 국사범의 처지로 수감된 것이다. 더구나 로마의 대화재 사건(64년 7월)을 일으킨 범죄자로 폭군 네로 황제의 누명을 쓰고 있는 신앙집단의 지도자였다.

그래서 바울에 대한 재심리는 로마제국에 대한 반역을 꾀한 국사범 차원에서 불리하게 진행되었다. 모든 상황과 여건이 1차 때와는 완전히 다른 가혹한 형태의 수형생활이 시작되었다. 우리는 바울의 마지막 상황을 그의 서신 디모데후서를 통해서 유추할 수 있을 뿐이다.

바울은 이제 순교를 피할 수 없는 종말적 상황에 직면하게 되었다. 전반적으로 종말적인 분위기가 팽배했다. 이번에는 그와 함께 했던 동역자들과 후원자들도 옥중의 바울을 자유롭게 접근할 수 있는 상황이 아니었다.

바울을 면회하는 것도 쉽지가 않았다. 그는 "원컨대 주께서 오네시보로의 집에 긍휼을 베푸시옵소서 저가 나를 자주 유쾌케 하고 나의 사슬에 매인 것을 부끄러워 아니하여 로마에 있을 때에 나를 부지런히 찾아 만났느니라"(딤후 1:16~17)고 디모데에게 편지하고 있다.

이는 당시 에베소 사람 오네시보로가 로마에 있을 동안, 다른 사람들과 달리 위험 부담을 감수하며 어려움을 뚫고 옥중의 바울을 면회하기 위해 부지런히 힘썼다는 정황을 말하고 있다.

그만큼 옥중의 바울을 면회하는 것조차도 쉽지 않았다는 당시의 살벌하고 각박한 상황을 말해 주고 있다. 이제 바울은 바야흐로 종말적인 순교를 맞이할 수밖에 없는 최후의 상황에 직면한 것이다. 바울과 함께 했던 동역자들의 태도에도 많은 변화가 생겼다.

바울은 "내가 처음 변명(재판 심리)할 때에 나와 함께 한 자가 하나도 없고 다 나를 버렸으나 저희에게 허물을 돌리지 않기를 원하노라"(딤후 4:16)고 디모데에게 쓰고 있다. '처음 변명할 때' 가 1차 수감 당시 재판을 받을 때를 의미한다면, 그 당시 함께 했던 동역자들이 다 가버리고 지금은 자신의 주변에 아무도 없다는 뜻일 것이다.

이는 동역자들의 신변까지도 안전하지 못한 험악한 공포 분위기였음을 암시한다. 이처럼 로마감옥에서 순교를 앞두고 있던 이방인의 사도 바울의 최후는 매우 힘든 상황이었다. 바울은 디모데에게 "데마는 이 세상을 사랑하여 나를 버리고 데살로니가로 갔다"고 쓰고 있다. 그리고 "그레스게는 갈라디아로, 디도는 달마디아로 떠났다"(딤후 4:10)고 쓰고 있다. 이처럼 동역자들도 옥중에 있는 바울을 떠났다. 마지막 순간까지 바울과 함께 있었던 동역자는 누가 한 사람뿐이었다.

한편 바울을 대적하는 자들은 더욱 날뛰고 있었다. 바울은 "구리장색 알렉산더가 내게 해를 많이 보였다"(딤후 4:14)고 쓰고 있는데, 이는 에베소의 알렉산더(행 19:33)가 재판에서 바울에게 불리한 악의적인 증언을 많이 했음을 의미한다.

또한 바울은 "아시아에 있는 모든 사람이 나를 버린 이 일을 네가 아나니 그중에 부겔로와 허모게네가 있으며"(딤후 1:15), "부활이 이미 지나갔다고 말하는 후매내오와 빌레도"(딤후 2:17~18)같은 악한 배교자들도 많이 나타났음을 말하고 있다.

바울은 디모데에게 "네가 이것을 알라 말세에 고통하는 때"(딤후 3:1)가 이를 것이라고 쓰고 있다.

2. 바울의 순교

바울이 순교한 최후의 현장을 설명해주는 기록은 없다. 33년 전(32~65년), 다메섹에서 이방인의 사도로 부름을 받았던 바울은 "주 예수께 받은 사명 곧 하나님의 은혜의 복음 증거하는 일"(행 20:24)을 완수하기 위해서 "나의 생명을 조금도 귀하게 여기지 아니하고" 전력 질주하여 달려온 마지막 골인지점에 당도했다.

64년 말경에 체포된 바울은 65년 말경에 로마 감옥에서 참수되어 그의 육신은 흙으로 돌아갔다. 그러나 바울의 참 생명인 영혼은 부활의 소망을 품고 마침내 본향인 천국에 입성하게 되었다.

1) 바울의 형 집행

바울이 로마 감옥에서 참수형이 집행된 시점은 65년 말경으로 알려져 있다. 62년 봄에 로마 감옥에서 석방되어 소아시아와 헬라지역을 순방하던 바울은 64년 말 어느 날에 소아시아의 항구 도시 드로아에서 로마 당국에 의해 다시금 긴급 체포되어 로마 감옥으로 압송되었고, 이어서 극도로 불리한 일방적인 재판 과정이 진행되면서, 결국 65년 말경에 순교했다.

바울에 대한 처형방식은 참수형이었다. 그는 로마 시민권을 가지고 있었기 때문에 인류의 역사상 가장 극악한 처형 방식인 십자가형만은 면할 수 있었다. 로마법에 의하면 로마 시민인 바울은 비록 형식적인 것이었겠지만 정당한 재판 절차를 거쳤고, 또한 십자가형과 같은 극악한 사형 집행을 당하지 않도록 신분적으로 기본권을 보장받고 있었다.

참수당한 시점은 65년 말경이었고, 장소는 로마의 감옥이었다. 바울의 죽음과 매장지에 대한 더 정확한 장소에 대해서 우리가 알 수 있는 가장 이른 증인은 2세기 말 로마의 가이우스 장로이다. 가이우스 장로는 그의 편지에서 다음과 같이 쓰고 있다.

> "나는 사도들의 기념비들을 가리켜 줄 수 있다. 당신이 바티칸 언덕이나 오스티안 거리로 가보면 이 교회를 설립한 사람들의 기념비를 발견할 것이다."

여기서 사도들은 베드로와 바울을 의미한다. 그가 기념비들이라고 한

것은 두 사도의 순교나 매장에 대한 전통적인 장소를 알려주는 기념비를 의미한다.[123)]

전승에 의하면 바울은 오스티안 거리에 있는 세 번째 이정표 근처에 있는 곳(Aquae Salviae)에서 참수형을 당했다고 한다. 그리고 지금의 바실리카 성당의 터 근처에 있는 오스티안느 길에 묻혀 있는 것으로 알려지고 있다. 주후 258년 발레리안의 박해 기간 동안, 로마에 있는 기독교인들의 무덤이 잠시 아피안로의 카타콤에 옮겨졌다고 한다. 바울의 유적들도 이때 옮겨졌을 것이다.

그러다가 주후 313년 콘스탄틴 황제에 의해서, 기독교가 로마제국에서 공인을 받게 되면서 기독교 유적들은 원래 있던 곳으로 돌아왔다고 한다. 이때 바울의 유적들도 옮겨졌는데, 그 자리에 주후 324년경 콘스탄틴 대제가 조그마한 성당을 세웠다. 19세기 다시 현재의 성당을 봉헌하면서(1835년) 주 제단 아래에서 두개의 석판이 발견되었다. 거기에는 '사도이자 순교자인 바울에게' (PAVLO APOSTOLO MART)라는 글씨가 새겨져 있었다.[124)]

2) 의의 면류관

최후의 순교에 직면한 바울 사도의 태도는 이 땅에서 선한 싸움을 이기고 천국으로 입성하는 개선장군의 당당한 모습이었다. 죽음 앞에서 하늘나라에 대한 참 소망으로 충만해 있던 바울은 담대히 디모데에게 다음과 같이 편지하고 있다.

"관제와 같이 벌써 내가 부음이 되고 나의 떠날 기약이 가까웠도다. 내가 선한 싸움을 싸우고 나의 달려갈 길을 마치고 믿음을 지켰으니, 이제 후로는 나

123. F. F. Bruce, op.cit., P. 458~9. 참조.
124. Ibid., P. 459~462. 참조.

를 위하여 의의 면류관이 예비 되었으므로 주 곧 의로우신 재판장이 그날에 내게 주실 것이니 내게만 아니라 주의 나타나심을 사모하는 모든 자에게니라"(딤후 4:6~8).

33년 전(주후 32년) 바울은 다메섹 도상에서 부활하신 영광의 주님을 만났다. 그리고 약 20년 전(주후 42년 경)에 셋째 하늘 곧 낙원에 들리어 갔다가 돌아온 신비한 경험을 한바가 있었다. 이제 순교 앞에 선 바울 사도는 죽음의 두려움이 아니라 도리어 하늘나라를 향한 산 소망으로 충만해 있었다.

자기를 위하여 예비하신 '의의 면류관'을 바라보며 즐거워하는 내세의 산 소망으로 충만해 있는 바울의 모습은 조금도 흔들림이 없었다. 바울이 바라보고 있는 '의의 면류관'은 그가 이 땅에서 선한 싸움을 싸워 이기고, 복음을 전하기 위한 자신의 경주를 잘 마치고, 믿음을 지킨 자신을 위해서 그 날에 의로우신 재판장이신 주께서 예비하신 것이었다.

바울은 그리스도 안에서 새 생명으로 완전히 거듭난 신앙인이었다. 그의 옛사람은 그리스도안에서 이미 죽었고, 그 안에 계신 그리스도께 붙들린 새사람으로 살았다.

"내가 그리스도와 함께 십자가에 못박혔나니 그런즉 이제는 내가 산 것이 아니요 오직 내 안에 그리스도께서 사신 것이라 이제 내가 육체 가운데 사는 것은 나를 사랑하사 나를 위하여 자기 몸을 버리신 하나님의 아들을 믿는 믿음 안에서 사는 것이라"(갈 2:20).

다메섹 도상에서 회심한 이후로 이방인의 사도 바울은 오직 주님과 그의 복음을 위해서 살았다.

"오직 한 일 즉 뒤에 있는 것은 잊어버리고 앞에 있는 것을 잡으려고 푯대를 향하여 그리스도 예수 안에서 하나님이 위에서 부르신 부름의 상을 위하여 좇아가노라"(빌 3:13~14).

"나의 달려갈 길과 주 예수께 받은 사명 곧 하나님의 은혜의 복을 증거하는 일을 마치려 함에는 나의 생명을 조금도 귀한 것으로 여기지 아니하노라"(행 20:24).

바울은 땅에서 육신에 있는 것보다 육신을 떠나서 하늘나라에서 그리스도와 함께 있을 욕망이 더욱 좋다고 고백하고 있다. 육신에 있는 자신의 생명은 다만 복음을 전하는 그 사명의 열매 때문에 의미가 있을 뿐이었다.

"이는 내게 사는 것이 그리스도니 죽는 것도 유익함이니라 그러나 만일 육신으로 사는 이것이 내 일의 열매일진대 무엇을 가릴는지 나는 알지 못하노라 내가 그 두 사이에 끼였으니 떠나서 그리스도와 함께 있을 욕망을 가진 이것이 더욱 좋으나 그러나 내가 육신에 거하는 것이 너희를 위하여 더 유익하리라"(빌 1:21~24).

순교를 앞둔 바울은 "주께서 내 곁에 서서 나를 강건케 하심은 나로 말미암아 전도의 말씀이 온전히 전파되어 이방인으로 듣게 하려 하심"(딤후 4:17)이라고 해석했다. 주께서 마지막까지 바울과 함께 해 주시며 강건케 해 주셨는데, 이는 바울로 하여금 복음을 온전히 전파하여 이방인들에게 듣도록 하려는 그의 사명 때문이었다는 것이다.

이처럼 바울은 자신이 육신으로 사는 이유를 오직 이방인들에게 예수 그리스도를 전하는 사명의 열매를 위한 것이라고 말했다. 그는 자신의 생애를 통해서 여러 차례 사자의 입 곧 죽음의 고비에 직면했었지만, 그때마다 "사자의 입에서 건져 졌는데"(딤후 4:17), 이는 오직 그의 사명 때문이었음을 밝히고 있다.

바울은 이제 이 땅에서 이방의 빛으로서 자신의 사명을 완수하고, 이제 모든 악한 일에서 건짐을 받고 '영원한 안식'에 들어가서, 그가 받게 될 '의의 면류관'과 '찬란한 몸의 부활'에 대한 참 소망을 바라보면서, 영원한 천국으로 들어가게 되었다. 그가 남긴 마지막 기도는 다음과 같은 장엄한 영광송이었다.

> "주께서 나를 모든 악한 일에서 건져내시고 또 그의 천국으로 들어가도록 구원하시리니 그에게 영광이 세세무궁토록 있을지어다 아멘"(딤후 4:18).

이처럼 바울 사도의 종말론적인 신앙은 죽음을 이긴 승리의 신앙이였다. "사망아 너의 이기는 것이 어디 있느냐 사망아 너의 쏘는 것이 어디 있느냐"(고전 15:56). 성령 안에서 "사망이 이김의 삼킨 바가 된"(고전 15:55) 부활의 승리와 '의의 면류관'에 대한 산 소망으로 충만해져서 그는 죽음을 이기고 천국으로 당당하게 입성하였다.

부록

기독교의 창설과 바울의 역할

기독교 창설 역사에 있어서 이방인의 사도 바울이 행한 역할은 예수 그리스도의 계시를 '이신칭의' 복음으로 바르게 해석하여 모든 인류를 구원하는 보편적인 정통 기독교를 확립하는 일이었다. 바울 사도의 사역과 역할이 없었다면, 기독교는 유대인의 율법이라는 장벽을 넘지 못하고 팔레스타인과 유대인의 세계에 갇힐 수밖에 없는 상황에 놓여있었다. 예수 그리스도의 복음을 모든 인류를 구원하는 보편적 기독교로 확립하는데 있어서 이방인의 사도 바울의 역할은 결정적인 것이었다.

결과론적이기는 하지만, 바울이 행한 역할은 보편적인 기독교의 확립은 물론 신약성경을 토대로 한 성경적인 정통 기독교를 확립할 수 있는 초석을 놓는 일이었다. 그가 남긴 13권의 바울 서신은 27권의 신약성경을 토대로 확립된 성경적 기독교의 초석이 되었다. 그러므로 이방인의 사도 바울은 성경에 기초한 정통 기독교의 정초를 놓는데 결정적으로 기여한 사도로 기억되어 마땅하다.

모든 인류를 구원하는 성경적 정통 기독교의 창설에 있어서 바울의 역할은 그 자신이 기획한 것이라고 말할 수는 없지만, 그러나 하나님은 이방인의 사도 바울을 통해서 그리스도께서 재림하는 그 날까지 인류를 '값없이 차별 없이 오직 은혜로' 구원하시는 성경적인 정통 기독교의 기초를 놓는 역할을 감당하도록 섭리하셨다.

물론 이러한 사명을 감당하도록 인도하신 분은 바울 자신의 고백처럼(고전 15:10) 바로 하나님이시요 하나님의 은혜였다.

1. 보편적 기독교의 확립

예수 그리스도의 구속사역으로 시작된 기독교가 온 인류를 구원하기 위한 보편적 교회로 확립되는 과정은 역사적으로 다음과 같은 세 단계의 점진적 과정을 밟아왔다고 할 수 있다.

첫 번째 단계는 하나님의 언약을 따라 "때가 차매 하나님이 그 아들을 보내사"(갈 4:4) 이 땅에서 성취하신 예수 그리스도의 구속 사역이었다. 역사적인 예수 그리스도의 공생애와 그의 십자가의 죽으심과 부활과 승천이라는 구속 사역을 토대로 비로소 기독교의 기초가 확립되었다. 이 단계에서 바울은 아무런 역할도 하지 않은 관망자였을 뿐이었다.

두 번째 단계는 승천하신 예수 그리스도께서 오순절 아침에 보내신 보혜사 성령의 강림을 통해서 베드로 요한 등 12제자들의 주도하에 예루살렘에서 기독교 공동체로 시작되었다. 유대인 안에서 출범한 원시 기독교 교회는 예루살렘으로부터 온 유대와 사마리아에 이르는 팔레스타인 지역과 당시 로마 세계의 이방인 땅에서 살고 있던 디아스포라 유대인에게 전파되고 있었다.

이 두 번째 단계의 초기에 발생했던 스데반 순교 사건을 계기로 바리새인 청년 바울은 하나님의 교회를 핍박하는 박해자로 전면에서 활약하고 있었다. 다메섹 도상에서 부활하신 그리스도께서 초자연적인 방법으로 직접 개입하시기 전까지 바울은 이 두 번째 단계에서 교회에 대한 열렬한 박해자로 활동했다.

세 번째 단계는 유대인과 이방인 사이에 막힌 담을 헐어버리고 그리스도의 복음을 이방인의 세계로 전파함으로서 온 인류를 구원하기 위한 보편적 기독교로 확립되는 단계였다. 바울은 이 세 번째 단계를 위해서 이방인의 사도로 소명되었다. 하나님은 "그 아들을 이방에 전하기 위하여"(갈 1:16) 바울을 "어머니의 태로부터 택정"(갈 1:15)하셨다. 바울 자신은 이를 전혀 깨닫지 못하고 있었지만, 그러나 하나님은 다메섹에서 그를 극적으로 회심시켜 이방인의 사도로 소명하셨다.

이 세 번째 단계에서 바울은 온 인류를 구원하기 위한 보편적 기독교를 확립하는데 결정적인 역할을 감당했다. 바울 사도는 이 세 번째 단계에서 성육신하신 예수 그리스도의 구속사역을 가장 바르게 해석한 계시 해석자였다.

다메섹 회심 이후, 그의 생애를 통해서 바울이 행한 가장 결정적인 사역은 예수 그리스도의 구속 계시를 '이신칭의' 복음으로 해석한 일이었다. 즉 율법의 행함에 의하지 않고 오직 예수 그리스도를 믿음으로 구원에 이른다는 기독교 신앙의 근본 교리를 확립하는데 결정적인 역할을 했다.

'이신칭의' 복음은 예수 그리스도께서 확립한 신앙의 원리였지만, 그러나 예수 그리스도를 바르게 해석하여 온 세계의 이방인들을 구원하는 신앙의 원리로 적용한 사람은 바로 이방인의 사도 바울이었다.

사도행전 15장의 예루살렘 기독교 공회의에서 바울의 '이신칭의' 복음이 공식화된 이후, 바울은 예수 그리스도의 복음을 길리기아와 수리아, 구부로 섬과 남 갈라디아, 마케도니아와 아가야, 소아시아 지역을 망라하여 "예루살렘으로부터 두루 행하여 일루리곤까지"(롬 15:19) 편만하게 전했다.

그리고 죄수의 신분으로 로마로 건너간 바울은 예수 그리스도의 '이신칭의' 복음을 당시 로마제국의 심장부에 깊게 뿌리를 내리게 함으로서, 온 인류를 구원하는 보편적인 기독교를 확립하는데 결정적으로 기여했다.

2. 성경적 기독교의 정초

초대교회 당시 예수 그리스도의 복음을 전한 사람은 바울 이외에도 수없이 많은 사람들이 있었다. 여러 전도자들에 의해서 매우 다양한 색깔의 복음이 전해지고 있었다. 신약성경은 그들의 행적을 전하고 있지 않지만, 다른 사도들과 수많은 전도자들 역시 각자의 은혜를 따라 활동하고 있었다.

그러나 당시에 전파된 '다른 복음'(갈 1:8)은 그후에 소멸되었고, 오직 바울이 전한 '이신칭의' 복음만이 정통 기독교로 남을 수 있게 되었다. 그 이유는 신약성경의 말씀에 뿌리를 내린 '이신칭의'의 복음, 즉 오직 예수 그리스도를 믿음으로 구원에 이른다는 성경적 기독교만이 정통으로 남을 수 있었기 때문이다.

이방인의 사도 바울은 신약성경에 포함된 불멸의 서신서를 남김으로서 정통 기독교, 즉 성경적 기독교를 정초하는데 결정적인 역할을 했다. 현존하는 신약성경의 정경(canon)[125]은 교회에서 합의된 견해에 기초하여 주후 397년 북아프리카의 칼타고 공회의에서 확정되었다. 신약성경의 정경으로 27권의 책이 확정된 것이다. 정통 기독교는 이 정경에 기초한 기독교를 의미하게 되었다. 그러므로 신약성경의 정경의 확정은

---

125. 현존하는 신약성경의 정경은 A. D. 376년 아다나시우스에 의해서 설정되었으나, 교회는 힙포 레기우스와 어거스틴이 지도했던 칼타고에서 열린 두 번의 공회의(393년, 397년)를 통해서 현재와 같은 정경으로 공식 확정했다. 당시 교회가 적용한 정경성의 기준은 사도성, 보편성, 영감성이었다. 정경이 확정되기 전까지 수많은 위경들이 있었으나, 27권만 신약성경의 정경으로 확정했다. 정경이 확정되기 까지는 거의 300년의 세월이 필요했다. 박용규, '초대교회사', (총신, 2000년), P. 219.

정통 기독교의 정초에 결정적인 분기점이 되었던 것이다.

신약성경의 기록은 바울 이외에도 마태(마태복음), 마가(마가복음), 누가(누가복음, 사도행전), 요한(요한복음, 요한1서 · 2서 · 3서, 요한계시록), 히브리서 기자, 야고보(야고보서), 베드로(베드로전 · 후서), 유다(유다서)와 같은 9명의 저자들에 의해서 기록되었다.

그러나 바울은 27권의 신약성경 중에서 거의 절반에 해당되는 13권(로마서, 고린도전후서, 갈라디아서, 에베소서, 빌립보서, 골로새서, 데살로니가전후서, 디모데전후서, 디도서, 빌레몬서)을 기록했다.

더구나 바울서신 13권은 가장 초기(49~65년)에 기록되어 전파되었다. 신약성경의 다른 14권의 책보다 바울서신 13권이 일찍 작성되었기 때문에 다른 저자들에게 미친 영향 또한 적지 않았을 것으로 추정된다.[126] 이방인의 사도 바울은 일찍부터 그의 서신을 통해서 예수 그리스도의 계시를 바르게 해석하여 분명하게 '이신칭의' 복음을 제시했다.

신약성경 중에서 가장 먼저 저술된 갈라디아서에서 바울은 '이신칭의' 복음 이외에 '다른 복음'은 없음을 확언하면서(갈 1:7), 특히 "다른 복음을 전하면 저주를 받을"(갈 1:8) 것이라고 명백히 선언하고 있다.

바울의 '이신칭의' 복음은 오직 예수 그리스도를 믿음으로 구원에 이른다는 은혜의 진리를 토대로 한다. 이러한 바울의 복음은 다른 신약성경 저자들의 다양한 표현방식 때문에 다르게 보이는 경우도 있지만, 그

126. 신약성경은 사도 바울의 갈라디아서가 쓰인 주후 49년부터 사도 요한의 요한계시록이 작성된 96년경까지 약 47년여 동안에 걸쳐서 9명의 저자에 의해서 기록되었다. 이중에서 바울서신 13권이 49년부터 65년까지 가장 먼저 작성되어 읽혀지고 있었다 ; 갈라디아서(49년), 데살로니가전후서(51년), 고린도전후서(55~56년), 로마서(57년), 4권의 옥중서신(61년), 디모데전서(63년), 디도서(63년), 디모데후서(65년). 예수 그리스도의 행적을 다룬 공관복음(마태, 마가, 누가)은 그 내용으로 보아서는 바울서신보다 훨씬 앞선 예수님의 공생애를 다룬 시기지만, 책으로 기록된 것은 63~70년경이었다. 그리고 비교적 일찍 기록된 히브리서, 야고보서, 베드로 62년부터 65년 사이였고, 유다서는 70년대에 기록되었다. 사도 요한이 기록한 요한복음은 85~90년경에, 요한1.2.3서와 요한계시록을 91~96년경에 비교적 후기에 작성하였다.

러나 신약성경은 그 다양성에도 불구하고 그 내면적인 본질에 있어서 완전한 통일성을 유지하고 있다.

야고보서가 언급한 행함으로 의롭게 된다는 '이행칭의' 복음의 경우(약 2:21)도, 겉으로 보기에 바울의 '이신칭의' 복음과 대립되는 것처럼 보인다. 그러나 근본적으로 대립되는 내용이 아니고, 하나의 동일한 복음을 서로 다른 각도에서 말하고 있을 뿐이다.[127]

이처럼 신약성경의 저자들이 전하고 있는 하나님의 말씀은 그 내용이 서로 다른 방식으로 표현되었다 할지라도, 내면적인 심층구조에 있어서 분명한 통일성을 유지하고 있다. 신약성경의 통일성을 부여하는 그 중심에 예수 그리스도와 그를 믿음으로 구원에 이른다는 '이신칭의' 복음이 자리를 잡고 있는 것이다. 이처럼 성경적 기독교의 정초는 예수 그리스도와 바울이 해석한 '이신칭의' 복음 위에 세워져 있다. 이는 오늘의 보편적인 정통 기독교가 바울의 '이신칭의' 복음 위에 정초되었음을 의미하는 것이다.

기독교 역사에 나타난 개혁운동은 사람들에 의해서 만들어진 '다른 복음' 을 타파하고, 오직 예수 그리스도를 믿음으로 구원에 이르는 '이신칭의' 복음을 회복하려는 운동의 반복이었다.

16세기 루터와 칼빈의 종교개혁은 비성경적으로 '다른 복음' 이 되어버린 당시의 로마교회를 성경적인 '이신칭의' 복음으로 개혁하려는 운동이었다. 로마교회는 성경이 말하고 있는 바울의 '이신칭의' 복음으로부터 이탈하여 교회의 유전에 의존하는 '다른 복음' 으로 변질되어 있었

127. 바울의 '이신칭의' 는 구원의 조건으로서 믿음을 지칭하고, 야고보의 '이행칭의' 는 구원받은 자가 믿음을 행함을 의미한다. 즉 바울은 불신자의 구원에 적용되는 구원의 원리로서, 야고보는 구원받은 성도가 믿음을 실천하는 신앙의 원리로서 지시한다. 그러므로 서로 모순 되는 내용이 아니고, 다른 시각을 반영하는 것뿐이다.

다. 따라서 16세기의 종교개혁자들은 로마교회의 '다른 복음'을 타파하고, 바울의 '이신칭의' 복음이라는 성경적 기독교로 개혁하고자 했던 것이다.

성경적 기독교는 '이신칭의' 복음을 역사적인 상황에 창조적으로 적용함으로서 그 생명력을 지속하고 있다. '이신칭의' 복음은 모든 시대를 초월하여 적용되는 불변의 진리다. 성경에 계시된 예수 그리스도와 바울이 해석한 '이신칭의' 복음을 떠나서 인간의 이성에 의해서 각색된 자유주의 신학과 현대신학은 그들이 비록 기독교의 용어를 차용하여 말하고 있다고 할지라도, 그 내용은 성경적 기독교와 무관한 '다른 복음' 일 뿐이다.

정통 기독교는 그러한 '다른 복음'을 거부한다. 오직 예수 그리스도와 바울이 해석한 '이신칭의' 복음 위에 정초된 복음만이 성경적인 정통 기독교인 것이다.

참고문헌

김길성, 「메이천 박사 저작 선집」, (서울: 총신대학교 출판부, 2002).

김세윤, 「The Origin of Gospel」, "바울 복음의 기원", 홍성희 옮김, (서울: 도서출판 엠마오, 1994).

김세윤, 「예수와 바울」, (서울: 도서출판 제자, 1995).

김성태, 「현대 선교학 총론」, (서울: 이레서원, 2001).

김성태, 「선교와 문화」, (서울; 이래서원, 2000).

권오현, 「바울의 생애」, (서울: 대한기독교서회, 1997).

박용규, 「초대교회사」, (서울; 총신 출판부, 1994).

박용우, 「바울」, (서울: 바울서원, 2004).

유홍열, 「바울서신 이해하기」, (서울: 큼란출판사, 2001).

서철원, 「기독론」, (서울: 총신대학교 출판부, 2003).

서철원, 「성령신학」, (서울: 총신대학교 출판부, 2003).

이한수, 「갈라디아서」, (서울: 도서출판 횃불, 1997).

이한수, 「바울신학연구」, (서울: 총신대학출판부, 1993).

이한수, 「복음과 율법」, (서울: 생명의 말씀사, 2003).

이한수, 「로마서」, (서울: 이레서원, 2002).

이한수, 「신약은 성령을 어떻게 말하는가?」, (서울: 이레서원, 2001).

정일웅, 「기독교 예배학 개론」, (서울: 이레서원, 2000).

정훈택, 「신약서론」, (서울: 총신대학교 신대원, 2002).

최종상, 「POUL as Apostle to the Gentiles」, "이방인의 사도가 쓴 로마서" 신대현 옮김, (서울, 아가페출판사, 2003).

F. F. Bruce, 「PAUL : Apostle of the Heart Set Free」, "바울신학", 정태원 역, (서울: 기독교 문서 선교회, 1987).

Robert L. Reymond, 「PAUL MISSIONARI THEOLOGIAN」, "바울의 생애와 신학", 원광연 옮김, (서울: 크리스찬 다이제스트, 2003).

Gresham Machen, 「The Origin of Paul' s Religion」, "바울 신학의 기원" 김남식 역, (서울: 한국로고스연구원, 1988).

David Wenham, 「Paul and Jesus」, "바울과 예수", 이한수 옮김, (서울: 크리스찬 출판사, 2004).

D. M. Lloyd-Jones, 「ROMANS」, "로마서 강해", 서문강 역, (서울: 기독교 문서선교회, 1976).

Anthony A. Hoekema, 「The Bible and The Future」, "개혁주의 종말론", 류호준 역, (서울: 기독교문서 선교회, 2002).

J. A. Fitzmyer, 「바울의 신학(Pauline Theology)」, 배용덕 편역, (서울: 도서출판 솔로몬, 1996).

William Barclay, 「The Mind of St Paul」, "바울신학개론", 박문재 옮김, (서울: 크리스찬 다이제스트, 1997).

Craig S. Keener, 「성경배경주석(The IVP Bible Background Commentary)」, 정옥배 외 옮김, (서울: 한국기독교학생회 출판부, 1998).

Roy B. Zuck, 「Teaching as Poul Taught」, "바울의 티칭 스타일", 김태환 역, (서울: 디모데, 1998).

Ronald F. Hock, 「The Social Context of Poul' s Ministry」, "바울 선교의 사회적 상황, 전경연 옮김, (서울: 대한기독교출판사, 1984).

Charles R. Swindoll, 「A Man of Grace and Grit」, "은혜와 근성의 사람, 바울, 곽철호 옮김, (서울: 생명의 말씀사, 2004).

David G. Horrell, 「An Introduction to the Study of Poul」, "바울 읽기", 윤철원 역, (서울: 미스바, 2003).

Richard N. Longenecker, 「The Ministry and Message of Poul」, "바울의 사역과 메시지", 김진영 역, (서울: 크리스찬 다이제스트, 1997).

J. Oswald Sanders, 「Poul Leader」, "지도자, 바울", (서울: 네베게이토 출판사, 1987).

Robert E. Picirilli, 「Poul the Apostle」, "사도 바울", 배용덕 옮김, (서울: 솔로몬, 1993).

Martin Hengel, 「The Pre-Christian POUL」, "그리스도인 이전의 바울", 강한표 역, (서울: 한들, 1998).

Wm. M. Ramsay, 「ST. POUL the Traveller and the Roman Citizen」, "사도 바울", 박우석 역, (서울: 생명의 말씀사, 1988).

Frank J. Goodwin, 「A Harmoney of the Life of ST. POUL」, "바울의 생애", 이남종 역, (서울: 크리스찬서적, 1989).

F. B. Meyer, 「POUL -A Servant of Jesus Christ-」, "사도 바울", 서보섭 역, (서울: 기독교 문서선교회, 1983).